NOUVELLES EXPÉRIENCES

SUR LA

GÉNÉRATION SPONTANÉE

ET LA

RÉSISTANCE VITALE

Chaque soulèvement de ces chaînes de montagnes dont nous pouvons déterminer l'ancienneté relative, a été signalé par la destruction des espèces anciennes et l'apparition de nouvelles organisations.

HUMBOLDT, *Cosmos*, 1853.

Buffon, Cuvier, Agassiz, Al. Brongniart, Bremser, Beudant, Ch. Lyell, Élie de Beaumont, Buckland, Pictet et Ch. d'Orbigny, considèrent aussi les générations successives comme un fait incontestable.

Un décimètre cube d'air produit constamment un incalculable nombre de moisissures ou d'infusoires ciliés. Que les panspermistes me montrent seulement, dans celui-ci, quelques-uns de leurs œufs ou de leurs semences! Nous ne sommes plus au XIIIe siècle..... Des faits, et non des paroles.

F. POUCHET.

CORBEIL. — TYPOGRAPHIE ET STÉRÉOTYPIE DE CRÉTÉ.

NOUVELLES EXPÉRIENCES

SUR LA

GÉNÉRATION SPONTANÉE

ET LA

RÉSISTANCE VITALE

PAR

F. A. POUCHET

CORRESPONDANT DE L'INSTITUT (ACADÉMIE DES SCIENCES),

Directeur du Muséum d'Histoire Naturelle de Rouen,
Professeur à l'École de Médecine et à l'École supérieure des Sciences de la même ville,
Chevalier de l'Ordre Impérial de la Légion d'honneur,
Officier de l'Ordre Impérial du Lion et du Soleil;
Membre des Sociétés de Biologie, Philomatique, d'Histoire Naturelle et des Sciences physiques de Paris;
Membre fondateur de la Société Impériale zoologique d'acclimatation;
Associé de la Société d'Anthropologie;
Membre de l'Académie Impériale des Sciences et des Lettres de Rouen,
et des Académies de Strasbourg, Toulouse, Caen, Cherbourg, Lisieux, le Havre, Venise,
Philadelphie, Turin, Bruges;
de la Société Linnéenne et de la Société des Antiquaires de Normandie,
de la Commission des Antiquités du département de la Seine-Inférieure,
de la Société Suisse des Sciences Naturelles,
Correspondant du Ministère de l'Instruction publique pour les travaux scientifiques, etc., etc.

PARIS
VICTOR MASSON ET FILS
PLACE DE L'ÉCOLE-DE-MÉDECINE

1864

A LA MÉMOIRE

DE MON RESPECTABLE ET SAVANT PÈRE

L. E. POUCHET.

La France lui doit l'introduction des mécaniques à filer le coton, et Rouen l'un des éléments de sa prospérité.

Ce fut aussi lui qui introduisit le travail dans les maisons de détention.

PRÉFACE

Après l'Exposition de 1802, où mon père venait d'obtenir la plus haute récompense ; en faisant allusion à l'industrie du coton, qu'il avait importée en France, le général Ruffin, qui le présentait aux Tuileries, disait au Premier Consul : « Voici un homme qui fera plus de tort à l'Angleterre que « dix de vos vaisseaux de ligne (1) ! »

Le même jour se passait un autre fait dont nous conservons aussi le souvenir, avec orgueil, dans nos archives de famille. J. Fox, que Bonaparte avait invité à sa table, dans la soirée, critiquait assez vivement cette exposition, où il venait cependant d'être reçu avec les plus grands honneurs. Le jeune vainqueur de l'Italie n'y tenait plus ; ses yeux lançaient des éclairs d'impatience et d'indignation : « Je m'en-

(1) Tous les biographes sont unanimes sur le grand fait dont je reporte ici l'honneur à mon père. Ses ouvrages sur l'industrie cotonnière, qui datent déjà de 1788, et les divers perfectionnements que depuis cette époque il n'a cessé d'apporter aux mécaniques à filer, l'attestent avec évidence. On peut consulter à cet égard : LECARPENTIER, *Notice nécrologique sur L. E. Pouchet*, Athénée de Paris, 1807. — GUILBERT, *Mémoires biographiques*, 1812, t. II, p. 270. — MICHAUD, *Biographie universelle*, Paris, 1823, t. XXXV, p. 538. — T. LEBRETON, *Biographie normande*, Rouen, 1861, t. III, p. 264. — Dr HŒFER, *Nouvelle Biographie générale*, Paris, 1862, t. XL, p. 910. — Richard Lenoir n'apparut sur la scène industrielle que plusieurs années après L. E. Pouchet ; il fut plutôt cité comme fabricant de basins que comme filateur. Les biographies gardent le plus profond silence à son égard.

« tends mieux, dit-il, à manier l'épée pour la défense de la « France qu'à fouiller les détails de son industrie ; mais je « vais charger l'un des plus savants promoteurs de celle-ci, « du soin de la rehausser à vos yeux. »

C'était mon père que le chef de l'État désignait ainsi. Par son ordre, on l'enleva à un groupe où il conversait avec Monge et quelques autres de ses amis, pour lui confier la défense de notre industrie nationale contre l'un des plus grands orateurs des temps modernes.

Maintenant que j'ai restitué à mon père ce qui ne peut lui être contesté, arrivons à l'objet de ce livre.

Si j'eus le bonheur de voir mes travaux sur l'*ovulation spontanée,* acceptés immédiatement dans toutes les écoles de l'Europe, c'est que ceux-ci ne renversaient que des hypothèses surannées, que tous les physiologistes professaient, il est vrai, mais pour la défense desquelles personne n'était engagé.

Il devait en être autrement à l'égard de la *génération spontanée;* quelques-uns de nos savants de premier ordre ayant récemment pris fait et cause contre elle, le triomphe de cette thèse pouvait blesser un amour-propre mal entendu. De là, les encouragements de toute nature et les éloges si splendidement accordés aux rares athlètes qui s'enrôlèrent pour nous combattre.

Pour nous, nous n'avons connu que l'abnégation et les sacrifices, le travail et l'abandon.

Si quelque chose seulement a pu nous consoler au milieu de tant d'efforts et de tant de combats énervants, ce sont les marques d'estime dont nous avons été l'objet de toutes parts, à l'étranger comme en France. Et enfin, c'est de voir que cette doctrine, malgré les orages qu'elle a suscités, s'avance et progresse chaque jour dans toute l'Europe savante.

Mais si l'hétérogénie a dû subir de si inattendues attaques, c'est un Ministre de l'instruction publique et des cultes, je dois le proclamer à son honneur, qui a pris soin de la venger. Dans un acte qui attestera à l'avenir sa noble indépendance, M. Rouland annonçait au congrès de la Sorbonne qu'il avait accordé à M. Joly une certaine somme, afin qu'il continuât ses expériences sur les générations spontanées. On lit dans la lettre qu'il écrivait, à ce sujet, au savant de Toulouse : « Je désire que vous puissiez trouver « dans cette décision un encouragement à vos travaux et un « témoignage de la sympathie qu'ils m'inspirent. »

Nous sommes heureux de pouvoir citer de telles paroles, et d'ajouter que ce même ministre, dans son inébranlable équité, dominant toutes les influences intéressées qui s'agitaient autour de lui, voulait que, dans chaque camp, les encouragements fussent distribués avec la *même libéralité*, laissant à l'avenir, plus calme, le soin de juger de quel côté résident la lumière et la vérité.

Quelques esprits plus timorés qu'instruits, ont vu dans les générations spontanées une flagrante protestation contre les traditions bibliques. La presse et les gens sensés ont largement fait justice de cette accusation, et tout dernièrement encore, M. G. Arnoult s'exprimait ainsi dans un discours académique : « Des hommes dont on voudrait n'avoir jamais « à louer que le talent oratoire et les vertus évangéliques, « sont venus, en ce débat exclusivement scientifique et ra- « tionnel, jeter les mots de religion et de foi, essayer de « contenir dans les étroites limites d'un dogme pseudonyme « les vastes élans de la discussion, et continuer au XIXe siècle, « en France, la tradition des juges de Galilée. »

Ce grand nom que, depuis nos récents débats, les adversaires de l'hétérogénie ont eu l'imprudence de faire tant de fois évoquer ! Mais si la gueule béante des cachots d'Oxford et du Vatican n'étouffe plus le génie et la pensée comme au XIIIe et au XVIe siècle, il ne faut pas substituer la torture morale à l'emprisonnement, et lancer l'anathème contre les novateurs courageux qui s'efforcent d'étendre les pacifiques conquêtes de l'intelligence.

A ce sujet, il s'est produit un fait inouï jusqu'alors dans les annales de l'Académie des sciences. Du haut de la chaire apostolique, un prédicateur l'a félicitée sur l'orthodoxie de ses doctrines! Touchant accord de la religion et de la science. Les grandes ombres des d'Alembert, des Laplace, des Arago et des Geoffroy Saint-Hilaire, qui planent glorieusement au-dessus des portiques de l'Institut, auront dû tressaillir de bonheur.

Cependant, si à l'Académie des sciences, quelques savants ferment la porte aux générations spontanées, d'autres la leur ouvrent à la Société royale de Londres; et l'on ne pense pas tout à fait de même au *British Museum* et au Jardin des Plantes de Paris. Enfin, si à la Sorbonne on condamne l'hétérogénie, celle-ci compte d'ardents défenseurs parmi les plus illustres professeurs de nos Facultés provinciales, à Toulouse, à Strasbourg, à Bordeaux, à Caen et à Clermont. A l'étranger, cette doctrine est en honneur dans plusieurs universités célèbres, celles de Pavie, de Bonn, de Cambridge et de Genève.

Une doctrine placée sous la tutelle de semblables sympathies, et qui compte pour elle tout ce que l'Allemagne a fourni de physiologistes illustres, peut bien prétendre conquérir le droit de cité en France. Le maître près duquel je me suis formé, de Blainville, grand par le savoir et puissant par la parole, disait à Cuvier : « Je m'assiérai un jour à « l'Institut et au Jardin des Plantes, devant vous et malgré « vous! » Il tint parole. Dans un avenir peu éloigné, l'hétérogénie pourra en faire autant, nonobstant les critiques incessantes dont elle est aujourd'hui l'objet.

Si les physiologistes de l'Académie des sciences repoussent systématiquement l'hétérogénie, celle-ci est en faveur à la Société de biologie, cette pépinière où se recrute l'Institut. L'un de ses plus célèbres membres écrivait naguère ces lignes à l'un de nos amis : « Depuis que j'ai quitté le « maillot classique et que je pense un peu par moi-même, « je me suis rangé parmi les partisans de la génération spon- « tanée, et la seule chose qui me surprenne, c'est qu'il y « ait de bons esprits capables d'accepter l'intervention ridi- « cule de la panspermie. »

Actuellement aussi, tandis qu'en France tant d'efforts se coalisent pour étouffer nos doctrines, la nouvelle philosophie allemande s'en empare et les répand à larges mains ; et son chef, le docteur Büchner, n'hésite même pas à professer que nous assistons sans relâche au miracle de l'origine de la vie.

On reconnaîtra, dans cet écrit, que je me suis efforcé de rendre un juste hommage aux savants disséminés dans nos provinces ; eux qui, au milieu des entraves de toute espèce, n'en produisent pas moins, de temps à autre, quelques-uns de ces remarquables travaux qui forment les plus durables et les plus glorieux trophées d'une grande nation.

Mais cependant, qu'ont à espérer ces ardents investigateurs disséminés sur le sol fécond de notre belle patrie?..... Rien, comme le disait naguère si courageusement M. G. Arnoult.

Si, dédaignant les traditions erronées de l'école, l'un d'eux lève la tête et prend son essor vers des routes nouvelles, on étouffe sa voix ; et quand, énervé par les veilles et le travail, il descend prématurément dans la tombe, de celle-ci jaillit une auréole de gloire et une imprécation : l'une exhausse la renommée de la France ; l'autre, amère et incessante, stigmatise tout un siècle.

Les novateurs, il est vrai, ne passent plus leur vie dans les prisons, comme R. Bacon ; mais on remplace celles-ci par d'obscures menées, en peignant sous de sombres couleurs les hommes les plus pacifiques ; et comme autant d'audacieux révoltés, ceux qui n'aspirent qu'à jouir paisiblement de toute la plénitude de leur dignité, de leur liberté.

Nous, nous n'avons qu'à nous féliciter de notre situation. Dans les laboratoires du Muséum d'histoire naturelle de Rouen, que beaucoup de Facultés de province pourraient envier, nous avons trouvé toutes les facilités possibles pour exécuter nos travaux. Il y aurait même quelque ingratitude de notre part, si nous omettions de dire que nos études ont été libéralement secondées par les magistrats éclairés qui se trouvent à la tête du département et de la ville.

Dans l'intérêt de la zoologie agricole, nous avions quelques expériences à faire sur les bestiaux; elles devaient entraîner une certaine dépense. Avec une libéralité dont nous ne pouvons trop faire l'éloge, M. le sénateur Le Roy nous mit à même de les exécuter sur la plus vaste échelle : « Je ne vous impose aucune limite, nous dit-il, que celle « que vous trouverez vous-même convenable de leur assi- « gner, dans l'intérêt de l'agriculture. » Nous nous plaisons à rappeler ces paroles et si dignes et si pleines d'élévation.

D'un autre côté, j'ai rencontré dans l'Administration municipale, toutes les sympathies désirables. M. Verdrel, maire de Rouen, près duquel les savants trouvent toujours un accueil plein d'aménité et de noblesse, ne m'a jamais rien refusé.

Quoique purement expérimental, cet écrit devait cependant, de place en place, prendre le caractère d'une polémique scientifique. Il fallait s'y attendre en présence de l'obstination d'un savant, d'un seul savant, qui atteste continuellement des faits que vingt autres nient, et qui jamais n'en peut donner la preuve matérielle. Et celui-ci, chaque jour réfuté par la voie solennelle de l'expérience, chaque jour change ses théories pour réparer sa défaite. C'est ce que MM. Joly et Musset ont si magistralement prouvé dans leurs remarquables travaux, où ils ont renversé corps à corps chacune des expériences de M. Pasteur, sans en laisser une seule debout. M. Lemaire continue en ce moment leur œuvre si bien commencée.

Du reste, cette facilité avec laquelle tombent successivement toutes les digues que la chimie nous oppose, vient de ce qu'elle se mêle d'un sujet auquel ses adeptes ne peuvent être initiés. « Il s'agit ici d'une question de physiologie, di« sait I. Geoffroy Saint-Hilaire peu de temps avant sa mort, « et, loin de la dominer en souveraine, la chimie n'y doit « figurer que comme *notre vassale*... » Le mot est dur, mais il fut prononcé devant plusieurs naturalistes illustres.

Un grave reproche, qui a déjà été adressé à M. Pasteur par divers savants, comme par nous, c'est de ne présenter la question de l'hétérogénie qu'à son point de vue propre, et de biffer de la science les travaux de tant d'hommes illustres qui condamnent ses hypothèses. Les mêmes reproches lui ont été adressés à l'étranger : « Ma il signor Pasteur, » dit Ezio Castoldi (p. 63), « non se ne dà per inteso, e non si « degna nemanco far cenno dell' esperienze altrui, quando « possono infermare le sue. » En effet, nous avons vu, à diverses reprises, l'habile chimiste présenter ses ballons comme l'*ultimatum* de la science, appelés par leurs résultats « *à étonner le monde*. » Ce sont ses expressions. Si en même temps ce savant eût annoncé que les Treviranus, les Tiedemann, les Burdach, les J. Muller, les Dugès, les Joly, les Musset, les Wyman, les Schaaffhausen et tant d'autres ont obtenu des résultats absolument opposés aux siens, peut-être cela eût-il été de nature à faire réfléchir ceux qui ne le savent pas.

Lors de ma première communication sur les générations spontanées, faite à l'Académie des sciences, MM. Milne-Edwards, Dumas, Cl. Bernard et de Quatrefages s'élevèrent énergiquement contre cette doctrine, dont plusieurs, par parenthèse, avaient été autrefois les plus chauds partisans.

L'entente parfaite qui régnait entre de tels athlètes aurait pu m'ébranler, si je n'avais eu, de mon côté, de si sérieuses études. Mais ces adversaires, quelque illustres qu'ils fussent, étaient mal préparés pour cette lutte, et, après ma réponse, toute la presse scientifique sentit parfaitement que le sujet se présentait sous un jour nouveau.

Les théories surannées de Spallanzani et de Bonnet avaient fait leur temps; et les expériences de Schultze et de Schwann, que j'attaquais, et à l'aide desquelles on les avait ravivées, n'étaient réellement plus soutenables. Enfin, d'un accord unanime, on demandait une révision de la question. L'Académie proposa un prix.

Les commissaires nommés étaient MM. I. Geoffroy Saint-Hilaire, Serres, Milne-Edwards, Brongniart et Flourens.

Quoique parmi ceux-ci, les adversaires de l'hétérogénie fussent en majorité, je ne me décourageai pas : je pensais qu'en offrant un travail sérieux et rempli de recherches consciencieuses, il serait défendu avec succès par MM. I. Geoffroy Saint-Hilaire et Serres, qui seuls n'avaient point de parti pris.

I. Geoffroy mourut, et il ne me restait plus que M. Serres, qui m'annonçait que, sans nul doute, on le remplacerait. Je ne croyais pas la chose possible; elle eut cependant lieu.

MM. Coste et Cl. Bernard entrèrent dans la Commission, où, par conséquent, l'hétérogénie ne comptait plus que des adversaires.

Je n'en persistai pas moins dans ma résolution; mais, dans une visite que j'eus l'honneur de lui faire, M. Milne-Edwards me dit carrément : Je donne le prix à M. Pasteur, parce que j'ai vu ses expériences et qu'elles m'ont parfaitement convaincu. Cette manière de procéder frappait d'un seul coup toute la province d'ostracisme. J'annonçai immédiatement à l'illustre zoologiste que je me retirais du concours.

M. Serres, avec une obligeance que je n'oublierai jamais, avait mis son laboratoire à ma disposition ; et le grand anatomiste eut la patience d'y suivre mes expériences pendant quinze jours que j'y passai, et de faire dessiner, sous ses yeux, quelques-uns de leurs résultats. Quand, à mon départ, je lui demandai, ainsi qu'à quelques professeurs de nos écoles, qui avaient également suivi mes recherches, si j'avais strictement accompli mon programme, sans périphrases, il me fut répondu : Parfaitement.

Je ne pouvais élire domicile à Paris, pour reproduire successivement de si longues expériences devant chaque membre de la Commission ; une année n'y aurait pas suffi.

Voici le motif d'une retraite qui eut un si grand retentissement dans la presse scientifique. — En résumé, il ne me parut pas que l'on eût assez étudié mon travail avant de le condamner, et c'est ce qui m'a porté aujourd'hui à en publier un extrait.

Ma retraite a aussi entraîné celle de deux des plus éminents et des plus savants défenseurs de l'hétérogénie, MM. Joly et Musset. Eux, comme moi, ont publié en grande partie leurs travaux ; M. Pasteur en a fait de même des siens ; c'est désormais au tribunal de l'avenir qu'il appartiendra de juger.

NOUVELLES EXPÉRIENCES

SUR LA

GÉNÉRATION SPONTANÉE

ET

LA RÉSISTANCE VITALE.

INTRODUCTION.

La question qui nous occupe n'est évidemment qu'une question d'embryogénie microscopique ; et, quelle que soit l'immense petitesse des êtres dont il s'agit, elle n'en appartient pas moins au domaine de la physiologie.

Ce n'est plus à l'aide de supputations chimiques, mais c'est aujourd'hui avec le micromètre en main, qu'il faut que l'on démontre ou que l'on réfute la genèse spontanée. C'est ainsi que nous espérons le faire, et sans conteste ; car toutes les expériences négatives du monde n'anéantiront jamais l'embryogénie des microzoaires déjà vérifiée et figurée par six observateurs.

De ce que la plupart des animaux se reproduisent ostensiblement par des œufs, quelques savants en ont conclu que telle était l'origine de tous. C'est nier, d'un seul coup, et l'ordre de la création, et la suprême puissance qui y a présidé ; autant vaudrait nier la lumière.

Et si, en suivant d'immuables lois, à diverses époques, cette puissance a façonné des organismes à même la matière inerte, on ne voit pas pourquoi on lui imposerait aujourd'hui de ne pas continuer son œuvre, surtout quand chaque strate de l'écorce du globe atteste qu'elle l'a fait à de si nombreuses reprises.

Dans le domaine que nous explorons, l'extrême limite des phénomènes se dérobe fréquemment à l'observation directe. Aussi, le progrès que nous essayons de réaliser, c'est de substituer les supputations rationnelles à l'examen empirique du fait brut ; examen absolument insignifiant, s'il n'est élucidé par les clartés d'un raisonnement sévère et approfondi.

On ne peut pas plus faire d'hétérogénie sans argumentation qu'on ne fait d'astronomie sans calcul ; et examiner ce qui se produit ou non dans un ballon n'avance pas plus cette question de biologie transcendante, que l'on n'avancerait la mécanique céleste en se contentant de regarder les astres à travers une lunette.

En suivant la route que nous indiquons, on s'aperçoit évidemment qu'il est cent fois plus facile de démontrer l'existence de la genèse spontanée que de calculer l'orbe de Jupiter ou de Saturne. Les plus élémentaires expériences suffisent pour cela, à moins que, dominé par une idée hypothétique, on ne se refuse absolument à voir.

Vaincus par l'ascendant des faits accusateurs, les panspermistes, pour sauver leurs doctrines, exigent l'impossible. Le feu et les plus destructeurs agents ne suffisent même plus, selon quelques-uns, pour anéantir ces *germes* qu'ils disent abonder si prodigieusement partout, et que jamais cependant ils ne démontrent ni physiquement ni chimiquement.

Chaque fois que l'on a découvert les procédés mystérieux par lesquels se reproduisent quelques animaux, dont la genèse avait été voilée jusqu'alors, on a vu dans cela une flagrante protestation contre l'hétérogénie... C'était cependant manifestement insignifiant.

De ce que la majorité des êtres animés possède des organes sexuels parfaitement déterminés, et une génération bien connue, il n'en est pas moins évident, pour les naturalistes dignes de ce nom, que d'abord tous ces êtres, sous l'influence d'une force suprême, ont primitivement surgi de la matière amorphe avec leur appareil reproducteur.

D'un autre côté, les homogénistes répètent sans cesse que la vie est transmise et ne peut être créée. Et cet axiome, qu'ils croient invulnérable, est le plus magnifique non-sens qu'il soit possible d'articuler.

Est-ce que la vie n'a pas été créée de toutes pièces à chacune des grandes phases que le globe a traversées? Les géologues ne sont-ils pas unanimes à cet égard? En existe-t-il un seul qui oserait dire que les paléothères, et tant d'autres mammifères des terrains supercrétacés, ont été contemporains des orthis et des trilobites des mers siluriennes? Les éléphants et les rhinocéros du diluvium ont-ils jamais vécu sur les rivages des océans jurassiques, simultanément avec leurs ichthyosaures et leurs autres reptiles gigantesques?

Est-ce que de Humboldt et Buckland n'avouent pas, eux-mêmes, qu'à diverses périodes géologiques, les végétaux et les animaux ont eu leur commencement et leur fin (1)?

Nul concours de forces ni d'agents physiques, disent les homogénistes, ne suffit à la reproduction d'un être vivant! Assurément; mais de notre époque, est-ce qu'on voit un seul hétérogéniste philosophe professer de telles doctrines? Jamais, car ce serait le comble du délire!

Tandis que la science française hésite et doute lorsqu'il s'agit simplement de savoir si la nature produit encore, mais seulement dans de microscopiques proportions, ce qu'elle engendrait autrefois sur la plus colossale échelle, les penseurs les mieux inspirés et les plus indépendants de l'Allemagne contemporaine, ne redoutent point d'aborder les plus

(1) Humboldt, *Cosmos*. Paris, 1855, t. I, p. 316. — Buckland, *Géologie et minéralogie*, t. I, p. 515.

audacieux problèmes de la vie. Tandis que nous craignons de voir quelques parcelles de la matière s'organiser sous l'empire d'une force spéciale, deux des hommes les plus éminents de la science contemporaine, Von Martius et Theod. Fechner, poussent la témérité jusqu'à créer une psychologie végétale, et accordent aux plantes quelques facultés d'élite (1).

Cependant, nous le disons avec orgueil, l'hétérogénie compte dans ses rangs les plus profonds penseurs de toutes les époques. Elle a pour elle l'autorité de l'induction et de l'expérience ; les philosophes et les physiologistes.

La thèse que nous soutenons ici, mais des hommes de génie tels qu'Aristote, Pline, Lucrèce, Plutarque, saint Augustin, Scaliger, Cabanis et E. Renan, l'ont admise sous l'impulsion des seules forces rationnelles (2).

Cette thèse, mais en se fondant sur des expériences aussi nombreuses que variées, elle a été celle des plus illustres physiologistes des temps modernes.

Redi, malgré ses découvertes, n'en était pas moins convaincu que certains animaux inférieurs se produisaient par génération spontanée (3).

Ce qu'il y a de remarquable aussi, c'est qu'aucun des grands géologues de notre siècle ne s'est inscrit au nombre

(1) Von Martius, *Die Unsterblichkeit der Pflanzen*. — Théodore Fechner, *Nanna oder über das Seelenleben der Pflanzen*.

(2) Aristote, *Histoire des animaux*. Paris, 1783. — Pline, *Histoire naturelle*, livre X. — Lucrèce, *De rerum naturâ*. — Saint Augustin, *De civitate Dei*, lib. XIV. Venise, 1732. — Plutarque, *Symposiacon*, lib. II. — Scaliger, traduction latine d'Aristote. Toulouse, 1699. — Cabanis, *Rapport du physique et du moral de l'homme*. Paris, 1824. — E. Renan, *De l'origine du langage*. Paris, 1858, p. 244.

(3) Redi, *Osservazioni intorno agli animali viventi che si trovano negli animali viventi*, Florence, 1684, professe dans cet ouvrage qu'il est *très-porté à croire* que les entozoaires s'engendrent spontanément. C'est donc à tort qu'on s'est si souvent autorisé de son nom pour combattre les hétérogénistes.

des adversaires de l'hétérogénie. Tous, et rigoureusement tous, admettent la succession des créations, et, par conséquent, la genèse spontanée se manifestant d'époque en époque à la surface du globe.

Lorsqu'un zoologiste de la valeur de M. Milne-Edwards professe que, depuis la création, la vie s'est transmise par une chaîne non interrompue de possesseurs, j'avoue que je pourrais être ébranlé si je ne voyais de Humboldt, Cuvier, Agassiz, Brongniart, Beudant, Élie de Beaumont, Buckland, Ch. Lyell, Alc. d'Orbigny, Ch. d'Orbigny et Pictet protester énergiquement contre son assertion, en admettant des créations successives (1).

Si des physiologistes tels que Spallanzani et MM. Claude Bernard et Longet s'élèvent contre l'hétérogénie, j'avoue n'être nullement effrayé lorsque je soutiens des opinions qui sont celles de savants tels que Harvey, J. Muller, Dugès, Burdach, Treviranus, Tiedemann, Carus, Valentin, Bérard, Joly et Mantegazza. Et, j'avoue même être parfaitement convaincu, lorsque, par mille routes variées, l'expérimentation m'a conduit au même but que tant d'illustres physiologistes (2).

(1) Comp. Buffon, *Époques de la nature. Hist. nat.* Deux-Ponts, 1785, t. XII. — De Humboldt, *Cosmos*. Paris, 1855, t. I, p. 312. — G. Cuvier, *Discours sur les révolutions du globe*. Paris, 1821. — Brongniart, *Tableau des terrains qui composent l'écorce du globe*. Paris, 1829. — Élie de Beaumont, *Systèmes de montagnes*. *Dict. univ. d'hist. nat.*, t. XII, p. 168. — Bremser, *Traité zoologique et physiologique sur les vers intestinaux*. Paris, 1824. — Buckland, *La géologie et la minéralogie dans leurs rapports avec la théologie naturelle*. Paris, 1838. — Alc. d'Orbigny, *Cours de paléontologie*. — — Ch. d'Orbigny, *Géologie appliquée aux arts*. Paris, 1851, p. 81. — Huot, *Nouveau Cours de géologie*. Paris, 1839, t. II, p. 73. — Pictet, *Traité de paléontologie, histoire naturelle des animaux fossiles*. Paris, 1853, t. I, p. 58.

(2) Par son si célèbre aphorisme, *Omne vivum ex ovo*, Harvey n'entendait parler que des mammifères. C'est à tort que quelques savants ont invoqué contre nous son autorité, car ce physiologiste était hétérogéniste. — Harvey, *Exercitationes de generatione animalium*. Londres, 1651, p. 54. — J. Muller, *Manuel de physiologie*. Paris, 1845. — Dugès, *Physiologie compa-*

Si des zoologistes de la valeur de Swammerdam, de Réaumur, d'Ehrenberg et de M. de Quatrefages, condamnent l'hétérogénie, est-ce que son triomphe peut être un instant douteux, lorsque combattent pour elle d'autres zoologistes tels que Rondelet, Buffon, Pallas, O.-F. Muller, Lamarck, Rudolphi, Latreille, Bory de Saint-Vincent, Oken, Bremser, de Blainville, Deslonchamps et Dujardin; et aujourd'hui, je suis heureux de pouvoir y ajouter R. Owen, le plus grand zoologiste de notre époque (1) ?

Enfin, si quelques botanistes, tels que Bulliard et Hoffmann, récusent la genèse spontanée, Matthiole, Dillen, Turpin, Nees d'Esenbeck, Endlicher, Corda, Fries, Kützing, Lecoq, Ch. Musset, Richard, Fée et de Humboldt l'admettent, n'est-ce pas plus qu'une ample compensation (2)?

rée. Paris, 1838. — Burdach, *Traité de physiologie*. Paris, 1837. — Treviranus, *Biologie*. Gottingue, 1802. — Tiedemann, *Physiologie de l'homme*. Paris, 1831. — Carus, *Traité d'anatomie comparée*. Paris, 1835. — Valentin, *A text Book of Physiology*. Londres, 1840. — Bérard, *Cours de physiologie*. Paris, 1848. — Joly, *Comptes rendus de l'Académie des sciences*, 1861, 1862. — Mantegazza, *Recherches sur la génération des infusoires*. Institut Lombard, 1852.

(1) Rondelet, *Universæ aquatilium historiæ pars altera*. Lyon, 1534. — Buffon, *Histoire naturelle. Supp.*, t. IV. — Pallas, *De insectis viventibus intra viventia*. Leyde, 1760. — O. F. Muller, *Animalium infusoriorum succincta historia*. Copenhague, 1773. — Lamarck, *Philosophie zoologique*, 1809. — Rudolphi, *Entozoorum sive vermium intestinalium historia naturalis*. Amsterdam, 1809. — Latreille, *Familles naturelles du règne animal*. Paris, 1825. — Bory Saint-Vincent, *Essai sur les animaux microscopiques*. Paris, 1826. — Bremser, *Traité zoologique et physiologique des vers intestinaux*. Paris, 1824. — De Blainville, *Diction. des sc. naturelles*. — Deslonchamps, *Encyclopédie méthodique. Zoophytes*, t. XI. — Dujardin, *Traité des infusoires*. Paris, 1841. — Richard Owen, *Palæontology*. Londres, 1861, p. 441.

(2) Matthiole, *Commentarii in sex Libros Ped. Dioscorid*. Ven., 1565. — Turpin, *Règne organique*, p. 28. — Endlicher, *Genera plantarum*, p. 16. — Fries, *Syst.*, III, p. 504. — Richard, *Histoire naturelle médicale*. Paris, 1849. — Fée, *Communications manuscrites*. — Musset, *Nouvelles Recherches expérimentales sur l'hétérogénie*. Toulouse, 1862. — De Humboldt, *Cosmos*. Paris, 1851. — Kützing, comp. Schaffhausen, *Comptes rendus*, t. LIV, p. 1046.

Je pourrais omettre de citer ici le contingent des chimistes, puisque, selon nous, la question est absolument en dehors de leurs attributions, et que, par leurs expériences perturbatrices, ils n'ont fait que l'entraver. Cependant je ne le veux pas, car ils viennent eux-mêmes grossir l'armée des hétérogénistes. Si MM. Payen et Boussingault soutiennent la panspermie; par compensation, nous voyons Ingenhousz, Priestley et M. Baudrimont qui, eux, ont fait beaucoup d'expériences sur ce sujet, croire à la génération spontanée. Lavoisier l'admettait aussi (1).

Je suis seulement embarrassé à l'égard de M. Dumas. Celui-ci, qui fut à une époque le plus ingénieux et le plus ardent adepte qu'eut jamais l'hétérogénie, a, tout à coup, abandonné des doctrines qui ne contribuèrent pas peu à sa jeune célébrité (2). J'en dirai autant de M. Pasteur, puisque dans son mémoire sur la fermentation, il admet carrément

A tous ces noms de savants qui ont admis la génération spontanée, il faut encore ajouter Bose. *Mémoire sur la génération spontanée dans les trois règnes*. Montpellier, 1831. — Berruti, *Sulla generazione spontanea e sulla natura dei zoospermi*. Torino, 1843. — Bufalini, *Opere complete*. Firenze, 1846. — Carlo Avanzini, *Genogenesi ossia la generazione dei sessi*. Milano, 1861. — Gorini, *Sull' origine delle montagne et dei vulcani*. Lodi, 1851. — Et enfin, Ezio Castoldi, *I fenomeni della generazione spontanea*. Milano, 1862.

(1) Ingenhousz, *Expériences sur les végétaux*. Paris, 1787. — Priestley, *Versuche und Beobachtungen über verschiedene Theile der Naturlehre*. Vienne, 1795. — Baudrimont, *Observation des êtres microscopiques de l'atmosphère terrestre*. (*Comptes rendus de l'Académie des sciences*, 1855, p. 542.)

(2) A la même époque, M. Milne-Edwards partageait les opinions de son illustre ami. En effet, on peut voir dans le *Répertoire d'anatomie et de physiologie* de Breschet, t. III, p. 47, qu'en 1827 le doyen de la Sorbonne admettait comme démontré ce qu'il combat aujourd'hui. Il en était de même de M. Claude Bernard, qui, dans ses leçons du Collége de France, professait autrefois et *sans hésitation* que la levûre s'engendre spontanément. (*Lecons*. Paris, 1835, t. I, p. 245.)

Est-ce ma faute si ces savants changent si fréquemment d'opinion ; et suis-je si coupable si, dans la maturité de l'âge, moi j'adopte celle qu'ils ont émise dans toute la vigueur de leur talent ?

la genèse spontanée de la levûre, tandis qu'il est aujourd'hui l'adversaire le plus ardent de la spontéparité (1).

Est-ce que dans cet exposé succinct des forces de l'hétérogénie, nous n'avons pas énuméré presque tout ce que les sciences naturelles ont compté d'hommes de génie depuis plusieurs siècles? Nous en fallait-il plus pour nous autoriser à nous lancer dans cette voie; et quand l'expérience confirme chaque jour ce qu'ils ont avancé, pouvons-nous douter un seul instant (2)?

Aux opinions de tant d'hommes transcendants, aux expériences de tant d'illustres physiologistes, aux observations de tant et tant de grands naturalistes, qu'a-t-on opposé jusqu'à ce jour?

Tout simplement deux expériences exécutées par des savants allemands, et auxquelles on accordait une portée que ceux-ci, eux-mêmes, n'osèrent pas leur donner! Expériences qui, du reste, ont été proclamées absolument erronées par six savants qui les ont répétées avec une précision que leurs auteurs avaient été loin d'y mettre.

Telle est la stricte délimitation des forces des hétérogénistes et des panspermistes. On peut déjà présumer de quel côté va pencher la balance!...

(1) Dumas, *Dictionnaire classique d'histoire naturelle*, t. VII, p. 195, art. GÉNÉRATION. — Pasteur, *Mémoire sur les fermentations*, p. 389.

(2) Un savant critique, adversaire des générations spontanées, m'a reproché de citer trop de noms à l'appui de mes opinions, et de comprendre dans ceux-ci des hommes qui ont eu les idées scientifiques ou philosophiques les plus opposées. Ce reproche n'était peut-être pas désintéressé; mais plusieurs raisons m'ont sciemment fait le mériter. D'abord, j'ai dû glaner partout où j'ai pu; et si, dans mon butin, tout le monde est d'accord sur le point en litige, le reste ne me regarde pas. Et même, cette unanimité parmi des gens qui ont eu des doctrines si diverses, donne une nouvelle force à mes assertions. D'un autre côté, comme j'ai appris que certains professeurs avaient traité avec plus que de la légèreté les hétérogénistes, sans le moins du monde en connaître les travaux, j'ai voulu leur prouver que parmi eux on compte un certain nombre d'hommes dont le génie a droit au respect de tous.

CHAPITRE PREMIER.

EXPÉRIENCES ANCIENNES.

Deux expériences seulement, en effet, avaient suffi aux panspermistes pour étayer toutes leurs théories.

Ces expériences, beaucoup trop célèbres, ne supportent pas un seul instant l'analyse; et, depuis que je les ai attaquées, personne n'a consenti à les remettre textuellement en lumière. Schultze et Schwann, auxquels on les dut, ne les avaient produites que pour venir à l'appui de certaines hypothèses préconçues.

Schultze, dont on voit ci-dessous l'appareil exactement reproduit, sans donner la moindre notion sur les substances qu'il employait, ni sur leurs doses, se bornait à mettre, comme il le dit, une infusion dans une *fiole à médecine*, munie de deux appareils de Liebig, dont l'un était rempli d'acide sulfurique et l'autre d'une solution de potasse. Après que cette fiole avait été trempée dans l'eau bouillante pendant un certain temps, l'air extérieur y rentrait en traversant ces deux liquides, que ce savant considérait comme arrêtant et détruisant tous les organismes qui pouvaient flotter dans l'atmosphère. Chaque jour, l'expérimentateur en aspirant avec sa bouche par le tube contenant la potasse, renouvelait l'air de son appareil (1).

(1) Schultze, *Annales de Poggendorf*, 1837, p. 41, et *Edimburgh New Philosophical Journal*, 1837, où j'ai copié cette figure. — *Annales des sciences naturelles*, *Zoologie*, t. VIII, 1837.

Ce savant assure que, dans ses expériences, il ne vit aucun organisme apparaître au milieu du liquide, qu'il examinait à travers les parois de ses fioles à l'aide d'un microscope.

A priori, on reconnaît que cet observateur a dû être induit en erreur; car ses fioles à médecine pouvaient être

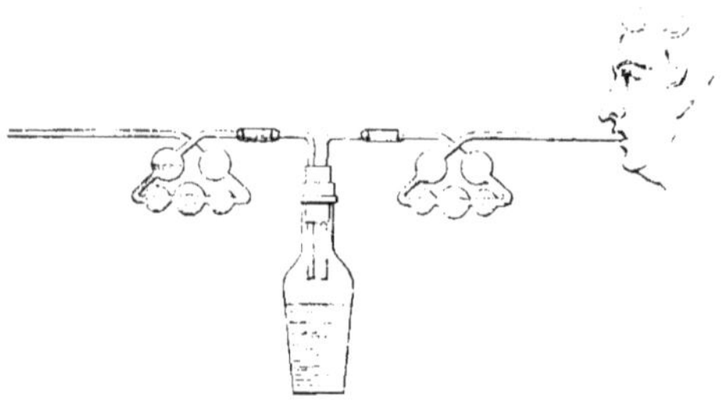

Fig. 1. — Expérience du docteur Schultze.

remplies d'organismes que ne lui permettait pas d'apercevoir le procédé défectueux qu'il employait à cet effet (1). D'un autre côté, l'expérience renverse sans retour tout ce qu'a avancé le docteur Schultze.

Schwann invoquait un procédé encore plus violent. Pour anéantir les prétendus œufs ou les semences contenues dans l'air, il calcinait celui-ci avant de l'introduire dans ses appareils. Et cependant ce savant reconnut lui-même que, dans certains cas, ceux-ci se remplissaient encore d'animaux et de plantes; aussi, avec beaucoup de raison, n'osa-t-il rien conclure de ses expériences (2).

(1) Il est évident qu'avec aucun microscope il ne serait possible d'apercevoir de petits infusoires à travers les parois d'une fiole à médecine. Le procédé opératoire marque lui-même une certaine inexpérience. En effet, comme l'appareil de M. Schultze était exposé à une fenêtre, il n'avait pas besoin de se charger d'en renouveler l'air; le soleil et le froid des nuits s'acquittaient journellement de ce soin à sa place.

(2) Schwann, *Des générations équivoques*. — *Annales de Poggendorf*, 1837, p. 184. — *Isis*, 1837, p. 523.

Tout récemment, condamné par ses propres recherches, M. Pasteur fut aussi forcé d'avouer que *les expériences avec l'air calciné ne réussissaient qu'exceptionnellement*. Ce sont ses expressions (1).

D'un autre côté, Schrœder et Dusch essayèrent d'arrêter ces introuvables corps reproducteurs, en tamisant l'air à travers du coton. Mais, comme Schwann, ils trouvaient parfois que leurs matras étaient envahis par des organismes ; aussi, imitant la réserve du savant allemand, n'osèrent-ils rien conclure de tentatives dans lesquelles ils obtenaient des résultats absolument contradictoires.

Enfin, M. Pasteur prétendit que quand on se servait d'air qui ne rentrait dans les ballons qu'en suivant des routes déclives ou recourbées, comme les spores et les œufs se déposaient durant leur trajet dans celles-ci, on ne rencontrait jamais d'organismes dans l'intérieur des appareils (2). C'était une erreur.

Mais que signifient tant et tant d'expériences au point de vue philosophique et au point de vue expérimental? Absolument rien.

Au point de vue expérimental, on s'étonne vraiment de voir certains physiologistes, tels que MM. Longet et Cl. Bernard, s'en emparer pour constater la panspermie et saper la génération spontanée. Ils n'ont pris de ces expériences que les faits négatifs, sans valeur, qui s'accommodaient avec leurs théories, et n'ont fait nulle attention aux expériences positives qui les condamnent absolument.

Au point de vue philosophique, il n'y a aucune conclusion à tirer d'expériences qui se combattent mutuellement. Et, d'un autre côté, pour des hommes dont une

(1) Pasteur, *Mémoire sur les corpuscules organisés qui existent dans l'atmosphère*. (*Ann. scient. natur.* Paris, 1861, p. 33.)

(2) Pasteur, *Expériences relatives aux générations dites spontanées*. — *Compt. rend. de l'Acad. des sciences*, t. L., p. 306.

sévère raison domine les travaux, tout cet arsenal d'expériences dont on a embarrassé la science n'aurait jamais dû y trouver place. En effet, pour l'expérimentateur qui raisonne le moins du monde, quand on a une fois reconnu, et c'est maintenant incontestablement démontré, que Schwann en calcinant l'air n'entravait pas l'apparition des proto-organismes, est-ce qu'il est rationnel de tenter d'arrêter avec du coton ou des tubes recourbés, des œufs ou des semences que le feu aurait mille fois consumés s'ils existaient ailleurs que dans l'imagination de quelques-uns de nos savants (1)?

Je suis certain que tous les physiologistes qui, avec un esprit droit et sans prévention, étudieront cette question, seront frappés de la légèreté qui a présidé aux expériences de beaucoup de savants, même parmi ceux qui occupent un rang élevé dans la science (2).

Contre-expérience de Schultze, par M. Pouchet.

Au point de vue des panspermistes, j'ai dû répéter l'ex-

(1) Les faits viennent à l'appui de tout ce que nous avançons. MM. Joly et Musset ont déjà prouvé que les expériences de M. Pasteur avec des tubes recourbés étaient absolument erronées. Et celles de Schrœder et Dusch ne peuvent être exactes si celles de Schwann et de Schultze sont réputées fausses. C'est ce que nous allons prouver.

(2) M. Longet, par exemple, rapporte que M. Milne-Edwards fit plusieurs tentatives infructueuses pour provoquer des générations équivoques. « Ayant mis, dit-il, dans un tube de la matière organique et de l'eau, il faisait bouillir le liquide afin de tuer les animaux qui auraient pu s'y trouver, puis bouchait le tube en étirant son extrémité à la lampe. Aucun infusoire ne se formait dans ces infusions, même après un laps de temps très-long. » (*Traité de physiologie*. Paris, 1850, t. II, p. 11.)

Et c'est sur une telle expérience que s'appuie M. Longet pour renverser l'hétérogénie! Pour moi, ce qu'il y aurait eu vraiment de prodigieux, c'eût été de voir des animaux apparaître dans l'appareil de Milne-Edwards, dont le tube avait été absolument mis dans les conditions d'un marteau d'eau. Et je m'étonne beaucoup que l'illustre zoologiste ne se soit pas révolté immédiatement contre la singulière expérience qu'on lui prêtait.

périence de Schultze; mais je l'ai fait avec une rigueur que n'y mit point le savant Allemand.

Au lieu de faire rentrer de l'air chaque jour dans mon ballon, ce qui tend à y introduire ces prétendus œufs et ces spores aériens dont on cherche à préserver l'appareil, j'abandonnais celui-ci à lui-même, et l'air n'en était point renouvelé (1).

Schultze, comme on peut le voir dans la figure qui précède, bouchait son appareil à l'aide d'un bouchon de liége. Nous nous sommes servi de bouchons en cristal, et l'endroit où le tube laveur était luté dans le trou de ceux-ci était silicatisé. Ainsi donc, nos appareils étaient complétement en verre. Dans certains cas, nous avons même soudé le tube laveur avec le ballon.

La trop célèbre expérience de Schultze a été simplifiée par moi ainsi que je la représente ici. Et, quoique en décuplant les précautions expérimentales, je suis cependant parvenu à obtenir des résultats absolument opposés à ceux du savant Allemand.

Au lieu de me borner à tremper le ballon dans l'eau bouillante, comme le faisait le physiologiste étranger, je me servais d'une lampe à esprit de vin pour chauffer mes décoctions, ce qui donnait à l'opération plus de célérité et plus de rectitude.

J'avais d'abord la précaution de faire bouillir le liquide dans le ballon, avant d'y ajouter mon tube laveur, afin que la vapeur d'eau n'affaiblît point l'acide sulfurique en le traversant en trop grande abondance.

Lorsque, après plusieurs minutes d'ébullition, j'avais la conviction que tout l'appareil avait bien contracté la tempé-

(1) Ayant remarqué que les Microphytes se développaient plus rapidement sur les corps émergés, je mettais parfois des morceaux de bois dans les appareils. C'est ce que l'on voit sur l'une de mes figures, dont les Mucorinées ont été dessinées d'après nature sur l'un de ces corps flottants.

rature de 100°, ou à très-peu de chose près, alors je le faisais boucher et conservais encore le liquide en ébullition pendant cinq à vingt-cinq minutes. J'ai même expérimenté

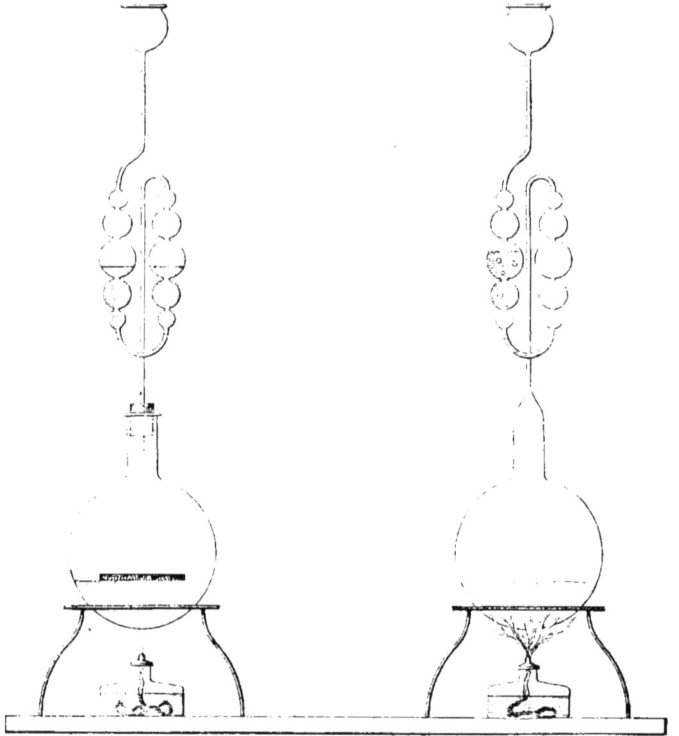

Fig. 2. — Appareils de M. Pouchet pour la contre-expérience de Schultze.

diverses fois avec des décoctions qui avaient préalablement bouilli plus de cinq heures (1).

Ensuite, on laissait l'appareil se refroidir lentement, pour

(1) Lorsque après cinq heures d'ébullition on voit des organismes apparaître dans les décoctions, ainsi qu'à diverses reprises j'ai pu l'observer, j'espère que personne ne pourra supposer que les œufs ou les spores résistent à une telle épreuve. Ils ne résistent pas plus à la simple ébullition de quelques minutes.

éviter une trop brusque rentrée de l'air, et être certain que celui-ci se lavait bien exactement en clapotant dans les boules.

L'appareil une fois refroidi, on ne s'en occupait plus. Et, en le plaçant à l'ombre, dans un lieu où la température ne subissait pas trop d'oscillations, aucune nouvelle portion d'air n'y rentrait (1).

En employant, dans cet appareil, de la colle de farine extrêmement légère, de l'albumine, de l'urine, de la bière, du foin, ou de la noix de galle, *constamment* on voit apparaître des microphytes ou des microzoaires après un temps fort court.

J'ai varié encore l'expérience de Schultze de la manière suivante; et je l'ai rendue beaucoup plus sévère en me servant de l'appareil figuré ci-dessous.

Dans un ballon dont le col placé horizontalement supporte un robinet, je mets une certaine quantité d'eau ordinaire. Un corps fermentescible, renfermé dans un gros tube de verre, et qui a été préalablement chauffé à 150° pendant cinq heures, est placé à l'intérieur du col de ce ballon; ce tube est fermé par un opercule rodé à l'émeri et scellé hermétiquement avec lui par une substance facilement soluble dans l'eau. Le ballon communique avec trois tubes en U et des boules de Liebig. L'un de ces tubes contient de la ponce sulfurique, un autre de la potasse caustique, et le troisième du coton cardé.

Les boules de Liebig sont remplies d'acide sulfurique concentré.

A l'aide d'une lampe, on met l'eau du ballon en ébullition pendant dix minutes, et ce n'est qu'ensuite qu'on

(1) Quand on le veut, cependant, mon appareil respire de lui-même; pour cela on n'a qu'à l'exposer au soleil. La température élevée du jour dilate l'air et en chasse une portion; la nuit il se produit un effet contraire, l'air rentre.

articule les tubes en U avec l'appareil ; alors on chauffe encore, et la vapeur sort par l'extrémité du tube de Liebig. Enfin, on éteint la lampe, et, tandis que l'appareil se refroidit, l'air extérieur y rentre en traversant l'acide sulfurique, le coton, la ponce sulfurique et la potasse. Quand l'appareil est parvenu à la température ambiante, on fait tomber le tube dans le liquide, et lorsque celui-ci a dissous la subs-

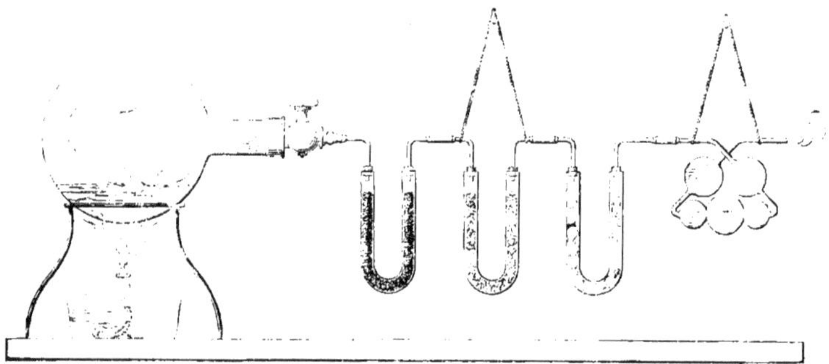

Fig. 3. — Autre appareil de M. Pouchet pour l'expérience de Schultze.

tance soluble qui lute l'opercule, ce dernier souvre, et l'eau envahit l'intérieur de ce tube.

Peu de temps après, *constamment*, on voit la liqueur du ballon se peupler de végétaux et d'animaux microscopiques selon les substances que l'on a confinées dans le tube. Jamais, en suivant ce procédé, l'expérience ne manque (expériences 1 à 7).

Contre-expérience de Schwann, par M. Pouchet.

Le mode d'expérimentation de Schwann n'était guère plus rigoureux au fond que celui de son compatriote, cependant il semblait d'abord offrir plus de garanties : ce savant opérait dans l'air calciné. Mais ses expériences, qui furent acclamées en France avec tant de faveur, n'eurent pas le même succès en Allemagne. Otton, Renner, Sachs et Huschke, comme on peut le voir dans l'*Isis*, les regardèrent, avec raison, comme étant absolument insignifiantes contre la doctrine de la génération équivoque (1).

Depuis plusieurs années, je n'ai pas cessé de perfectionner l'expérience de Schwann; et je puis assurer aujourd'hui que, contrairement à ce qu'a avancé ce savant, l'on obtient *constamment* des organismes, lorsqu'on la dirige avec tout le soin qu'elle exige; et qu'elle démontre manifestement que ces mêmes organismes n'ont évidemment pu être apportés du dehors. Le procédé était aussi simple que facile à trouver; il consiste uniquement à ne plonger le corps putrescible dans l'eau qui subit l'ébullition, qu'après que celle-ci est totalement refroidie, et que l'air calciné est rentré dans le ballon. En procédant ainsi, on peut chauffer ce corps jusqu'à 200 degrés et plus, sans compromettre le succès de l'opération.

Mon appareil est infiniment plus simple que ceux dont on a parlé dans ces derniers temps, et par conséquent moins susceptible d'introduire de perturbation dans le mode d'expérimentation. Il consiste en un ballon d'environ un litre de capacité, renfermant 150 centimètres cubes d'eau, et dont le col allongé, placé horizontalement, supporte un robinet (2).

Celui-ci communique avec un tube de porcelaine, bourré de fragments de la même substance, et qui traverse un brasier ardent; il est muni à sa terminaison de boules de Liebig remplies d'acide sulfurique.

Le corps putrescible, renfermé dans un tube de verre à opercule, après avoir été chauffé pendant deux heures à

(1) Comp. *Isis*, 1837, p. 523.

(2) Un savant physiologiste m'a reproché d'employer un robinet dans cet appareil. Cela ne signifie rien, puisque son canal monte à la température humide de 100°, et qu'ensuite on plonge ce robinet dans l'huile chauffée.

150 degrés, est placé dans le col horizontal du ballon (1) ; on met, à l'aide d'une lampe, l'eau de celui-ci en ébullition pendant un quart d'heure, afin de s'assurer que toute sa paroi a bien été portée à sa température. Alors, la vapeur traverse le tube rougi à blanc et sort un moment par les boules de Liebig qu'on y adapte. Quand elle a été abondamment expulsée, on éloigne seulement un peu la lampe du

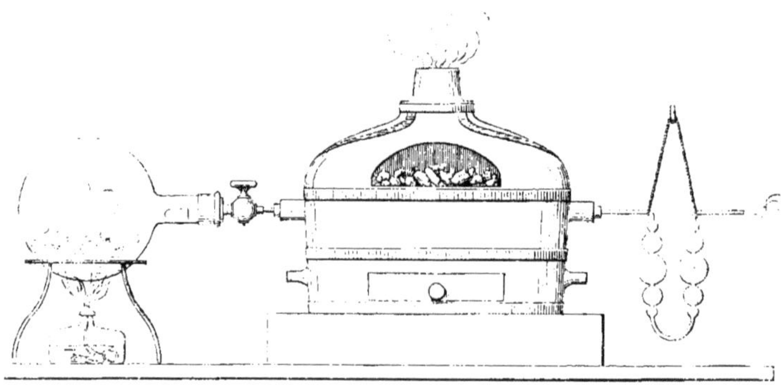

Fig. 4.

ballon, pour que l'air ne soit aspiré qu'avec lenteur. Celui-ci rentre alors dans l'appareil en traversant d'abord l'acide sulfurique des boules de Liebig, puis le labyrinthe de fragments de porcelaine et de filaments d'amiante contenus dans le tube et portés au rouge le plus ardent. Enfin, quand le ballon se retrouve à la température ambiante, en en inclinant le col, on plonge dans l'eau refroidie le tube con-

(1) J'ai fait cette expérience avec de la gélatine et du sucre, de l'urine, des filaments de lin ; avec des tiges de *Lolium perenne*, de *Solanum dulcamara*, d'*Aster chinensis*, et des racines de *Glycyrrhiza glabra*, etc. Ces substances préalablement desséchées aussi complétement que le permettent nos moyens physico-chimiques, étaient ensuite renfermées dans les tubes de verre munis d'opercules qui ne s'ouvrent que lorsqu'ils sont plongés dans l'eau du ballon. On peut, si on le veut, élever la température de ces tubes à 200°. Quelquefois, avant de les introduire dans l'appareil, ils avaient été deux jours dans des étuves chauffées de 98 à 100°.

tenant la substance putrescible. Le ballon est ensuite renversé, et, pour plus de sûreté, après avoir fermé le robinet, on enfonce celui-ci dans un bain d'huile préalablement chauffé à 150° (1).

Après un temps très-variable, et dont la durée est en rapport avec la température, la proportion et la nature du corps employé, le liquide se trouble, et bientôt après il y apparaît des Microzoaires ou des Mucédinées (2). Et ce qui est essentiellement à remarquer, et ce que cependant les physiologistes ont passé inattentivement, c'est que *jamais* ces Microzoaires ne sont identiques avec ceux qui apparaissent dans les *mêmes décoctions placées au contact de l'air.* Tous appartiennent à des degrés inférieurs de l'échelle zoologique. Il en est presque toujours de même pour les cryptogames.

Ainsi, dans les appareils hermétiquement clos, tous les Microzoaires que l'on rencontre appartiennent au genre *Amiba*, *Monas*, *Trachelius*, *Bacterium*, *Vibrio*, *Spirillum*, et jamais vous n'y découvrez ni Vorticelles, ni Kolpodes, ni Paramécies, ni Glaucomes, ni Kérones, etc. Cependant, si les œufs des animalcules provenaient du dehors, il deviendrait absolument impossible d'expliquer rationnellement cette délimitation. Et, en effet, si près de votre ballon scellé hermétiquement vous mettez une décoction pareille à celle qu'il contient ; dans le premier, vous ne trouverez que des animalcules de l'ordre le plus infime, des monades et des vibrions ; et dans la seconde, vous voyez apparaître des Microzoaires d'une organisation élevée, des Infusoires ciliés.

L'expérience se charge donc seule de renverser tour à tour

(1) Il est facile de s'assurer que l'appareil a été hermétiquement isolé de l'extérieur, car pas une goutte d'huile n'y a pénétré ; et, d'ailleurs, si elle y pénétrait, on ne rencontrerait aucun animalcule.

(2) Ce temps est souvent compris entre quatre et quinze jours, mais je l'ai vu être de plus de trois mois.

toute cette subtilité d'argumentation que l'on dépense en vain pour obscurcir des phénomènes palpables, en leur substituant des arguments sans preuves. Si au lieu de s'obstiner à ne considérer les corps reproducteurs que comme des espèces d'entités métaphysiques; si au lieu de n'opérer que sur des Infusoires dont la ténuité échappe presque à l'œil, on voulait transporter l'expérimentation dans une sphère plus élevée et plus philosophique, tout se dévoilerait ostensiblement.

Tous les physiologistes sont unanimement d'accord sur ce point, c'est qu'aucun œuf, aucun animal, aucune plante ne résiste à la température humide de 100° (1). Nous avons fait beaucoup d'expériences sur ce sujet, et dans celles-ci, nous avons toujours reconnu que cette température anéantissait absolument la vie dans tous les êtres organisés, et souvent même suffisait pour en altérer profondément la structure (2). Ainsi donc, lorsque, dans nos expériences avec l'air calciné, nous voyons apparaître des Microzoaires, ces animaux n'ayant pu résister à la température des appareils, ni provenir du dehors, l'hétérogénie seule peut en expliquer la production.

Si avec de l'air calciné j'obtiens *toujours* des organismes, même avec des corps chauffés à 200° et plus, c'est que je prends la précaution d'éviter les modifications chimiques que

(1) Telle est l'opinion de M. Claude Bernard. (*Leçons sur les propriétés physiologiques de l'organisme*, t. I, p. 488.) M. Milne-Edwards professe aussi que tout être organisé qui renferme de l'eau s'altère et succombe au-dessous de la température suffisante pour la coagulation de l'albumine hydratée. (*Comptes rendus*, 1859, n° 1, p. 27.) — Telle est aussi, je pense, l'opinion de MM. Chevreul, Robin, etc.

(2) Nous avons vu que les spores des Mucédinées qui pullulent dans nos expériences se désorganisent elles-mêmes en quelques minutes, au-dessous de la température de l'eau bouillante, à 98°. (*Hétérogénie*, p. 282.) Bulliard, avant nous, avait fait des observations analogues. (*Histoire des champignons*, t. I, p. 115.) — Récemment H. Hoffmann a vu la même chose. *Bull. de la soc. botan. de France*, t. VII, p. 80.)

l'ébullition fait constamment subir à ceux-ci, et qui, comme on le sait vulgairement, ont pour premier effet d'entraver le mouvement fermentescible ; mouvement qui précède ou accompagne chaque manifestation génésique, et dont dépend par conséquent tout le succès de l'expérience.

Cette expérience, ainsi que celles que j'ai exposées dans mon *Hétérogénie*, renverse donc et sans retour, la trop fameuse expérience de Schwann et celles exécutées depuis par M. Pasteur, pour lui venir en aide (1).

Mais si j'ai été le premier en France à démontrer la fausse voie dans laquelle plusieurs de nos physiologistes s'étaient égarés en acceptant les travaux du docteur Schwann, d'autres savants de notre pays ou de l'étranger, par des expériences fort remarquables, sont arrivés au même but. MM. Joly et Musset, de Toulouse, qui ont aussi répété les expériences du célèbre Allemand, en leur donnant plus de précision, ont, comme nous, obtenu des organismes dans l'air calciné. Et, avant tous, le professeur Mantegazza a même vu des animalcules apparaître dans de l'oxygène élevé à la température rouge (2).

Enfin, tout récemment, le professeur J. Wyman, de Cambridge, a également vu des animalcules se produire dans des liquides qui avaient subi une à deux heures d'ébullition, à une pression de deux atmosphères, et qui ne se trouvaient en contact qu'avec de l'air calciné (3).

Ainsi se trouvent en même temps renversées, et sans retour, les expériences de Schwann et même celles de M. Pas-

(1) Pasteur, *Mémoire sur les corpuscules organisés qui existent dans l'atmosphère. Annales des sciences naturelles*, 1861, p. 5.

(2) Ch. Musset, *Nouvelles Recherches expérimentales sur l'hétérogénie ou génération spontanée*. Toulouse, 1862, p. 22. — Mantegazza, *Recherches sur la génération des infusoires*. Institut Lombard.

(3) Jeffries Wyman, *Experiments on the Formation of Infusoria in Boiled Solutions of Organic Matter, enclosed in Hermetically Sealed Vessels, and Supplied with Pure Air*. Cambridge, 1862.

teur, dans lesquelles, chose inouïe en physiologie, celui-ci, en s'efforçant de sauvegarder les premières, avait prétendu que les infusoires ou leurs œufs pouvaient conserver leur vitalité dans l'eau bouillante (1).

Il est aussi fort essentiel de remarquer que, dans ses appareils, le docteur Wyman ne s'est nullement servi de mercure; métal auquel, comme on le sait, M. Pasteur avait attribué la fécondité des expériences que ses adversaires lui opposent en masse.

Ainsi donc, il n'est plus possible de contester que dans de l'air calciné et avec des substances ayant bouilli dans les appareils pendant deux heures, et même pendant plus de cinq heures, comme nous l'avons vu précédemment, on obtient toujours des organismes.

Ce fait, démontré récemment par tant d'expérimentateurs, convaincra tous les esprits sérieux de l'inanité des hypothèses de Spallanzani, de Bonnet et de leurs continuateurs. La panspermie n'existe pas plus que l'emboîtement des germes. Ceux qui font tant d'efforts pour sauver de l'oubli ces idées surannées n'offrent, dans leurs expériences et dans leurs théories, qu'une suite de contradictions. Nous l'avons ostensiblement démontré (2).

(1) Pasteur, *Annales des sciences naturelles, Zoologie*, 1861, 4e partie, p. 54, 55, s'exprime ainsi : « Le lait soumis à l'ébullition à 100° et abandonné au contact de l'air chauffé se remplit après quelques jours de « petits infusoires..... C'est que les germes des infusoires, dont nous « venons de parler, peuvent résister à la température humide de 100°. » Spallanzani allait encore plus loin. Après avoir exposé des spores de Mucédinées à l'action d'un brasier ardent. « J'ai trouvé, dit-il, que cette cha- « leur n'ôte pas à ces grains la faculté de se reproduire. » C'est cette physiologie du dix-huitième siècle que l'habile chimiste continue. Chaque fois qu'il voit des organismes se reproduire, il en conclut, comme le savant Italien, que les œufs et les spores n'ont pas été détruits ! On voit qu'avec un système pareil on peut tout soutenir, tout oser.

(2) Les expérimentateurs qui obtiennent des résultats négatifs les doivent à des recherches mal faites. Là, par une chaleur élevée, ils modifient trop profondément les corps employés ; ailleurs, il se produit, dans

EXPÉRIENCES DE M. PASTEUR.

Nous avons répété au Muséum d'histoire naturelle de Rouen toutes les expériences de Schultze et de Schwann, et avec une sévérité tout à fait inusitée jusqu'à ce jour. Cela nous était impérieusement imposé pour arriver à démontrer qu'elles étaient absolument erronées, et que, dans leur chute, elles devaient nécessairement entraîner toutes les hypothèses futiles auxquelles elles ont donné lieu, ou toutes les expériences qui n'en sont que la reproduction plus ou moins variée. Mais ceci une fois démontré, habitué au laboratoire de Rouen à ne nous consacrer qu'à de sérieuses recherches, nous avons dû constamment nous refuser à répéter les expériences de M. Pasteur, par la même raison que nous nous étions, jusqu'à ce jour, refusé à soumettre les animalcules pseudo-ressuscitants au vide sec de la machine pneumatique, pour les sauvegarder d'une mort que celui-ci, selon nous, ne pouvait qu'activer, comme nous verrons plus loin que cela a lieu.

Nous avons refusé de répéter les expériences de M. Pasteur, parce que, logiquement, rationnellement, pour des physiologistes, du moment où il est reconnu que celles de Schwann sont absolument erronées, et je pense que pas un seul de ceux-ci ne voudrait aujourd'hui le contester, les expériences du chimiste de Paris sont conséquemment frappées de la même nullité.

leurs appareils, des pressions extrêmes; d'autres fois, c'est l'eau condensée qui retombe à la surface du liquide et empêche les organismes de s'y développer. Mais le plus souvent c'est l'inhabileté de l'observateur qui méconnaît ceux-ci et laisse passer inaperçu le moment où ils ont envahi ses appareils. Quand un expérimentateur me présente un ballon resté six mois dans une étuve, et m'en montre le liquide limpide, pour me persuader qu'il est vierge de productions organisées, cela indique simplement que l'observateur inattentif n'a pas vu passer les légions de microzoaires dont les cadavres forment ce qu'il appelle un dépôt muqueux.

Et, d'un autre côté, après avoir émis sa singulière hypothèse de la *panspermie limitée*, ce savant n'aurait même jamais dû, s'il opérait avec cette sagesse qui préside à toutes les déductions scientifiques stables, oser le moins du monde entreprendre la plupart des expériences qu'il présente comme devant *convaincre tout le monde*, c'est son expression.

Comme à notre habitude, joignons les faits aux préceptes. M. Pasteur prétend qu'il frappe de stérilité ses ballons quand l'air les remplit en traversant une route accidentée qui arrête les œufs et les spores atmosphériques. Jamais une expérience semblable n'aurait dû être présentée, ni faite, par un savant qui suppose qu'il existe des veines stériles dans l'air. Car, en admettant que cette expérience fût exacte, ce qui n'est pas, comme l'ont démontré MM. Joly et Musset, tout le monde peut dire à l'expérimentateur que ses routes tortueuses n'ont rien arrêté, car il a pu opérer dans l'une de *ses* veines stériles de l'atmosphère.

L'existence de ces veines paradoxales aurait même dû, à tout jamais, empêcher ce savant d'oser produire ses ensemencements ; car il s'exposait à ne pas souvent réussir, en opérant dans des zônes atmosphériques dépossédées de ces spores et de ces œufs qu'il assure cependant y recueillir.

Mais il est même inutile de nous appesantir sur ces objections, puisque les expériences de M. Pasteur se trouvent absolument renversées par celles qui ont été exécutées, soit depuis un certain nombre d'années, soit tout récemment, dans les laboratoires de Londres, de Pavie, de Toulouse, de Cambridge et de Rouen. Six expérimentateurs, séparés par tant de distance, sont unanimes sur ce point, et un seul ne peut avoir raison contre six.

En effet, qui ne sait qu'Ingenhousz voyait des proto-organismes apparaître dans des appareils qui étaient remplis d'air *deux fois calciné*. Aujourd'hui, sur les lieux mêmes où

Spallanzani opérait il y a cent ans, Mantegazza, dans cette Université de Pavie, qu'il contribue tant à illustrer, arrive à des résultats analogues. De leur côté, MM. Joly et Musset, de Toulouse, ont aussi démontré péremptoirement l'inanité des expériences à l'air calciné et des ensemencements. Et, pendant qu'en France ces derniers produisaient leurs belles recherches, le professeur Wyman, ainsi que nous l'avons dit, portait le dernier coup à la panspermie, en annonçant qu'avec des appareils d'une admirable simplicité, il obtenait des proto-organismes dans l'air brûlé, avec des liquides qui avaient subi une ébullition de deux heures.

Dans toutes ses expériences, M. Pasteur en est constamment resté aux errements du siècle dernier, aux méthodes perturbatrices; seulement, il eut l'idée d'ensemencer ses ballons avec des bourres de coton et d'amiante saupoudrées de corpuscules atmosphériques.

Mais jamais, depuis Spallanzani, on n'a fait d'expériences plus défectueuses que ces prétendus ensemencements, et nous allons le prouver.

D'abord, ces expériences sont exécutées dans le vide toujours incomplet de la machine pneumatique! Si les hétérogénistes en faisaient de semblables, on les accablerait de critiques.

Pour de telles expériences, l'appareil est d'autant plus irréprochable qu'il est plus simple, et celui de M. Pasteur est le plus compliqué qu'on ait jamais employé. Il s'y trouve plusieurs robinets et des tubes en caoutchouc. Si nous avions employé de tels appareils, on eût prétendu que leurs multiples anfractuosités recélaient des myriades d'organismes!

Enfin, lorsque dans cet appareil, M. Pasteur introduit des bourres de coton saupoudrées de corpuscules atmosphériques, il voit s'y développer des proto-organismes, et il prétend ainsi les y avoir ensemencés.

Au congrès scientifique de Paris, un de nos savants chimistes, M. Baudrimont, a parfaitement répondu à M. Pasteur en lui disant : « Vous obtenez des proto-organismes dans « vos ballons, parce que vous y introduisez, non des œufs « et des spores, mais simplement des débris organiques dé- « composables. » Tout est là.

S'il y avait réellement des œufs et des spores sur ses bourres de coton, M. Pasteur pourrait les montrer, on les connaît. Mais le savant chimiste persiste constamment à n'ensemencer que l'invisible, et il ne récolte constamment aussi que le produit du hasard !.....

J'ai plusieurs fois objecté aux panspermistes que si réellement c'était l'air qui introduisait des œufs dans leurs appareils, on y trouverait des animalcules de tous les ordres, comme on en voit apparaître dans les mêmes macérations exposées sous des cloches avec un volume d'air égal à celui des ballons.

Cette objection était fondamentale, et M. Pasteur dit « qu'elle mériterait un examen sérieux s'il était prouvé « qu'une même liqueur donne au contact de l'air ordinaire « de gros infusoires, tandis qu'elle en fournit seulement de « très-petits dans un ballon en présence de l'air chauffé. « Mais cela n'est pas (1). »

J'admire toujours la merveilleuse facilité avec laquelle l'habile chimiste se tire du plus mauvais pas. Ce qu'il nie si magistralement est un fait que nous reproduisons à chaque instant au laboratoire du Muséum de Rouen. Quand donc serai-je assez heureux pour n'être pas obligé de relever de telles assertions ?

Depuis cent ans on crie à M. Pasteur et à ses devanciers, que toutes leurs expériences à vaisseaux hermétiquement fermés à la lampe ne signifient absolument rien ; et qu'elles

(1) Pasteur, *Sur la doctrine des générations spontanées*. Paris, 1861, *Ann. scient. nat.*, t. XVI, p. 52.

s'opposent tout justement à ce qu'on leur demande. Je vais le prouver pour la centième fois.

L'expérience qui suit, que j'ai tant de fois répétée, le démontre jusqu'à la dernière évidence. Si vous partagez en deux portions une *macération* propre à donner des infusoires ciliés ; si l'une est introduite dans un ballon, même avec de l'air ordinaire, et que l'on scelle celui-ci, jamais il n'y apparaît d'infusoires ciliés. Si vous placez, au contraire, l'autre portion sous une petite cloche dans *le même volume d'air isolé*, vous y trouverez des infusoires ciliés au bout de quatre à cinq jours. (Expérience n° 40.)

J'espère qu'il est impossible de répondre plus carrément à une objection sans fondement (1).

Il y a trois ans, dans l'une de ses communications, M. Pasteur annonçait à l'Académie des sciences qu'il allait abattre toutes les têtes de l'hydre de l'hétérogénie (2).

Cependant, comme ce savant est déjà revenu à diverses reprises sur l'annonce de ce triomphe final, cela prouve que ses promesses sont peut-être encore loin de pouvoir être prises au sérieux. Moi, je crois, au contraire, que c'est le monstre qui chaque jour dévore quelques-unes de ses hypothèses : ses têtes repoussent.

Encore dernièrement, en présentant à l'Institut plusieurs de ses expériences, M. Pasteur disait que celles-ci portaient le dernier coup à la doctrine des générations spontanées (3).

(1) Je dois dire que pour toujours réussir dans cette expérience, comme dans toutes les autres expériences d'hétérogénie, il faut avoir une grande habitude pour doser les substances. On le conçoit, puisque avec la même macération, à volonté, on a ou l'on n'a pas d'animalcules ciliés.

(2) M. Pasteur s'exprimait ainsi, en parlant de la genèse spontanée :

« C'est une de ces questions que l'on peut comparer au monstre de « la fable à plusieurs têtes sans cesse renaissantes. Il faut les détruire « toutes. » (*Acad. des sciences*, séance du 3 sept. 1860.)

(3) Pasteur, *Examen du rôle attribué au gaz oxygène atmosphérique dans la destruction des matières animales et végétales après la mort.* (*Comptes rendus*, 1863, t. LVI, p. 740.)

Tant que ce chimiste n'attaquera cette doctrine que de la manière dont il le fait, il pourra multiplier indéfiniment ce dernier coup qu'il lui porte chaque année. Que signifie, en effet, contre l'hétérogénie tous ses ballons à col étiré et hermétiquement scellés par un trait de flamme? mais absolument rien, et il pourrait les répéter pendant des siècles que la question n'avancerait pas d'un millimètre; quand bien même toutes ses expériences ne se culbuteraient pas réciproquement ou ne seraient pas anéanties par celles de quelques savants considérables (1).

Mais même, si au lieu de ces contradictions sans nombre qui règnent dans les travaux de M. Pasteur et des panspermistes, on y rencontrait une harmonie parfaite, est-ce que cela signifierait la moindre chose contre l'hétérogénie (2)? Pour de sévères investigateurs, pour de graves physiologistes qui ne se laissent éblouir ni par l'assurance des uns, ni par l'acclamation des autres, que signifient tous ces ballons, y en eût-il un mille, contre des phénomènes d'embryogénie que l'on suit phase par phase? Pour en démontrer la fausseté, ils n'ont pas plus d'autorité que si, en les invoquant, on prétendait nier que le poulet se forme dans son œuf.

Cette question d'embryogénie ne regarde nullement la

(1) N'avançons pas un seul fait sans en donner la preuve. Je pourrais citer vingt exemples de ce que je dis ici; bornons-nous à un seul :

M. Pasteur assure que l'air des ballons où il ne se développe pas d'organismes reste presque intact. Après *huit mois*, l'un d'eux contient encore 18 centièmes d'oxygène et 1 centième d'acide carbonique.

M. Cl. Bernard, dans un ballon *également stérile*, au contraire, après *six mois*, trouva tout l'oxygène absorbé, et il y rencontra 12 centièmes d'acide carbonique !

Que ces savants commencent par se mettre d'accord à ce sujet, et après... nous leur dirons encore que cela ne signifie rien pour la question d'embryogénie qui nous occupe.

(2) Bien des gens l'ont déjà redit comme moi, en France comme à l'étranger : *Le experienze di Schwann, Schultze, Milne-Edwards e Pasteur non provano niente contro alla generazione spontanea degli infusorii,* dit, avec raison, Ezio Castoldi à la page 68 de sa brochure.

chimie, et son rôle, absolument accessoire, se borne à constater que l'absence d'oxygène paralyse le développement organique. Qui ne sait cela élémentairement?

Est-ce que ses ballons empêchent d'apercevoir les œufs se former par myriades dans leur membrane proligère, là où il n'existait précédemment aucune mère?

Est-ce qu'ils empêchent d'apercevoir le cœur du petit battre sous les enveloppes de ces mêmes œufs?

Est-ce qu'ils empêchent que la genèse spontanée cesse de se produire quand on enlève la membrane proligère?

Est-ce que ses ballons empêchent aussi chaque fermentation de nous offrir une levûre spéciale, dont l'air ne contient pas la semence?

Enfin, est-ce qu'ils nous empêchent de montrer à tout le monde cette levûre germant et produisant des végétaux souvent inconnus aux botanistes?

Il y a un siècle, l'école iatro-chimique se croyait sans conteste en possession du secret de tous les phénomènes de la vie et pensait avoir fondé un monument indestructible. On sourit aujourd'hui des théories et des pauvretés de cette école. Nos chimistes contemporains ont la même prétention. Ils produisent, il est vrai, des expériences d'une bien autre précision; mais cela n'empêchera pas que, dans un siècle, leurs travaux sur la génération spontanée n'excitent le même sourire.

Déjà même la fatale prédiction suit son cours à l'étranger: là les doctrines de M. Pasteur sont attaquées avec autant de savoir que de vigueur; c'est ce qu'on peut voir principalement dans le remarquable mémoire critique d'Ezio Castoldi (1).

(1) Ezio Castoldi, *I fenomeni della generazione spontanea*. Milano, 1862.

CHAPITRE II.

RÉSISTANCE VITALE DES ORGANISMES INFÉRIEURS.

On a beaucoup exagéré la résistance vitale des organismes inférieurs : le merveilleux plaisait, on l'a substitué à la vérité.

A mesure qu'on perfectionne l'expérimentation, on voit s'amoindrir tout ce que l'on a rapporté d'extraordinaire sur ce sujet : nous n'avons pas peu contribué à faire rentrer celui-ci dans ses strictes limites ; et ici nous allons continuer notre œuvre.

Les expériences de MM. Payen et Pasteur, sur la vitalité des organismes hydratés, succombent en présence de celles de MM. Cl. Bernard, Milne-Edwards, Herm. Hoffmann, J. Wymann, ainsi que des nôtres.

Celles de M. Doyère, sur les Tardigrades secs, ont eu le même sort lorsqu'elles ont été répétées par nous et par la société de Biologie, ainsi que par MM. Tinel et Pennetier. Nous le prouverons plus loin.

RÉSISTANCE AUX TEMPÉRATURES ÉLEVÉES. SUPPUTATION DE L'INVISIBLE.

Les panspermistes procèdent encore aujourd'hui à l'aide d'une méthode qui les entraîne fatalement dans des errements qui tiennent presque du délire. Condamnés par le contrôle de tout ce qui se passe dans le monde tangible, ils se rejettent sur les impossibilités de l'invisible, et leur imagination y crée les plus fantastiques théories. En s'appuyant sur une base absolument fausse relativement à la résistance vitale, les continuateurs du dix-huitième siècle renversent toutes les lois de la vie et tombent dans une succession d'impardonnables erreurs. Professant que partout où l'organisme apparaît, il dérive d'œufs ou de semences qui ont bravé la destruction, à mesure que l'expérimentation devenait plus sévère, il leur a fallu élastiquement étendre la résistance vitale de ceux-ci ; et comme dans cette voie on ne peut s'arrêter, nous en sommes arrivés à un point où il devient impossible de ne pas tomber dans l'absurde. Comme à notre habitude, au précepte joignons l'exemple, et tous les esprits sérieux verront bien de quel côté est la vérité.

Lorsque l'on professait si à tort que les expériences de Schultze et de Schwann faisaient succomber l'hétérogénie, tout le monde reconnaissait qu'aucun organisme ne résistait à l'eau bouillante.

Quand avec MM. Mantegazza, Joly et Musset, nous eûmes démontré que ces expériences étaient inexactes (1), et que M. Pasteur l'eut reconnu lui-même, en voyant, à son grand étonnement, des animaux dans ses appareils ; ce savant ne se tira de cette accablante position qu'en admettant que les animalcules ou leur progéniture pouvaient soutenir sans périr une ébullition de quelques minutes (2). C'était alors l'ultimatum de la vitalité !

(1) Mantegazza, *Ricerche sulla generazione degli infusorii*. Milano, 1851. — Pouchet, *Hétérogénie*. Paris, 1859. — Joly et Musset, *Nouvelles Expériences sur l'hétérogénie. Comptes rendus de l'Institut*. T. LI, p. 629.

(2) Pasteur. *Comptes rendus de l'Académie des sciences*, 1860, t. L, p. 852. — Ce savant admet même que pour tuer les vibrions ou leurs œufs, il faut que le liquide s'élève de 110 à 112 degrés, à une pression d'une atmosphère et demie.

Mais maintenant que dans l'air calciné Wyman voit se développer des animalcules et des mucédinées dans de l'eau qui a bouilli deux heures à deux atmosphères de pression, M. Pasteur va donc devoir augmenter son échelle de résistance vitale et prétendre que les corps reproducteurs de ceux-ci bravent cette terrible épreuve. C'est là une conséquence de son système.

Bien plus même, il faut absolument, mais qui le croira? qu'il admette aujourd'hui que les œufs ou les semences résistent à six heures d'ébullition, car dans des liquides qui ont subi cette température, à tout instant je vois se développer des organismes vivants (1).

Voici les doctrines étranges, car je ne veux pas prononcer un autre mot, que nous sommes forcé de combattre..... Qui aurait jamais cru qu'elles pussent surgir au sein de la physiologie du dix-neuvième siècle, qu'elles entravent en la compromettant aux yeux de tous les savants sérieux (2)?

Pour anéantir les théories des panspermistes, il n'est même pas besoin d'avoir à sa disposition leurs germes métaphysiques; l'expérimentation peut rigoureusement supputer l'invisible (3).

Le procédé pour atteindre ce but est de la plus extrême simplicité. Il ne s'agit que de porter à des températures variées certains liquides fermentescibles, et de conserver, près de ceux que l'on a chauffés, un criterium qui ne l'a pas été. On arrive ainsi à déterminer avec une irréprochable

(1) J'ai même présenté à la Commission de l'Académie des sciences un de mes ballons dont le liquide, après une ébullition de six heures, avait produit un végétal encore inconnu.

(2) Chacune de mes assertions est l'objet d'une sérieuse maturité; et en parlant ainsi je suis moins osé que quatre à cinq savants qui, dans leurs écrits, ont donné le nom de *fantastique* à cette étrange physiologie que la chimie cherche à inaugurer.

(3) M. Mallebranche donne en effet à ces germes le nom de germes atomistiques ou métaphysiques. (*De l'origine des espèces en botanique*, p. 19.)

précision, pour les animaux et les végétaux, le degré où ils cessent d'apparaître; degré qui est, par conséquent, celui qui détruit la vitalité de leurs œufs ou de leur semence, en supposant qu'ils existent (1).

Des expériences, habilement conduites, apportent une preuve surabondante du fait que nous avançons; car elles font voir que cet anéantissement de la fécondité des macérations, n'est absolument dû qu'aux modifications matérielles qu'on leur fait subir; modifications qui n'entravent même que temporairement l'apparition des organismes.

A l'aide de ces recherches sur l'invisible, on arrive cependant à démontrer que si les microzoaires produits normalement par certaines macérations, proviennent réellement d'œufs préexistants dans celles-ci, il ne suffit que d'une température assez basse pour les tuer absolument. Une même liqueur fermentescible étant partagée en deux parts, si je chauffe l'une d'elles à 75° pendant une minute, je ne vois nullement apparaître dans celle-ci les Paramécies, les Vorticelles, les Glaucomes et les Kolpodes que je découvre dans l'autre au bout d'un court laps de temps. En supposant que ces animalcules prennent naissance à l'aide d'œufs contenus dans le liquide, il est donc évident que la température de 75° a été suffisante pour tuer ces œufs (expérience n° 9).

Des expériences encore plus précises démontrent même que c'est bien au-dessous de 75° que s'anéantit la vitalité des germes métaphysiques des panspermistes.

Si l'on fait chauffer une macération de nature à fournir beaucoup d'infusoires et qu'on en mette successivement des

(1) Il est absolument nécessaire de bannir de la science le mot *germe* employé souvent par les panspermistes, et qui ne peut qu'égarer l'opinion. Ce mot n'est pas ici dans son acception, et il a l'inconvénient de faire croire qu'on ne recherche qu'un principe insaisissable, tandis qu'on agit sur des œufs et des spores ordinairement fort apparents, décrits et parfaitement reconnaissables.

portions de côté, quand le thermomètre marque 50°, 55°, 60°, 65°, 70° et 80°; si au bout de huit jours celles-ci sont observées, on voit que tandis que le criterium abonde en grands Microzoaires et en Vibrions, la macération chauffée simplement à 50° ne possède pas un seul Microzoaire cilié. On y rencontre seulement de grands Vibrions et des Monades. A 60°, ces grands Vibrions cessent eux-mêmes de se montrer, et il ne s'engendre plus que des Monades (1).

Il résulte donc de ces expériences, que si l'on admettait l'existence réelle des œufs de Microzoaires dans les macérations sur lesquelles on expérimente, la vitalité de ceux des Microzoaires ciliés s'anéantit au-dessous de 50°, et celle des œufs des grands Vibrions vers 60° (expérience n° 9).

Le même mode d'expérimentation peut s'adapter à l'étude de la résistance vitale des spores de la levûre. Si l'on chauffe une macération def oin jusqu'à 50°, et même jusqu'à 60°, on la voit souvent, peu de jours après, fermenter et offrir une pellicule de levûre; mais au-dessus de ce degré, celle-ci ne se montre plus. Il devient donc évident que si les spores de levûre agrostique ont une existence réelle, elles succombent vers 60°. A l'aide du même procédé on démontre que celles de la fermentation des groseilles sont anéanties au-dessous de 80° (expériences 8 et 10).

(1) M. Pasteur n'a pas craint de soutenir que les œufs des Vibrions (car je ne veux pas dire germes) résistent à l'action de l'eau bouillante et qu'on n'anéantissait leur vitalité dans celle-ci qu'à l'aide d'une température de 110° au maximum. (*Annales des sciences naturelles*, 1861, 4e partie, p. 55.) Les expériences si simples que nous venons de citer montreront à tous les physiologistes combien sont erronées les assertions du savant chimiste. On s'étonne même qu'on ait pu les produire au milieu de la science du dix-neuvième siècle, et que quelques savants les aient acclamées. A l'aide de ses 110° de température, M. Pasteur ne tue pas des œufs qui n'existent point, seulement il altère enfin assez le liquide pour qu'aucun animal n'y puisse vivre. Voici le secret de ses expériences et de celles de Spallanzani; et c'est toujours, après cent ans, l'objection de Needham qu'il faut leur opposer.

D'autres levûres, au contraire, se développent dans des liquides qui ont subi six heures d'ébullition. Telle est la levûre cérévisique.

Cette extraordinaire différence ne signifie pas que certaines spores de levûre supportent sans s'altérer une température à laquelle les autres ne peuvent résister, mais, tout simplement, que les unes ne s'engendrent pas spontanément dans un liquide trop modifié chimiquement par l'action du calorique, tandis que les autres s'y développent normalement de toutes pièces.

Il arrive même parfois que l'arrêt de développement n'est que temporaire, ce qui donne la plus évidente preuve que l'apparition de la levûre tient, non à des spores préexistantes, mais aux conditions chimiques du milieu. En effet, une macération dont la chaleur a paralysé la fermentation pendant fort longtemps, finit par fermenter sans que rien lui soit ajouté et produit des Microzoaires et des Microphytes.

Ainsi, il est facile de régler ce qui se passe dans le monde imaginaire que l'on a substitué aux réalités de la science. Si les spores de la levûre, si les œufs des Vorticelles et des Paramécies existent réellement dans les macérations, ils meurent tous au-dessous de 80°. Il n'est donc pas nécessaire de tant et tant tourmenter la matière dans les expériences d'hétérogénie, pour tuer des êtres qui sont absolument paradoxaux.

ORGANISMES HYDRATÉS.

Lorsqu'il fut bien démontré que les expériences de Schwann, de Schrœder et de Dusch, parlaient en faveur de la génération spontanée, car on se souvient que ces savants trouvaient eux-mêmes des organismes dans leurs ballons; M. Pasteur, pour sauver la panspermie du naufrage imminent qui la menaçait, en brisant toutes les traditions de la physiologie moderne, prétendit que des organismes plongés dans l'eau pouvaient résister à la température de l'ébullition en conservant leur vitalité (1).

Je n'aurais jamais cru devoir être appelé à combattre un jour une si audacieuse assertion, cependant émise dans le sein même de l'Académie des sciences! M. Pasteur ignore-t-il donc :

1° Que Bulliard s'est assuré, par ses expériences, que les spores des Mucédinées étaient immédiatement tuées par le contact de l'eau bouillante (2);

2° Que tous les physiologistes, et MM. Claude Bernard et Milne-Edwards eux-mêmes, considèrent comme un point de doctrine acquis par l'expérimentation, qu'aucun organisme ne peut supporter, sans périr, la température humide de 100° (3);

3° Que le botaniste Herm. Hoffmann, qui a récemment publié des expériences sur ce sujet, quoique adversaire de l'hétérogénie, prétend cependant que quatre à dix secondes de cette température suffisent pour détruire la faculté germinative des spores de toutes les Mucédinées (4);

4° Que nous-même nous avons démontré, par l'observation microscopique, qu'en quelques minutes, et même parfois en quelques secondes seulement, les semences des Mucédinées, sur lesquelles roulent les expériences, étaient désorganisées de fond en comble dans l'eau en ébullition (5);

5° Enfin que, depuis nous, le physiologiste Wyman est arrivé à des conclusions encore plus rigoureuses, en profes-

(1) Pasteur, *Comptes rendus de l'Académie des sciences*, 1860, t. L, p. 852.

(2) Bulliard, *Histoire des champignons*, t. I, p. 115.

(3) Cl. Bernard, *Leçons sur les propriétés physiologiques des fluides de l'organisme*, t. I, p. 488. — Milne-Edwards, *Comptes rendus*, t. LVIII, p. 28.

(4) Herm. Hoffmann, *Études mycologiques sur les fermentations*. (*Bullet. de la Soc. bot.*, t. VIII, p. 803.)

(5) Pouchet, *Hétérogénie*. Paris, 1859, p. 282 et 283. Trois secondes suffisent pour désorganiser les spores des Ascophores.

sant, d'après ses expériences, que les spores des Mucédinées perdent leur vitalité par le seul contact de l'eau en ébullition (1).

Un seul ne peut se substituer à tous, et se poser comme l'unique terme de la science. Avant de passer outre, il fallait renverser les assertions et les expériences des zoologistes, des botanistes ou des physiologistes que nous venons de citer; car lorsqu'il s'agit d'un fait de biologie, elles ont une autre autorité que celles qui sortent du laboratoire d'un chimiste.

A l'égard des Mucédinées, M. Pasteur rappelle, avec une sorte de complaisance, les expériences de Spallanzani, dans lesquelles ce savant prétend avoir vu des spores bouillies dans l'eau ou ayant subi l'*action d'un brasier ardent*, conserver encore leur vitalité.

La physiologie, de nos jours, n'a plus besoin de combattre de tels et si étranges paradoxes, et je m'étonne que l'on puisse encore les invoquer. Lorsque Spallanzani, après une si rude épreuve, confiait ses spores à un terrain propice aux moisissures, comme il le dit lui-même, bientôt celui-ci se couvrait d'une végétation cryptogamique. C'est tout naturel; et sans son ensemencement, la même fécondité se fût produite; ses expériences le prouvent (2).

Comme les semences sont évidemment désorganisées et tuées par une telle température, ici c'est simplement le contact d'une matière organique qui suscite l'apparition de la génération nouvelle, sans que celle-ci soit le résultat de ce prétendu ensemencement.

Il nous faut aujourd'hui quelque chose de plus précis que les assertions de Bonnet et des physiologistes de son école.

(1) J. Wyman, *Experiments on the Formation of Infusoria in Boiled Solutions*. Cambridge, 1862.

(2) Spallanzani, *Opusc. de phys. an. et veg.*, t. II, p. 298.

Il est facile de déterminer la résistance vitale des Microzoaires et de leurs œufs dans leur milieu de prédilection; il ne s'agit pour cela que de soumettre à une chaleur graduelle l'eau dans laquelle ils vivent; et, à mesure que le thermomètre s'élève, on les voit successivement périr. Aucun d'eux ne supporte une température élevée.

La température de 40° semble déjà gêner la plupart des Microzoaires. Quelques-uns meurent même si elle est prolongée durant un certain temps. Les grosses Paramécies, les Kolpodes, les Kérones, les Glaucomes, et presque tous les Microzoaires ciliés, périssent au-dessous de 50°; quelques petites Paramécies et les grands Vibrions résistent seuls à cette température. Les œufs spontanés, dont l'embryon est en gyration, succombent eux-mêmes à ce degré. Enfin, aucun Infusoire ne supporte 55° : c'est la limite de leur résistance vitale (expérience n° 13).

Dans des expériences faites avec un grand soin, le professeur Mantegazza est arrivé à des résultats analogues aux nôtres, et a vu que la vitalité des zoospermes de la grenouille s'éteignait à 43° 75 (1).

Si, récemment, on a beaucoup exagéré la résistance organique des spores des Microphytes, nous venons de voir que les expériences de Bulliard, et celles toutes récentes de Herm. Hoffmann, de J. Wyman, ainsi que les nôtres, protestent contre ce que l'on a avancé à cet égard, ces divers observateurs ayant reconnu qu'à des températures peu élevées, ces semences perdent subitement leur vitalité, et que même, en quelques secondes seulement, elles se désorganisent dans l'eau en ébullition.

A l'aide de plusieurs expériences, j'ai depuis longtemps démontré ce fait (2).

(1) Mantegazza, *Della vitalità dei zoospermi della rana*. Milano, 1860, p. 15.

(2) Compulsez, *Hétérogénie*, p. 282, 283, 318.

Dans de plus récentes observations, j'ai même reconnu qu'une ébullition de trois secondes désorganisait complétement les semences des Ascophores (expérience n° 15).

Les faits avancés par Bulliard, Herm. Hoffmann, J. Wyman et par nous, sont tellement évidents, que M. Pasteur convient lui-même qu'une spore ne résiste à la température humide de 100° que pendant quelques minutes. Mais ce qui est *surprenant*, après un tel aveu, c'est qu'il rappelle que M. Payen a reconnu que les spores de l'*oïdium aurantiacum* ne se désorganisent pas à 120°, dans le pain soumis au four (1).

Est-ce que, dans ces circonstances, ces spores ne sont pas dans le milieu le plus humide possible? Est-ce qu'elles ne doivent pas, par conséquent, subir les mêmes effets désorganisateurs que ceux dont parlent Bulliard, Herm. Hoffmann et J. Wyman? J'avoue que je l'aurais cru.

ORGANISMES SECS.

Si, jusqu'à ce moment, aucun savant, hors M. Pasteur, n'a osé professer que des organismes hydratés pouvaient résister à l'eau en ébullition, quelques physiologistes ont cependant prétendu que des animaux parfaitement secs supportaient des températures fort élevées. C'est encore là une grave erreur, qu'ils ont pu accréditer en la basant sur une apparence de raison.

En effet, plus timorés que le chimiste que nous venons de citer, ils ont eu soin de mentionner qu'un tel phénomène

(1) M. Pasteur, *Comptes rendus de l'Académie*, t. LII, p. 18. — M. Payen, *Comptes rendus de l'Académie*, t. XLVIII, *Précis de chimie industrielle*. Paris, 1849, p. 390. — Les assertions de MM. Pasteur et Payen, car ce ne sont que des assertions, sont donc anéanties par les expériences *directes* de Bulliard, d'Hoffmann, de Wyman et par les miennes.

n'était dû qu'à ce que l'albumine anhydre résiste à une température que ne supporte pas l'albumine hydratée.

M. Doyère prétendit que les Tardigrades n'étaient pas tués par une température de 140°; et dans le sein de l'Académie des sciences, MM. Dumas et Milne-Edwards ont soutenu la même opinion (1). Mais, à l'aide de méthodes expérimentales infiniment plus précises que celles qui avaient été employées par ces savants, nous avons reconnu qu'une telle opinion était absolument erronée (2).

Les physiologistes qui nous ont imité récemment ont vu qu'à mesure qu'ils étudiaient plus sérieusement la résistance vitale des animaux dits ressuscitants, et que d'après nos instances ils donnaient plus de précision à leurs expériences, à mesure aussi ces animaux perdaient tout leur prestige. Si des Rotifères ou des Tardigrades contractés, et auxquels une dessiccation préalable a déjà fait perdre une partie de leurs fluides, restent, quelques instants seulement, sans périr dans des étuves chauffées à 100°; qu'est-ce que cela signifie?

(1) Dumas et Milne-Edwards, *Remarques sur la valeur des faits considérés comme étant propres à prouver l'existence de la génération spontanée. Comptes rendus*, 1859, t. XLVIII, p. 28-35.

(2) Quand nous voyons certains physiologistes prétendre que des femmes ou des hommes ont pu être plongés dans des fours ou des étuves chauffés à 107°, et même jusqu'à 112° Réaumur, et y rester dix minutes (Béclard, *Physiologie*, Paris, 1859, p. 371); et quand un homme opère un acte encore beaucoup plus extraordinaire, et reste plusieurs minutes, au milieu d'une tonnelle de feu, environné de toutes parts du plus ardent brasier que l'on puisse imaginer, comme je l'ai vu moi-même à Londres; cela veut-il dire que les personnes soumises à ces expériences subissent réellement la température du milieu dans lequel elles se trouvent momentanément plongées? Mais, pas le moins du monde. Elles ne résistent à son action mortelle, qu'*à la condition de l'éviter strictement, par un moyen quelconque*. C'est le cas des animalcules qui sortent réviviscibles des étuves de quelques expérimentateurs. Quand cela a lieu, c'est qu'ils ont pu se soustraire à l'influence des températures élevées qui règnent dans leurs appareils. Voilà ce que j'évite dans mes expériences en demandant une extrême lenteur.

Mais absolument rien. Est-ce que cela indique qu'ils sont secs et morts? Pas le moins du monde. Ne sait-on pas que, dans ses expériences, Magendie a vu des chiens résister près de dix-huit minutes dans des étuves d'une température de + 120°, et ne succomber qu'après vingt-quatre minutes dans celles chauffées à 90°? A plus forte raison des animalcules doublement protégés par le terreau qui les enveloppe, et par la pénurie de leurs fluides, peuvent-ils subir des épreuves analogues sans que pour cela on les considère comme morts et absolument desséchés.

La Société de biologie, d'après mes vives instances, voulut bien entreprendre quelques expériences sur ce sujet. La commission déléguée à cet effet, et dans laquelle se trouvaient MM. Broca, B. Séquard, Ch. Robin et Berthelot, n'a jamais vu dans aucune de ses nombreuses tentatives un seul Tardigrade résister à 100° (1). Dans des expériences dans lesquelles nous avons mis le plus grand soin à soumettre strictement les animalcules au degré accusé par le thermomètre, nous avons démontré que ceux dont il est question ici, périssaient tous entre + 80 à 85° centigrades (2).

Par des expériences extrêmement multipliées, nous nous sommes assuré que les Rotifères périssaient à 90°. Dans celles de la Société de biologie, ils ont constamment succombé au-dessous de 100°. Et si, dans une seule, on en a vu un petit nombre, onze sur quatre-vingts, revivre après avoir en apparence subi 100°, cela n'a été dû qu'à ce que les expérimentateurs ont franchi trop rapidement les températures

(1) Broca, *Études sur les animaux ressuscitants*, Paris, 1860. — Dans ce remarquable ouvrage, où l'on regrette de voir l'auteur déployer tant de mérite et de science pour soutenir une si mauvaise cause, on reconnaît en effet que *pas un seul Tardigrade* n'a supporté 100°.

(2) Voyez Pouchet, *Recherches et expériences sur les animaux ressuscitants*, 1859, et *Nouvelles Expériences sur les animaux pseudo-ressuscitants*, *Actes du Muséum de Rouen*, 1860. *Comptes rendus de l'Académie des sciences*, 1859, t. XLIX.

élevées, et sauté en dix minutes 40°. Précipitation impardonnable. En procédant plus lentement, ils fussent arrivés à la même conclusion que nous (1).

Dans quelques expériences ultérieures, faites avec le plus extrême soin, le professeur Tinel et M. G. Pennetier ont confirmé tout ce que nous avions avancé sur la résistance vitale des Rotifères et des Tardigrades ; et le dernier a fixé à 70° le maximum de résistance des Anguillules (2).

Ainsi donc, nos expériences et celles de MM. Pennetier et Tinel ont renversé les anciennes idées sur la réviviscence (3).

(1) Au moment où la commission de la Société de biologie expérimentait dans le laboratoire de l'École de médecine, il se passa un fait étrange. Elle hésitait, quand tout à coup M. Gavarret qui, en même temps et dans le même lieu, expérimentait avec M. Doyère, se hâta de prévenir le jugement de cette commission en publiant que dans ses expériences il avait obtenu des réviviscences sur des animalcules chauffés à 110°. Jamais jusqu'à ce moment les commissaires de la Société de biologie n'avaient pu, dans leurs recherches, qui furent exécutées avec des *précautions inusitées jusqu'alors*, obtenir un tel résultat, même à 100°. M. Broca, avec une loyauté qui l'honore, sans s'occuper de ses convictions particulières, me disait chez lui : *Vous avez raison*. Et ce ne fut que plus tard, qu'une de ses lettres m'annonçait que quelques Rotifères seulement, *pas de Tardigrades*, avaient bravé 100°. Mais dans cette expérience M. Broca avait dévié de la rigueur à laquelle il s'était astreint jusqu'à ce moment. Consultez Gavarret, *Expériences sur les Rotifères, les Tardigrades et les Anguillules*, *Ann. sc. nat.*, 1860.

(2) G. Pennetier, *De la réviviscence et des animaux dits ressuscitants*. Rouen, 1860, p. 67. Depuis les expériences si rigoureuses de M. Pennetier, on n'a plus reparlé de la réviviscence des anguillules des toits. Pour elles il devenait impossible de la soutenir un instant.

(3) M. Tinel avait démontré qu'aucun Tardigrade ne supportait, loin s'en faut, la température de 100°. M. Pennetier a prouvé qu'il en était de même pour les Anguillules des toits. Or, comme cette température avait été considérée comme une épreuve décisive, il fallait donc, conséquemment, reconnaître que pour ces animaux il n'était point de réelle résurrection, sauf à s'entendre à l'égard de quelques Rotifères qui ont *paru encore* braver cette température. — C'était, il nous semble, un religieux devoir pour les résurrectionnistes ; mais ils ne l'ont pas accompli, ce premier pas les engageait trop. J'en suis fâché. (Voyez Tinel, *Mémoire sur les Tardi-*

Comme on nous avait reproché de n'avoir pas suffisamment desséché les animalcules employés dans nos expériences, nous les avons recommencées en soumettant ceux-ci à une longue et rigoureuse dessiccation.

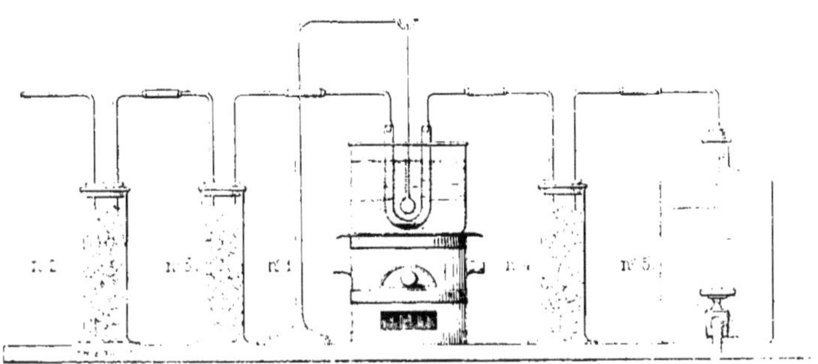

Fig. 5.

Après avoir soumis longtemps les animalcules au vide sec de la machine pneumatique, et en les exposant ensuite à la température de 100°, dans l'appareil représenté ici (*fig.* 5), jamais nous n'avons vu un Rotifère, un Tardigrade ou une Anguillule résister à cette température (expérience 17). Évidemment 100° sont donc le maximum de résistance de tous les animaux pseudo-reviviscents sur lesquels on a jusqu'alors expérimenté (1).

grades. Union médicale, 1859. — *Note sur les Rotifères et les Tardigrades, adressée à la Soc. de biologie*, 1859.)

(1) Voici la déclaration que je remis à M. Broca lorsque j'expérimentais avec lui à l'École de médecine de Paris, et qu'il a insérée dans son remarquable rapport, p. 75 : « Toutes les opinions et toutes les expériences de Spallanzani et de ses successeurs sont vraies ou peuvent être vraies, du moment où l'animal, quel qu'il soit, aura subi une dessiccation absolue et supporté une température de 100° pendant trente minutes.

« En présence d'un tel fait, j'anéantis cent expériences variées, qui cependant s'élèvent contre lui ; car, pour moi, un animal qui dans ces circonstances revivrait après un seul jour, pourrait revivre après un siècle.

« Je suis assez convaincu de ce que j'avance pour laisser sans limites le

A l'aide d'un appareil fort compliqué et dont je confesse n'avoir pas bien saisi tous les détails, M. Pasteur rapporte avoir soumis des semences de Mucédinées à 120°, et même à 125°, pendant une heure, sans leur avoir vu perdre leur vitalité; et selon lui, celle-ci ne s'anéantit que vers 130°.

Dans ces expériences qui m'étonnent au plus haut point, on ne peut trop regretter que ce savant ait omis de nommer les espèces qu'il ensemence et celles qu'il récolte. Sans cette précaution toute expérience est frappée d'une absolue nullité, puisqu'elle se dérobe à tout examen logique, comme à tout contrôle expérimental.

Mais pourquoi donc cet air calciné, cette machine pneumatique, ces appareils si compliqués dont l'esprit suit à peine le mécanisme et la description (1) ?

Les voies les plus simples, les expériences les plus élémentaires, conduisent au même but. Il fallait seulement ensemencer un végétal bien connu et prouver qu'il en produit un semblable à lui (2) !

choix des espèces et le mode d'expérimentation. Seulement, à l'égard de la température de 100°, comme l'appareil de M. Berthelot est le plus scientifique que l'on ait employé, je demande qu'il soit préféré, en suivant les précautions que j'ai indiquées à la page 71 de mon *Mémoire sur les animaux ressuscitants*, et en n'employant que fort peu de substance, 1 ou 2 décigrammes au plus. »

« Paris 2 novembre 1860. Signé, POUCHET. »

Après de nouvelles expériences sur ce sujet, je suis encore prêt aujourd'hui à ratifier ce que j'écrivais il y a trois ans.

Le commission de la Société de biologie a constamment vu les résurrections avorter quand elle a suivi rigoureusement le mode d'expérimentation que je prescris ici, et qui offre toutes les garanties possibles. *Si une seule fois* elle a révivifié des Rotifères, c'est après avoir sauté 40° en dix minutes. Tandis qu'à l'endroit de mon mémoire auquel renvoie ma note signée, on lit: « On mit huit heures à franchir 40°, et l'opération marcha avec tant de précision que le thermomètre, plongé dans l'appareil, indiquait lui-même l'heure de la journée » (p. 72).

(1) *Examen de la doctrine des générations spontanées*, *Annales des sciences naturelles*, Paris, 1860, p. 83.

(2) Je me suis plusieurs fois élevé contre les expériences où l'habile

J'avoue, sans la moindre hésitation, que les expériences de M. Pasteur m'étonnent prodigieusement. Ses ensemencements deviennent féconds malgré les plus manifestes entraves, tandis que moi j'échoue en recherchant les circonstances les plus favorables.

Ainsi, je recueille les spores de diverses Mucédinées à la surface d'un liquide en fermentation et je les ensemence sur une autre portion de ce même liquide. Et soit que j'aie soumis ces spores à 100° pendant une minute seulement; soit même, qu'elles aient été immédiatement placées sur le sol nouveau; dans un cas comme dans l'autre, il ne se produit sur ce liquide aucune espèce identique à celle qui a été ensemencée, quoique nous soyons là dans les plus favorables circonstances, puisque nous confions au sol qui vient de les produire, les semences dont nous attendons de nouvelles plantes. J'ai opéré ainsi sur des Ascophores et des Pénicilliums.

Cette constante réussite de M. Pasteur a d'autant plus lieu de m'étonner, que les botanistes savent que les ensemencements de cryptogames, à l'aide de leurs spores, échouent presque constamment; et vraiment, j'admire stupéfait tout ce que j'apprends sur ce sujet (1).

chimiste ensemençait l'invisible et récoltait ce qui devait surgir spontanément. La direction expérimentale que je prescris est tellement impérative, que l'on reconnaît que quand M. Pasteur la suit, il trouve forcément toutes ses expériences négatives. Laissons-le parler: « Je dois cependant remarquer, dit-il, qu'au nombre des Mucédinées qui ont pris naissance dans les expériences, en petit nombre il est vrai, où j'avais semé des poussières de l'air chauffées à 100°, le *penicillium glaucum* ne s'est pas montré. » (*Ann. sc. nat.*, p. 89.) — Et cependant, comme c'est la plante la plus commune, si les ensemencements étaient un fait, ce serait elle que l'on rencontrerait toujours.

(1) J'ai déjà fait observer que les spores produites par divers Aspergillus des fermentations, n'etaient nullement identiques avec les spores spontanées dont naissent les plantes; et que je ne voyais jamais les premières germer, tandis qu'autant que je le veux, j'observe ce phénomène

En chauffant les poussières de la cathédrale de Rouen jusqu'à 250°, même au-dessus, je ne les ai pas moins vues produire, soit des animalcules, soit des plantes (1); mais ce n'était pas que leurs œufs ou leurs semences eussent échappé à cette température; ils naissaient spontanément, comme ils sont nés dans les nouvelles expériences de M. Pasteur. Voilà ce qui est exact.

RÉSISTANCE AU FROID.

Quelques physiologistes, à l'exemple de M. Broca, pensent que certains animaux peuvent survivre à la congélation complète; c'est une grande erreur (2).

Beaucoup de naturalistes dignes de foi citent des exemples d'animaux qui, après avoir été congelés, ont repris toute leur activité vitale. Les uns étaient absolument compris dans la glace elle-même; d'autres, tellement glacés que leurs membres se brisaient nettement, comme du bois ou du verre. Le probe et digne Geoffroy Saint-Hilaire, d'impérissable mémoire, a, je crois, cité des faits analogues.

De nombreuses expériences nous ont prouvé que la réviviscence après la congélation, n'est pas plus admissible que

sur les autres. Ce sont ces observations, tant multipliées à cet égard, qui m'ont fait me demander si réellement les spores produites par les plantes étaient toujours des organes reproducteurs? Doute audacieux, peut-être, mais que je n'émets pas sans y avoir mûrement réfléchi. Doute qui explique mon étonnement en présence des faits énoncés par le chimiste de Paris, qui, lui, semble faire à volonté ce que les botanistes ne réalisent qu'avec tant de difficulté. Un savant consciencieux de mes amis, qui s'occupe particulièrement de mycologie, m'écrivait il y a peu de jours, que dans des expériences variées, qui n'ont pas duré moins de quatre ans, il n'a jamais pu voir germer les spores d'un grand nombre de champignons inférieurs, même en les ensemençant sur le lieu où ceux-ci se produisent spontanément.

(1) Consultez à ce sujet mon *Hétérogénie*, p. 451.

(2) Broca, *Études sur les animaux ressuscitants*. Paris, 1860, p. 5.

celle après la dessiccation. Dans l'un et dans l'autre cas, si l'animal revit, c'est que le phénomène n'a pas été complet.

L'expérience m'a démontré, de nombreuses fois, que beaucoup d'animaux peuvent être ranimés après avoir été totalement enveloppés par la glace, ou congelés au point de solidifier totalement leurs membres. Mais, dans tous ces cas, j'ai reconnu ostensiblement que la congélation n'avait été que superficielle, et qu'elle n'avait pas atteint les organes profonds indispensables à la vie. Au contraire, si l'expérience est portée au point que cela ait lieu, jamais un seul animal ne résiste à cette épreuve.

Dans ces expériences de congélation complète, il devient même de la plus ostensible évidence que, par l'effet de ce phénomène, l'organisme a été totalement et profondément dilacéré. Les tissus déchirés souillent la glace de traces sanglantes ; ou quand, à de basses températures, on dégèle peu à peu les animaux, l'eau qui s'écoule est rougie par une abondance de sang qui suinte de leurs cadavres. C'est ce que nous avons vu de nombreuses fois, en expérimentant sur des grenouilles, des écrevisses, des sangsues et des poissons (1).

Selon le professeur Mantegazza, les Zoospermes de la grenouille pourraient résister à une température de — 13° 75, mais pas au delà (2).

Les Rotifères, si remarquables par la manière dont ils supportent une température élevée, sont encore plus extraordinaires sous le rapport de leur résistance aux plus basses températures. Je les ai vus fréquemment supporter 20° au-dessous de zéro, et ne pas paraître le moins du monde en être affectés. On pourrait même croire que le froid est in-

(1) J'ai surtout employé pour ces expériences des Cyprins et des Épinoches.

(2) Mantegazza, *Della vitalita dei zoospermi della Rana*. Milano, 1860, p. 15.

capable de les tuer. Ayant placé des Rotifères contractés dans l'appareil réfrigérant de Caré, je les ai vus résister pendant deux heures à une température de 39° au-dessous de zéro.

Les Microzoaires ciliés vivent très-bien à la température de zéro ; mais ils expirent tous vers 2° au-dessous de la glace fondante. A — 2° j'ai vu périr, en quelques minutes, les Kolpodes, les Glaucomes, les Dileptes et les grands Vibrions.

Les petites espèces, au contraire, semblent douées d'une bien plus grande résistance au froid. Les Bactériums, les Monades et les petits Vibrions supportent très-bien, durant une heure, un froid de — 5°. Les Monades expirent avant que celui-ci soit porté à — 15°. Mais dans mes expériences, j'ai vu le *Vibrio monas* rester encore vivant après avoir été glacé pendant une heure à — 15° (1).

Il résulte de toutes nos expériences, exécutées soit aux températures élevées, soit à de très-basses, un fait aussi extraordinaire qu'inattendu, c'est que ce sont les animaux d'une organisation plus frêle qui supportent mieux les températures extrêmes. Des Rotifères et des Monades résistent à un froid ou à une chaleur qui tuerait un bœuf ou un éléphant. Je ne m'explique de tels résultats qu'en admettant que les particules d'albumine ou d'eau que recèlent ces Microzoaires, sont d'une telle ténuité que les températures extrêmes n'ont pas sur elles une action assez sensible pour qu'il en résulte une manifeste altération des tissus et par suite la mort.

(1) Pour toutes ces expériences voir Pouchet, *Hétérogénie*, p. 193, 194, 195.

BRUSQUES TRANSITIONS DE TEMPÉRATURE. — SAUT DE 119° DU THERMOMÈTRE CENTIGRADE.

Les Rotifères et les Tardigrades, déjà si remarquables par la facilité avec laquelle, malgré l'infinie ténuité de leur structure, ils supportent les plus extrêmes degrés de chaleur et de froid, offrent aux physiologistes une propriété beaucoup plus extraordinaire encore, c'est celle de franchir, sans succomber, les températures les plus extrêmes auxquelles l'organisme puisse être soumis. Dans mes expériences je leur fais brusquement sauter 100° et même 119° de l'échelle thermométrique, sans qu'ils en paraissent le moins du monde affectés. Aucun mammifère, si robuste qu'on puisse le supposer, ne pourrait subir sans le plus extrême danger, ou sans périr, une épreuve à laquelle on peut soumettre à volonté de frèles animaux, considérés comme les plus délicates productions de la création.

Du terreau contenant des Rotifères et des Tardigrades est plongé dans un mélange frigorifique, dont la température est de 20° au-dessous de zéro, et on l'y laisse une heure. Alors on l'enlève et on le place subitement dans une étuve à 80° où on le laisse aussi une heure. Enfin, ce terreau est plongé subitement dans l'eau, et au bout de quelques heures, on voit celle-ci parcourue par ces animalcules, qui semblent n'avoir nullement souffert de ces trois brusques épreuves: l'extrême froid, l'extrême chaud, et l'humectation, qui se sont succédé si instantanément.

Les Rotifères et les Tardigrades ont donc franchi subitement 100° du thermomètre.

Dans des expériences ultérieures, j'ai même pu leur faire instantanément sauter 119°. Ils avaient subi un froid de 39° dans l'appareil réfrigérant de Caré et je les plongeais dans une étuve à 80°.

Cette expérience réussit constamment, et on l'exécute même sans perdre sensiblement d'animalcules, si l'on opère à une température un peu inférieure à 80°, car il ne faut pas oublier que celle-ci est la limite de la résistance vitale des Tardigrades. En présence de tels faits, que devient la fantasmagorie expérimentale que prétendaient imposer certains résurrectionnistes?

Voici comment M. Broca parle de cette expérience, qui fut répétée par moi dans le laboratoire de l'École de médecine, en 1860, en présence des membres de la Société de biologie. « De toutes les épreuves auxquelles on a soumis les animaux réviviscibles, dit-il, celle-ci est à coup sûr la plus prodigieuse. Avant cette belle expérience de M. Pouchet, on n'avait qu'une idée très-incomplète de la résistance vitale des Tardigrades et des Rotifères, et il est presque incroyable que dans un échauffement aussi rapide, dans un saut instantané de près de 100° de température, la dilatation brusque des tissus n'en produise pas la rupture ; mais il faut bien se rendre à l'évidence et reconnaître que M. Pouchet a découvert une des propriétés les plus extraordinaires des Rotifères et des Tardigrades (1). »

RÉSISTANCE A L'AIR NORMAL ET AU VIDE.

Les partisans des migrations des vers intestinaux ont prodigieusement exagéré la résistance vitale de ces animaux, celle-ci venant à l'appui de leur système. Tels ont été MM. Van Beneden, Ercolani et Vella (2).

(1) Broca, *Études sur les animaux ressuscitants*, 1860, p. 59. On voit, par le paragraphe qui précède, que depuis cette époque je leur ai fait subitement franchir 119°.

(2) Van Beneden, *Zoologie médicale*. Paris, 1859, t. II, p. 312. Ercolani et Vella, *On the Embryogeny and Propagation of Intestinal Worms*. Académie des sciences, 1855.

Mais, au contraire, les auteurs sont unanimes pour considérer les Helminthes comme succombant on ne peut plus rapidement, lorsqu'ils sont exposés dans des conditions anormales. Telle est l'opinion de Bremser, de Burdach et de Ch. Robin (1).

Nous avons nous-même reconnu la justesse des assertions de ces derniers savants, en voyant toujours les Entozoaires périr en un temps très-court, soit à l'intérieur même des animaux qui les nourrissent, soit, et plus rapidement encore, lorsqu'on les expose à l'air. J'ai constaté que le cœnure cérébral périssait en moins de quarante-huit heures dans la tête du mouton même (expériences n°s 11 et 12).

Mais, d'un autre côté, ce n'est pas sans étonnement qu'on voit avec quelle ténacité certains Microzoaires résistent au vide de la machine pneumatique, et même parfois à celui du baromètre.

Dans mon hétérogénie, j'ai démontré que ces animaux supportaient infiniment mieux le vide de la machine pneumatique que les reptiles et les poissons. Des grenouilles et des cyprins étaient déjà tués depuis longtemps par celui-ci, tandis que des Kolpodes et des Kérones paraissaient n'en pas être le moins du monde affectés.

Dans mes expériences, des Kérones, des Kolpodes, des Paramécies et des Vibrions sont restés deux jours sous le récipient, dans le vide le plus complet qu'il fût possible d'obtenir, et y ont parfaitement conservé leur vitalité (2).

Le professeur Mantegazza a même reconnu que les Zoospermes de la grenouille pouvaient vivre dans le vide barométrique (3).

(1) Bremser, *Traité zoologique et physiologique des vers intestinaux*. Paris, 1824. — Burdach, *Traité de physiologie*. Paris, 1837, t. I, p. 27. — Ch. Robin, *Dictionnaire de médecine*. Paris, 1858.

(2) Voyez Pouchet, *Hétérogénie*, p. 177, 178.

(3) Mantegazza. *Della vitalità dei Zoospermi della rana*. Milano, 1860, p. 15.

La question de la résistance vitale est une des plus importantes de la biologie, car elle est intimement liée à la solution de son plus mystérieux problème.

Deux doctrines se trouvent aujourd'hui en présence. L'une ne voit dans l'organisme en action qu'un phénomène vital; l'autre, sans oser carrément l'avouer, des phénomènes physico-chimiques.

Si un animal parfaitement sec, et par conséquent mort et momifié, pouvait être rendu à la vie à l'aide de quelques gouttes d'eau, comme certains savants le prétendent, la seconde hypothèse triompherait immédiatement.

C'est cette dernière qu'on a voulu démontrer à l'aide d'incroyables efforts (1).

A l'aide d'expériences nombreuses, j'avais prouvé surabondamment que si on étalait, sur une plaque de verre, une couche très-mince de terreau contenant des animaux dits réviviscents, en un temps fort court, deux ou trois mois seulement, en été, ceux-ci perdaient l'extraordinaire faculté qu'on leur accordait.

J'attribuais ce résultat, comme tout le monde le fera, à ce que, par ce moyen, je desséchais réellement ces animaux. Tandis que s'ils conservent si longtemps leur vitalité dans du terreau contenu en masse dans des boîtes, c'est que l'humidité de celui-ci, au contraire, les préserve de cette même dessiccation qui les tue définitivement.

Personne ne récusait l'exactitude de ces expériences, répétées devant plusieurs de nos physiologistes les plus éminents; mais l'un de ceux-ci prétendit que, dans ce cas, la mort arrivait probablement plutôt par le fait des oscillations hy-

(1) C'est ce qu'on peut voir dans le rapport de M. Broca, dont j'ai déjà parlé, et qui à ce point de vue est un véritable chef-d'œuvre. Mais, malgré l'habileté avec laquelle cet écrit a été fait, on s'aperçoit à chaque page que les doctrines que l'on y défend, succombent en présence des expériences décisives. Voyez Broca, *Études sur les animaux ressuscitants*. Paris, 1860.

grométriques que les animalcules éprouvaient, que par celui de leur simple dessiccation. Il croyait aussi que les oscillations thermométriques devaient peut-être contribuer au résultat que j'obtenais (1). Pour anéantir ces objections, je n'avais qu'une seule chose à faire, c'était de placer les animalcules pseudo-ressuscitants à l'abri de ces oscillations, c'est ce que j'ai exécuté dans les expériences qui suivent.

A cet effet, j'ai pris des séries de tubes de 2 décimètres de longueur sur 8 millimètres de diamètre, et pouvant contenir 10 centimètres cubes d'air. Après les avoir bien desséchés, on introduisit dans chacun d'eux, 2 décigrammes de terreau très-abondant en animalcules dits réviviscents, recueilli dans un lieu très-sec, et desséché ensuite en l'exposant au soleil pendant dix jours ; puis pendant dix autres jours dans le vide de la machine pneumatique. Chaque 2 décigrammes de ce terreau, et par conséquent chaque tube, contenait en moyenne cinquante à soixante Rotifères et six à huit Tardigrades, parfaitement réviviscents quand on commença l'expérience. Les tubes furent ensuite fermés à la lampe ; dans quelques-uns seulement on introduisit quelques petits morceaux de chaux, que l'on sépara du terreau par des bourres de coton. Ceci fait, on disposa les tubes par séries de six, en les fixant sur des planchettes que l'on plaça enfin dans des lieux très-variés, de manière à obtenir des expériences décisives, et qui puissent convaincre tout le monde.

Constatons d'abord la nullité de l'influence des oscillations hygrométriques :

1° Dans une série de tubes qui avait été placée, six des mois les plus chauds de l'année sur un toit, exposé au midi, quand on brisa ces tubes, on n'y trouva pas un seul animalcule vivant. Tous étaient contractés, ce qui indiquait une mort déjà ancienne. Pas un ne s'endosmosa par l'humectation.

(1) Broca, *Études sur les animaux ressuscitants*. Paris, 1860.

2° Dans une autre série de tubes contenant de la chaux, on obtint absolument le même résultat au bout de quatre mois seulement.

3° On arriva également au même résultat, en desséchant à fond les animalcules à l'aide des plus énergiques moyens physico-chimiques.

Dans le laboratoire du Muséum de Rouen, qui est très-chaud et qui reçoit très-longuement le soleil, on exposa dans le vide sec de la machine pneumatique des plaques de verre sur lesquelles, à l'aide d'un tamis de soie, on avait étalé une très-mince couche de terreau très-abondant en Rotifères et en Tardigrades.

Après trois mois, en été, soit que l'on opérât en suspendant les animalcules sur de petites capsules contenant de la chaux, soit qu'on employât l'acide sulfurique ; dans le vide sec, qui fut maintenu à environ 2 millimètres par une température de 25° en moyenne, après ces trois mois, tous les animalcules éparpillés sur les plaques de verre avaient succombé en se desséchant complétement. Par l'humectation, tous restèrent contractés et pas un ne s'endosmosa.

J'avais annoncé ce fait à l'avance, en refusant d'entreprendre des expériences qui me semblaient *rationnellement* inutiles, et que je prétendais devoir amener un résultat absolument opposé à celui qu'ont obtenu d'autres expérimentateurs (expériences 14, 18, 19).

La dessiccation, on le conçoit *à priori*, peut bien, dans de certaines limites, protéger quelques animaux contre l'action du calorique, mais elle les tue inévitablement par son action prolongée (1).

(1) Si M. Broca a pu ranimer des Tardigrades et des Rotifères, après les avoir exposés longtemps dans le vide sec de la machine pneumatique; et, en particulier, s'il est arrivé à en faire revivre après quatre-vingt-cinq jours, cela s'explique tout simplement parce qu'il a opéré dans le laboratoire de l'École de médecine, beaucoup moins chaud que celui du

Il est évident que dans les deux premières expériences que nous venons d'exposer, il n'y a pas eu la moindre oscillation hygrométrique; et que si les animalcules ont succombé, il ne faut l'attribuer qu'à leur lente et parfaite dessiccation, qui est arrivée à mesure qu'ils cédaient leur eau d'interposition au terreau, qui est plus hygroscopique qu'eux. Pour l'expérience dans le vide, il n'y a guère eu plus d'oscillations que dans les premières.

Ainsi donc tout s'explique. L'air confiné dans des tubes et le vide sec de la machine pneumatique prouvent jusqu'à l'évidence, et tout le monde en conviendra, que ce ne sont pas les oscillations hygrométriques qui tuent les animalcules, mais bien leur dessiccation lente et graduelle.

Démontrons maintenant que les oscillations de température ne jouent non plus aucun rôle par rapport à la mort réelle des animalcules pseudo-ressuscitants.

Depuis que, devant plusieurs physiologistes, j'ai fait franchir subitement 100° de température à des Rotifères et à des Tardigrades, sans qu'ils en paraissent le moins du monde affectés, et depuis que je leur ai même fait brusquement sauter 119°; depuis cela, dis-je, on a mis beaucoup moins d'importance aux oscillations des températures. Mais vidons la question à fond et prouvons que celles-ci ne jouent évidemment aucun rôle dans le cas dont il s'agit, ces animalcules étant, par leur genre de vie, journellement exposés aux plus extrêmes variations atmosphériques.

Pour le démontrer, voici ce que j'ai fait. Une série de mes tubes a été déposée dans une étuve dont la température fut constamment maintenue entre 50 et 55°. Au bout de quinze jours, tous les animalcules de ces tubes étaient secs

Muséum de Rouen; et à ce qu'il opérait dans les mois de janvier, février et mars, tandis que moi j'expérimentais en juin, juillet et août, conditions beaucoup plus favorables pour obtenir une rapide et parfaite dessiccation. Broca, *Études sur les animaux ressuscitants*. Paris, 1860.

et morts, et même depuis longtemps, car pas un seul ne s'endosmosa par l'hydratation.

Une autre série a été placée dans une serre chaude du jardin botanique de Rouen, et, au bout d'un an, tous les animalcules étaient morts.

Une autre série de tubes contenant des fragments de chaux, accrochée à l'ombre dans le laboratoire du Muséum d'histoire naturelle de Rouen, après un an, ne contenait aucun animalcule vivant.

Enfin, une dernière série de tubes contenant quelques fragments de chaux, ayant été placée dans une cave profonde dont les oscillations thermométriques n'ont pas dépassé 4°, n'offrait aucun animalcule vivant après un an et demi.

Dans la plupart de ces cas, comme les oscillations de température n'ont pas dépassé 5° de l'échelle thermométrique, il est évident que celles-ci n'ont pu avoir d'action sur la mort des animalcules.

Ainsi donc, ni les oscillations hygrométriques, ni les oscillations thermométriques ne peuvent être considérées comme la cause de la mort des animalcules pseudo-ressuscitants. Celle-ci, dans toutes ces expériences, n'a été évidemment que le fait de la dessiccation lente ou rapide de ces animalcules, qui ont cédé peu à peu leur eau d'interposition à du terreau très-sec et beaucoup plus hygroscopique qu'eux ; ou qui l'ont cédée à la chaux dans les tubes qui en contenaient.

On avait aussi pensé que, peut-être, quand l'épreuve se prolongeait beaucoup, le temps produisait dans les tissus des phénomènes physico-chimiques qui altéraient l'organisme. Ce n'est pas d'ailleurs le cas ici, car l'épreuve dans des tubes fermés n'a été que de quelques jours ou de quelques mois ; tandis que l'on rencontre parfois des substances organiques desséchées, qui traversent une série de siècles sans subir d'altération bien sensible. J'ai découvert de la fécule dans les enveloppes de certaines momies d'animaux, et celle-ci, qui datait probablement du temps des Pharaons, avait conservé toutes ses propriétés physico-chimiques. Sa texture intime avait même tellement son intégrité, que ses grains polarisaient encore la lumière comme le font les grains frais.

Quelques mollusques offrent même une résistance vitale beaucoup plus miraculeuse que celle que l'on attribue aux Rotifères. On regrette que M. Broca, dans son rapport, si complet cependant, ait omis de citer ce fait que nous avions déjà mentionné dans notre brochure sur les animaux pseudo-ressuscitants. Y aurait-il vu un argument contraire à ses doctrines? c'est ce que je ne puis dire. Dans son magnifique ouvrage, M. Moquin-Tandon rapporte qu'on a vu des Hélices sortir de leurs coquilles et ramper après y être restées un an et demi à deux ans. Ce savant a même conservé vingt-six mois, dans un cornet de papier, plusieurs Clausilies pointillées (1). M. Saint-Simon a vu des Zonites porcelaines vivre deux ans et demi sans aliments. M. Sarrat a oublié dans une boîte des *Pupa quinquedentata*, recueillis en 1843, et ces animaux y étaient encore vivants en 1847, quatre ans après.

A-t-on jamais eu l'idée que tous ces animaux ne résistaient à la mort qu'à l'aide de la dessiccation, et qu'ils ressuscitaient par l'hydratation? Il en est de même pour les Rotifères. Si sur ceux-ci on a pu faire tant de merveilleuses histoires, c'est que leur infinie petitesse permettait de tout supposer, tout oser; tandis qu'à l'égard des Maillots, des Clausilies et des Zonites, quoique l'on ait en eux de fort petits mollusques, la vérité était encore trop ostensible.

Ainsi donc, l'observation et l'expérience s'unissent pour nous ramener à l'interprétation rationnelle des phénomènes,

(1) Moquin-Tandon, *Histoire naturelle des mollusques terrestres et fluviatiles de France*. Paris, 1855, t. I, p. 60.

en nous démontrant que l'hypothèse des résurrections, qui a fait l'étonnement et presque l'amusement des physiologistes du siècle dernier, ne doit plus trouver de sérieux adhérents dans le nôtre : ainsi que l'emboîtement des germes, cette idée a fait son temps.

CHAPITRE III.

DÉNÉGATION DE LA PANSPERMIE.

Partout, strictement parlant, l'air est constamment fécond ; et nulle part, ordinairement, il ne contient ni œufs, ni spores (1).

La panspermie universelle, propagée par les ingénieuses hypothèses des naturalistes rhéteurs du siècle dernier, a été renversée par nos attaques. C'est un fait accompli : nous n'avons plus besoin d'y revenir.

Mais M. Pasteur a tenté de lui substituer une *panspermie partielle*, des veines atmosphériques surchargées d'œufs et de semences, et circulant au milieu d'espaces aériens qui en sont absolument vierges.

Voici ses propres paroles : « L'air ambiant n'offre pas, à « beaucoup près, avec continuité, la cause des générations « spontanées, et il est toujours possible de prélever, dans un « lieu et à un instant donné, un volume *considérable* d'air « n'ayant subi aucune espèce d'altération physique ou chi- « mique, et néanmoins *tout à fait* impropre à donner

(1) Et si nous avons trouvé dans l'air et jusque dans les poumons de l'homme des Arachnides et des Crustacés microscopiques vivants ; on conçoit parfaitement aussi que l'air doive être le véhicule des séminules ou des œufs d'une foule d'animaux et de plantes. Tout le monde est d'accord sur ce point ; mais la question est uniquement de savoir si leur nombre, dans ce véhicule, peut expliquer ces générations dont la puissance nous frappe d'étonnement et de stupeur.

« naissance à des Infusoires ou à des Mucorinées (1). »

Je ne puis protester avec trop d'énergie contre une telle assertion. Elle atteste que jamais ce chimiste n'a fait d'expériences rigoureuses pour l'étayer; et elle révèle, une fois de plus, qu'il ne tient aucun compte des faits acquis à la science.

Selon nous, au contraire, comme ces germes n'existent nullement, *partout* où l'on puise de l'air à l'aide d'expériences *bien conduites*, l'on peut obtenir des phénomènes génésiques ostensibles. Si les expériences des chimistes sont parfois stériles, il ne faut en accuser que leur mode d'expérimentation et parfois leur inaptitude à de telles recherches. Nous serions tout aussi inhabiles qu'eux si nous nous occupions des plus délicates investigations de leur science.

La nouvelle hypothèse de M. Pasteur, seul moyen de sauver la panspermie du naufrage, succombe elle-même en présence d'un nombre considérable d'expériences entreprises par moi pour démontrer : 1° que quel que soit le lieu de la terre où l'on puise un décimètre cube d'air, soit en pleine mer, soit dans les cavernes, soit sur les montagnes, *toujours* ce décimètre cube d'air est propre à fournir des myriades de Microzoaires et de Microphytes ; 2° et que l'examen de l'air, dans quelque lieu qu'il soit fait, n'offre normalement ni œufs, ni spores en suspension.

C'est en se servant d'un subterfuge qu'on est parvenu à fasciner l'opinion. On a fait une espèce d'entité presque métaphysique des principes de vie qu'on prétend être disséminés dans l'atmosphère; on les a appelés *germes*, mot détourné de son sens et qui là ne signifie rien.

Afin de s'entendre sur les agents avant d'en discuter les phénomènes, je demande énergiquement que l'on aban-

(1) Pasteur, *Comptes rendus de l'Académie des sciences*. Paris, 1860, t. LI, p. 352.

donne de tels moyens, tout à fait indignes de la science. Appelons *œufs* ou *spores* les corps reproducteurs des organismes, c'est leur nom, et l'erreur va cesser de pouvoir se soutenir un seul instant.

Disons aussi que les merveilleux moyens de reproduction, tels que la scissiparité et la gemmation, auxquels les panspermistes ont si souvent recours pour se tirer d'embarras, ne peuvent être invoqués dans aucune de nos expériences ; car, pour la plupart, celles-ci se font si rapidement que les Microzoaires ou les Mucédinées qu'on y voit se développer, n'auraient certainement point le temps de se reproduire, soit par ces moyens, soit et encore bien moins par la génération normale (1).

Or, on ne peut expliquer ces expériences qu'en admettant dans l'atmosphère un nombre prodigieux d'œufs ou de spores; car, partout, dans un décimètre cube d'air, on peut voir apparaître dix fois plus de Kolpodes qu'il n'y a d'habitants sur le globe.

Il résulte de là, que si les germes des organismes abondaient réellement dans l'atmosphère, la science a atteint un tel degré de certitude, que ceux qui le prétendront, perdront

(1) En effet, constamment, en été, en trois ou quatre jours, nous voyons se succéder, dans nos bocaux, au moins *deux générations spontanées*; et pendant ce court laps de temps, *jamais* nous n'observons sur la seconde, composée de Microzoaires ciliés, aucun phénomène de scissiparité, et encore bien moins une reproduction sexuelle. Celle-ci, d'après les observations de M. Balbiani lui-même, n'est seulement pas supposable, car ces animalcules se procréent sous nos yeux *en moins de temps que ne dure leur seul accouplement*, qui, d'après ce physiologiste, occupe laborieusement cinq à six jours, auxquels il faut encore joindre cinq à six autres jours avant de voir apparaître les œufs dans le corps de la mère. Balbiani, *Génération sexuelle chez les infusoires. Journal de physiologie*. 1858, t. I, p. 349-351. — Ce sont ces divers éléments de la question que devraient connaître, avant tout, certains savants qui prétendent la trancher si magistralement, sans s'être donné la peine de l'étudier le moins du monde, autrement que par des expériences qui n'ont aucun rapport avec elle.

immédiatement leur cause, dès l'instant où ils ne pourront en donner la preuve tangible :

1° Physiquement, parce que les œufs et les spores de certains êtres qui apparaissent dans nos expériences, sont parfaitement connus ;

2° Physiologiquement, parce que les organismes se développent d'après des lois qui ne permettent pas de se méprendre sur leur origine ;

3° Enfin, chimiquement, parce que si l'on se rend compte des myriades d'œufs ou de séminules que chaque parcelle de l'atmosphère devrait contenir, si la panspermie était un fait, ce serait une honte pour les sciences chimiques de ne pas nous avoir signalé, par l'analyse, l'immense quantité de matière organique qui encombre l'air.

J'ai recueilli de l'air dans les circonstances les plus variées ; et partout où je l'ai pris, un décimètre cube de cet air m'a suffi pour voir se produire, sous son influence, des milliards de Microzoaires ciliés. J'ai expérimenté sur de l'air provenant de la pleine mer, entre la Corse et la Sicile ; et sur d'autre que j'ai recueilli, par un temps parfaitement calme, au milieu de la mer Ionienne. J'ai pris aussi de l'air sur le sommet de l'Etna et dans le fond des cavernes de Caumont, près Rouen, et jamais aucune de mes expériences n'a été frappée de stérilité. Et cependant, en analysant cet air, soit à l'aéroscope, soit par d'autres moyens, on n'y découvrit aucun œuf d'infusoire, ni aucune semence (expériences 29, 30, 31, 32.)

Entraînés par nous sur le terrain d'une discussion rationnelle et forcés par l'évidence, les homogénistes ont enfin reconnu tout ce qu'avait de monstrueux la panspermie universelle. La panspermie locale succombe, elle-même, en présence de l'expérience et de la raison (1).

(1) C'est la force des choses qui a contraint l'habile chimiste que nous

En effet, comme nous venons de le dire, quelque soit le point du globe où l'on recueille un centimètre cube d'air, celui-ci est fécond. Et il l'est tellement, que si sa fécondité dépendait, non de sa composition, mais des œufs dont il serait surchargé, ceux-ci devraient y être tellement entassés qu'ils en formeraient la plus importante masse, et ils ne pourraient par conséquent échapper au moindre examen physique ou chimique. Nous avons réfuté ces merveilleux moyens de propagation dont les naturalistes ont tant abusé; et *dans nos expériences de courte durée, il faut que chaque animal ait son œuf, chaque végétal sa graine* (1).

M. Faivre a donc bien tort de prétendre que la question n'est pas de découvrir dans l'air un grand nombre d'œufs ou de semences, mais de faire voir que ceux qui y sont ré-

combattons à inventer cette *panspermie locale*, qui n'est pas plus soutenable que la panspermie générale, sur laquelle Bonnet et les savants du dernier siècle ont débité tant de puérilités. Cette nouvelle panspermie n'est qu'une ingénieuse invention, pour expliquer, à son gré, pourquoi certaines expériences de Schwann et de M. Pasteur réussissent ou non; résultat qu'il faut chercher, non dans les introuvables œufs de l'air, mais tout simplement dans le plus ou moins d'altération des *décoctions* employées dans les ballons des adversaires de l'hétérogénie, ou dans la disposition absolument défectueuse de leurs appareils.

(1) J'ai déjà dit, à ce sujet, que l'illustre R. Owen a calculé qu'il existait parfois plus de 500,000,000 de *Monas crepusculum* dans une seule goutte d'eau! Or, l'expérience démontre, presque mathématiquement, que si la dissémination aérienne était réelle, il faudrait que chaque millimètre cubique de l'atmosphère contînt immensément plus d'œufs qu'il n'y a d'habitants sur le globe. Si l'on admet que chaque goutte d'eau recèle 500,000,000 de Monades, en représentant celle-ci par 8 millimètres cubes, il en résulte que chaque millimètre devra contenir 62,500,000 animalcules. En supposant seulement que l'atmosphère offre en suspension 100 espèces de Microzoaires ou de Cryptogames, pour fournir aux exigences de la dissémination, il faudrait donc que chacun de ses millimètres cubiques renfermât 6,250,000,000 d'œufs ou de spores en disponibilité.

Ce sont là des supputations effrayantes. Les hétérogénistes n'ont jamais poussé aussi loin leurs témérités.

pandus suffisent par la fécondité des êtres qu'ils produisent, pour expliquer les faits que l'observation nous présente (1).

Lorsqu'on prend un décimètre cube d'air, celui-ci, mis en contact avec des corps divers, peut produire, par millions 100 espèces de proto-organismes, dont la genèse ne peut être attribuée à ces miraculeux moyens de reproduction si souvent invoqués pour en expliquer l'inexplicable multitude ; il faut donc nécessairement que ce décimètre d'air contienne les œufs et les spores aussi abondants que variés de ces 100 espèces. C'est évident, et cependant, dans un décimètre cube d'air, vous ne rencontrez pas une fois sur mille, peut-être, une seule spore de Mucorinée, un seul œuf d'Infusoire. Et, quand nous le voulons, avec ce même volume d'air, nous produisons dix fois plus de Paramécies qu'il n'y a d'habitants sur le globe.

Aujourd'hui, il faut là autant d'œufs visibles qu'il va apparaître d'animalcules ; et ces œufs, bien connus cependant, les panspermistes n'ont jamais pu les montrer (2). Voilà pourquoi nous voyons tous les esprits sérieux reléguer la dissémination aérienne au nombre de ces ingénieuses fictions qui captivaient les savants du siècle dernier et rendaient leur

(1) E. Faivre, *Récents débats sur les générations spontanées*. Revue européenne, 1860, t. II, p. 322. — Si M. Faivre avait fait la moindre expérience sur ce sujet, il se fût aperçu qu'il est de la dernière évidence que lorsqu'une macération, au bout de quatre jours, est encombrée de Paramécies et de Kolpodes, il a fallu pour les produire autant d'œufs qu'on y observe d'individus. Il n'y a eu aucune scissiparité et encore moins aucune reproduction sexuelle. Je serais heureux si ce savant pouvait me montrer, au moins, quelques-uns de ces œufs qu'il doit assurément connaître. S'il me faisait l'honneur d'accéder à ce désir, je déposerais immédiatement la plume.

(2) Le grand nombre d'Infusoires s'explique par la multitude des germes qui naissent les uns à côté des autres, et non par la rapide propagation de quelques infusoires tombés *par hasard* dans l'infusé. Schaaffhausen, *Cosmos*. 1862, p. 633.

commerce épistolaire si attrayant. La science d'aujourd'hui demande plus de rectitude ; aussi cette hypothèse a fait son temps et va s'effacer sans retour.

Des expériences décisives m'ont même démontré qu'en mettant successivement le même air avec des substances diverses, celles-ci, tour à tour, produisaient des générations d'animaux ou de plantes absolument spéciales. Et ces curieuses recherches peuvent être prolongées autant qu'on veut ; elles n'ont de bornes que dans l'altération chimique de l'air (1).

Si, dans ses expériences, M. Pasteur a parfois trouvé l'air stérile, il ne faut s'en prendre qu'aux défectueux moyens qu'il emploie (2). En conduisant celles-ci plus rationnellement, il parviendrait, comme nous-même, dans l'air calciné à obtenir constamment des animalcules et des végétaux. Si ceux-ci manquent parfois dans ses ballons, c'est qu'il a trop altéré leur contenu (3).

(1) *Expérience.* Un centimètre cube d'air a été mis successivement en contact, à l'aide de précautions convenables, avec une macération de viande, et a produit des Monades ; avec une macération d'asperges, des Bactéries ; avec une macération de foin, des Kolpodes ; enfin, avec de la colle, des Pénicilliums. On s'est arrêté là.

(2) Les ballons ont un grand inconvénient dans les expériences des chimistes, c'est de distiller constamment de l'eau sur leurs parois ; celle-ci vient se replacer à la surface du liquide après s'être condensée et entrave la production des proto-organismes. J'évite cela en émergeant en partie le corps solide que j'emploie. D'un autre côté, dans les ballons hermétiquement scellés à la lampe, il se produit parfois aussi d'énormes différences dans la pression. Comp. Spallanzani, *Opuscules*, trad. Paris, 1787, t. I, p. 34. Cl. Bernard, *Comptes rendus de l'Académie des sciences*, 1859, t. XLVIII, p. 34.

(3) Le Montenvert a même été mal choisi par cet observateur pour y trouver des veines atmosphériques vierges de corps reproducteurs. Il oubliait alors qu'à 4,000 mètres de hauteur, tout justement sur les sommets qui dominent la vallée où il expérimentait, Ehrenberg a signalé qu'il existe plus de cinquante espèces d'organismes microscopiques vivants. Comment se fait-il donc, si ceux-ci se propagent par l'atmosphère, que le savant chimiste n'en ait récolté aucun témoin dans ses ballons ? Il aurait dû y en entrer. Comp. Faivre, *Rev. europ.* 1860, p. 312.

Des expériences exécutées à vaisseaux clos, dans les plus favorables conditions pour obtenir une genèse abondante, avec une féconde macération et de l'air atmosphérique normal, m'ont prouvé que les expériences des chimistes devraient être absolument bannies de la physiologie rationnelle ; car jamais, même dans celles-ci, il ne se produit un seul Oxytrique, une seule Paramécie, enfin jamais un seul Microzoaire cilié. Si l'air apportait les germes de ces animalcules, il n'y aurait pas de raison au monde qui pût empêcher ceux-ci d'y apparaître, quand tant d'autres, d'un rang inférieur, s'y développent bien.

De telles expériences renversent de fond en comble tout ce qu'ont avancé les fauteurs de la panspermie; elles sont capitales, et si elles sont vraies, tout l'édifice des chimistes est anéanti ; si elles sont fausses, il faut le proclamer, car il est temps qu'enfin, à cet égard, la vérité commence à luire (1).

Il n'y a pas même à prétendre ici que l'oxygène peut manquer aux races plus élevées. Les grands Microzoaires semblent presque ne rien tirer de l'atmosphère; plongés dans le vide le plus parfait de nos machines pneumatiques, ils y vivent sans en paraître aucunement affectés (2).

Il y a si peu de semences dans l'air, que même dans les lieux où on devrait en trouver en abondance, ce n'est qu'exceptionnellement que l'on en rencontre. M. Musset, qui s'occupe depuis longtemps de recherches sur les champignons et dont tout le laboratoire en est rempli, m'écrivait dernièrement que jamais encore il n'a pu rencontrer de spores

(1) Rien n'a égalé l'audace des adversaires de l'hétérogénie, ils nient tout sans rien vérifier. C'est ainsi par exemple qu'ils ont nié la remarquable expérience de Treviranus. Et je l'ai cependant reproduite devant dix personnes dans le laboratoire de M. Serres en 1862. Tout le monde peut la faire. (Expérience 33.)

(2) En analysant l'air des ballons au bout de cinq à six jours, temps suffisant pour la production des grands Microzoaires, on y trouve encore une quantité considérable d'oxygène.

dans celui-ci. Cependant personne n'est plus apte à ne pas commettre d'erreur sur ce sujet, lui qui connaît si bien la structure et la forme de ces spores et qui a fait déjà sur elles de curieuses recherches. Je puis dire que la même pénurie existe dans l'air du laboratoire du muséum de Rouen, où, cependant, de tous côtés, il se trouve des Lycoperdons, des Bolets, des Pénicilliums, des Ascophores, etc. C'est un cas extraordinaire que de rencontrer l'une de leurs semences sur l'aéroscope ou dans la poussière. Comment donc M. Pasteur en surprend-il presque à volonté ?

Si la doctrine que je soutiens à l'égard de la panspermie, est fausse, il est on ne peut plus facile de rectifier mon erreur. Au lieu de s'obstiner à supputer l'inconnu et l'impossible, que l'on expérimente sur des espèces dont les œufs ou les semences sont parfaitement visibles à l'aide de nos instruments, et l'on reconnaîtra que ces espèces s'engendrent par milliards dans un volume d'air extrêmement limité, là où l'on ne peut signaler un seul de leurs œufs ; et que cette production a lieu sans scissiparité, sans gemmiparité, et encore moins par la reproduction sexuelle.

L'étude des fermentations vient elle-même protester, d'une irrésistible manière, contre les prétentions des panspermistes et des chimistes. Toute personne qui, sans prévention, y réfléchira, le sentira à l'instant même.

En effet, l'homme pour ses besoins produit, sur tous les points du globe, diverses liqueurs fermentées, qu'il emploie soit à son alimentation, soit à des usages variés. Il n'existe pas de maison ou de cabane à la surface de la terre où l'on n'en confectionne en masse ou par petites portions ; et dans leurs laboratoires les savants en inventent à tout instant de nouvelles.

Chaque fermentation produisant une espèce particulière de levûre, il faut donc, je le répète, qu'il y en ait constamment, et de grandes masses, et de nombreuses sortes, de répandues dans l'air pour suffire à toutes les exigences. Et il a donc fallu qu'il en soit créé *à priori* dès l'origine des choses, en prévision de l'instant où un chimiste, ou un praticien, inventerait quelque nouvelle boisson fermentée !

La raison se révolte contre de telles hypothèses, et l'on a droit de s'étonner qu'elles aient eu quelque crédit dans les sciences.

Il n'y a même pas là à arguer de l'invisibilité de la levûre ou de sa merveilleuse reproduction. Le microscope fait discerner facilement la levûre desséchée.

Jamais aucun chimiste n'en a signalé dans l'atmosphère ; et cependant celle-ci, dans l'hypothèse que nous combattons, doit en contenir des masses compactes, puisque le plus petit volume d'air peut engendrer des fermentations qui en produisent énormément.

Ainsi donc, la panspermie générale des physiologistes de l'école de Bonnet et de Spallanzani, et la panspermie locale, proposée récemment par M. Pasteur, succombent l'une et l'autre au moindre examen rationnel ; et elles succombent aussi, sans retour, à l'épreuve scientifique. En effet, la chimie et la physique ont été absolument impuissantes, jusqu'à ce jour, pour signaler dans l'air une notable quantité d'œufs d'animaux ou de semences de plantes (1) ; et les naturalistes n'ont encore jamais pu, jusqu'à ce moment, être plus heureux qu'elles.

(1) La panspermie locale, ce *faux-fuyant*, comme la nomme M. Ch. Musset, cette véritable *hypothèse de juste milieu*, a été inventée par M. Pasteur, *Ann. s. n.* Mais ce qui dépasse toute croyance, c'est qu'après avoir trouvé ce moyen d'échapper aux objections qui pesaient si lourdement sur ses théories, il ait osé tenter ses expériences d'ensemencement. En effet, celles-ci devaient manquer toutes les fois qu'il se trouvait dans une veine stérile, et l'on pouvait lui dire qu'il n'ensemençait rien. Une conséquence de sa *panspermie limitée* était l'abstention absolue de toute expérience d'ensemencement.

CHAPITRE IV.

MICROGRAPHIE ATMOSPHÉRIQUE.

On s'était, jusqu'à cette époque, borné à étudier les propriétés chimiques de l'air, et l'on en avait presque absolument négligé l'étude microscopique. Je crois être l'un des premiers qui ait fait faire un grand pas à cette étude, et qui ait même signalé tout l'avenir qu'elle pouvait avoir relativement à l'hygiène publique et à la pathologie.

Déjà les résultats que j'avais prévus se sont réalisés à l'étranger et en France.

Par opposition, en même temps que mes expériences démontrent que partout, strictement parlant, l'air jouit de la même fécondité, soit en pleine mer, soit sur les montagnes, soit dans les cavernes, l'observation directe prouve que ce même air ne contient cependant normalement ni œufs, ni spores (1).

Pour parvenir à cette démonstration, j'ai employé trois moyens : la voie humide, la voie sèche et l'observation directe; et, à l'aide de ces divers procédés, tandis qu'en moyenne on ne rencontre peut-être pas un œuf ou une

(1) Lorsque je vois le savant adversaire de l'hétérogénie dire : je recueille des œufs et des spores dans l'atmosphère et je les ensemence..., ces assertions sont pour moi sans la moindre valeur réelle, et elles sont scientifiquement absolument nulles. Elles ne peuvent être reconnues de quelque autorité qu'autant qu'on spécifie le volume d'air employé, le nombre approximatif des corps reproducteurs recueillis, et autant que possible leur genre.

spore, par cent mètres cubes d'air atmosphérique, on reconnaît qu'avec un seul décimètre de ce même air, on peut, à volonté et constamment, produire des milliards de Microzoaires ou de plantes.

Lorsque j'emploie la voie humide, tantôt je me contente de faire passer lentement un ou deux décimètres cubes d'air à travers une fort petite quantité d'eau distillée, placée dans un de mes tubes laveurs adapté au col d'un flacon aspirateur.

Dans cette expérience, l'eau ne contient presque jamais rien d'appréciable.

Dans le but de recueillir les corpuscules atmosphériques

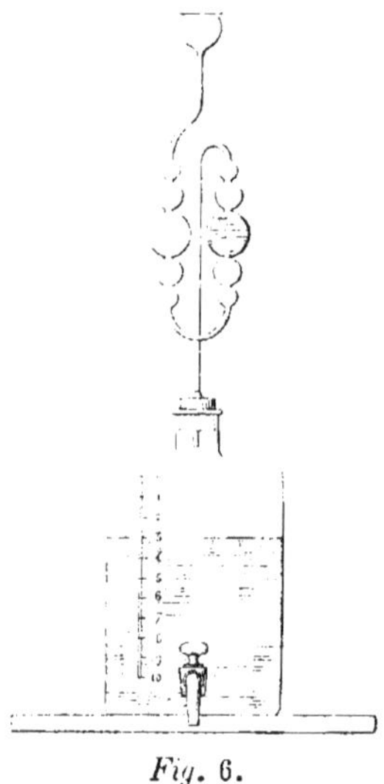

Fig. 6.

et de découvrir parmi ceux-ci s'il existe des œufs ou des spores, je me suis servi fréquemment de l'appareil qui est représenté ci-dessous (1).

(1) Je remplis à moitié d'eau distillée les quatre tubes laveurs en U qui sont figurés sur ce dessin et auxquels je donne la direction perpendiculaire, afin que l'air s'y dépouille avec plus d'exactitude de tout ce qu'il

Dans cet appareil, si, dans une atmosphère calme, je lave un ou deux mètres cubes d'air, je reconnais que mes tubes barboteurs ont récolté une certaine quantité de corpuscules atmosphériques, dont la nature varie selon le lieu exploré; mais parmi ceux-ci, il est infiniment rare qu'il existe une ou deux semences de Mucorinée, et encore moins un seul œuf de Microzoaire bien déterminé.

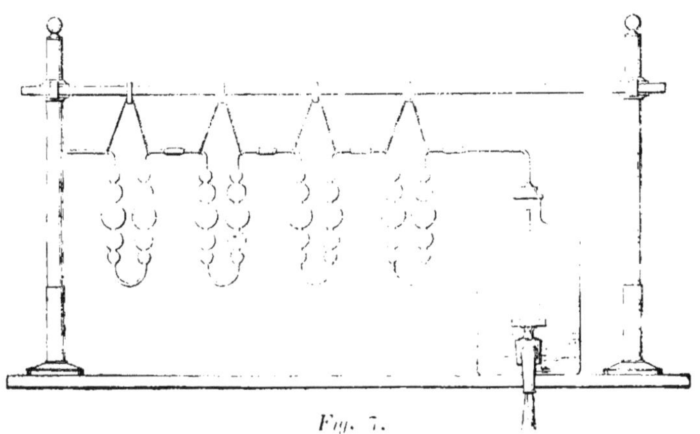

Fig. 7.

D'autres fois, j'emploie la voie sèche pour coërcer les corpuscules atmosphériques; je me sers pour cela de l'aéroscope de mon invention, qui projette l'air sur des disques de verre et y dépose les corpuscules les plus ténus et les plus invisibles. Cet instrument, auquel aucun de ceux-ci n'échappe, démontre encore, jusqu'à l'évidence, l'inanité des prétentions des panspermistes (1).

Dans un air calme, sur la mer, sur les montagnes, et

contient en suspension. Ces tubes sont articulés entre eux, et l'extrémité du dernier communique avec un aspirateur dont la capacité est connue. Il est à noter ici que le flacon aspirateur n'est indiqué que fictivement, et que j'emploie un aspirateur d'une grande capacité.

(1) En employant tour à tour ces divers procédés, j'ai analysé physiquement l'air dans des lieux extrêmement variés, dans les solitudes les plus

dans la profondeur des cavernes, dans 10 décimètres cubes d'air, je n'ai constamment découvert qu'une quantité presque inappréciable de corpuscules aériens; et parmi eux

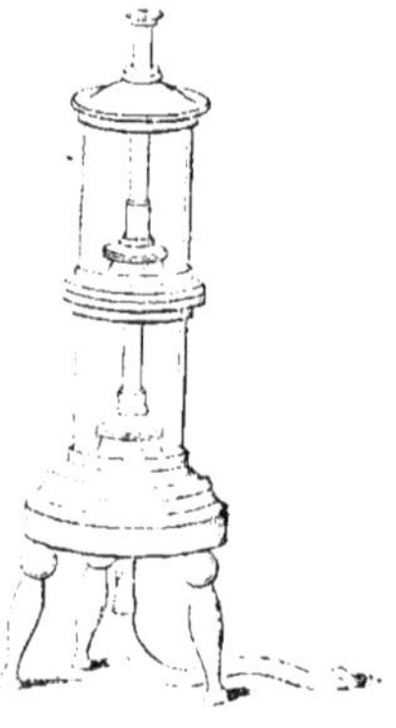

Fig. 8.

jamais encore, dans mes observations, je n'ai rencontré un seul œuf ou une seule spore. Et cependant cet air n'en est pas moins fécond que celui des endroits où il abonde en corpuscules (Expériences 29, 30, 31).

Mais, au contraire, dans un même volume d'air de nos cités, l'aéroscope rassemble une immense quantité de corpuscules qui y flottent et donnent un tableau microscopique de tout ce qui nous environne ou est employé dans nos industries ou pour nos besoins et notre alimentation.

Dans nos villes, la fécule de blé est l'un des plus communs corpuscules éparpillés dans l'air et l'un des plus abondants que l'on rencontre dans la poussière qui envahit nos demeures. Elle s'y offre sous trois états : la fécule normale, la fécule bleue et la fécule panifiée.

profondes et dans les cités les plus populeuses; sur les montagnes ou au milieu de la mer. Mes dernières observations ont été faites sur la Méditerranée, l'Etna, à Constantinople et à Athènes. Comme on peut le voir dans mon *Hétérogénie*, j'ai aussi analysé les corpuscules de l'air d'un certain nombre de monuments de l'Égypte et de cathédrales gothiques, p. 445.

La fécule aérienne normale présente tous ces caractères physico-chimiques. Il en existe de toutes les grosseurs. Les grains d'une extrême finesse sont beaucoup plus communs que les autres, et ce sont eux que des observateurs inattentifs ont confondus avec des œufs atmosphériques. Ceux de moyenne taille sont aussi très-abondants. Et, on le conçoit *à priori*, les plus gros le sont moins, à cause de leur pesanteur. Cette fécule s'insinue partout où la poussière pénètre. J'en ai découvert dans les retraites les plus cachées de nos anciens monuments gothiques et jusque dans la profondeur des hypogées de Thèbes; et là, après tant de siècles, elle avait encore conservé ses caractères. L'iode la bleuissait rapidement, et elle polarisait encore la lumière, mais seulement un peu moins manifestement que la fécule fraîche.

On rencontre aussi de la fécule de blé à la surface de tous les animaux ou de toutes les plantes qui vivent dans l'atmosphère de nos villes. Il ne faut que racler un peu notre peau ou secouer nos vêtements pour en recueillir. Les insectes citadins en possèdent souvent un bon nombre de grains mêlés aux poils de leurs ailes (1). Les feuilles des arbres de nos jardins en ont aussi toute leur face supérieure parsemée.

Le second état de la fécule, ou la fécule bleuie spontanément, est beaucoup plus rare. Cependant on en rencontre assez souvent des grains de moyenne taille et d'un fort beau bleu, surtout dans la poussière ancienne, recueillie dans de vieux monuments gothiques un peu frais. J'en ai aussi rencontré notablement dans la neige. Est-ce l'iode que M. Chatin a signalé dans l'atmosphère, qui donne cette coloration à certains grains de fécule?

(1) Peu de temps après avoir annoncé ce fait, je faisais voir à Paris à divers savants, que la fécule abondait tellement partout, qu'on en découvrait jusqu'à une trentaine de grains sur les ailes de chacune de nos mouches communes.

Sous le troisième état, ou à l'état de fécule panifiée, la fécule est de la plus extrême abondance dans l'air de nos villes. Tantôt on l'y rencontre en grains isolés errant çà et là; et tantôt sous la forme de véritables morceaux de pain microscopiques, composés de plusieurs grains de fécule éclatés et accolés par la cuisson (1).

Au nombre des plus abondants corpuscules qui flottent dans l'air, il faut compter les débris de nos vêtements. Dans tous les lieux où l'homme passe, il y laisse des traces de ceux-ci ; aussi l'analyse microscopique de la poussière de nos monuments peut-elle, jusqu'à un certain point, donner l'idée de la condition ou de l'habit de ceux qui les fréquentent. Dans de somptueuses demeures, d'abondants filaments de soie ou de laine aux plus riches couleurs (2); dans l'humble cabane du pauvre, de grossiers vestiges d'étoffes aux teintes sombres. En analysant de la poussière ancienne recueillie dans les combles de notre cathédrale, j'y ai découvert d'incontestables débris de la tunique rouge des enfants de chœur, que l'air avait entraînés de la nef jusque dans ce lieu tout à fait isolé.

On découvre aussi dans l'air d'abondantes traces de la fumée continuellement produite par nos foyers domestiques ou nos usines. Ces deux espèces se distinguent même parfaitement bien à l'aide du microscope. La fumée condensée

(1) On distingue parfaitement la fécule panifiée de la fécule normale. D'abord parce qu'elle est plus grosse ou éclatée et agglomérée ; et ensuite parce que l'iode a sur elle moins d'action que sur la fécule normale ; il lui donne une couleur bleue beaucoup moins foncée.

(2) En sortant d'un théâtre, je recueillis à l'aide d'un peigne une partie de la poussière entremêlée à ma chevelure ; je trouvai dans celle-ci une quantité considérable de filaments d'étoffes de toutes les espèces et de toutes les couleurs, provenant des vêtements des spectateurs et des acteurs. Beaucoup de filaments de laine, de soie de la plus éclatante couleur rouge, bleue, jaune, rose, violette ou noire. Il y existait beaucoup moins de filaments de coton, comme on devait s'y attendre. La fécule de blé y abondait aussi.

de nos usines ou du charbon de terre est d'une teinte noire foncée, mate; celle de nos habitations ou du bois est d'une couleur bistre, un peu translucide (1).

Comme on rencontre fortuitement dans l'atmosphère des semences voyageuses, des cadavres d'animalcules et même jusqu'à des Microzoaires vivants, il faut bien conséquemment qu'il s'y trouve aussi, de place en place, des œufs et des spores. Mais, je le répète, le nombre de ceux-ci est tellement restreint, que leur rôle doit être regardé comme absolument nul dans les expériences d'hétérogénie, comme il l'est presque partout où apparaissent des proto-organismes.

La simple observation vient elle-même démontrer tout ce que nous avançons. En étudiant la poussière recueillie soit dans les cités populeuses, soit dans les monuments de toutes les époques, les hypogées de Thèbes, les temples grecs ou romains, les cathédrales gothiques ou les églises modernes (2); partout où l'air pénètre et dépose ses corpus-

(1) Cette fumée qu'on ne s'attendrait pas à rencontrer ainsi chez nous est cependant fort abondante. C'est en grande partie celle que recueille la neige en tombant, qui donne à ses tas la couleur noire qu'ils contractent en fondant. C'est elle qui, en s'y appliquant, forme une croûte épaisse sur les monuments de Londres et donne à plusieurs d'entre eux une teinte d'un noir pur, comme cela a lieu sur la colonnade de Saint-Paul.

(2) Les poussières que nous avons recueillies à Constantinople, soit sur les murailles de Sainte-Sophie, soit dans le bas de Stamboul, nous ont présenté les objets suivants : grains de silice de toutes les grosseurs, parcelles de terre, parcelles de fumée, fécule de blé abondante normale ou panifiée ; beaucoup de débris de plantes, fragments de cornée de mouche, filaments de coton blancs, plumules de papillon, filaments de laine bleue, jaune et marron ; filaments de soie bleue ou d'un beau rose ; nombreux fragments minéraux anguleux et obtus, rouges, verts et jaunes; énorme quantité de gros fragments de tissu cellulaire et vasculaire végétal, provenant des melons d'eau, si fréquemment employés par les Turcs. Je ne découvris là ni œufs, ni spores.

Les poussières que j'ai recueillies sur le plateau de la tour de Pise différaient essentiellement de celles du centre populeux de Constantinople. elles étaient presque uniquement formées de fragments de silice et d'au-

cules, partout, même à l'intérieur des voies respiratoires des animaux, j'ai rencontré une immense variété de vestiges de tout ce qui sert à nos usages ou qui nous environne; débris du sol, débris de nos monuments et de nos vêtements, et presque nulle part je n'ai découvert d'œufs ou de semences.

Le premier, j'eus l'idée d'employer l'examen de la neige pour élucider la micrographie atmosphérique (1). Il me semblait que lorsqu'elle tombe à gros flocons dans un air calme, ceux-ci devaient être on ne peut plus propres à ramasser tous les corpuscules qui flottent dans l'espace compris entre les nuages et le sol. Mes prévisions ne m'ont point trompé; et ayant eu l'occasion de faire de nombreuses recherches sur de la neige tombée dans de telles circonstances, j'ai reconnu en effet qu'elle était *énormément* chargée de détritus variés, qui offraient le conspectus presque complet de tout ce que recèlent ou charrient ordinairement les espaces aériens (2). On y distinguait beaucoup de parcelles de fumée, de nombreux grains de fécule de blé normaux ou bleuis spontanément. Enfin, cette neige contenait

tres minéraux généralement assez fins. Je n'y ai presque pas trouvé de fécule. (Une observation m'en a seule offert un grain de normale et un grain de panifiée.) Mais on y rencontrait d'abondantes parcelles de fumée; je n'y ai trouvé qu'un seul filament de coton blanc; il n'y existait ni débris végétaux, ni œufs, ni spores.

(1) Je ne puis cependant omettre de dire que, sans connaître ce que je faisais à Rouen, au même moment, MM. Joly et Ch. Musset faisaient à Toulouse des recherches absolument analogues aux miennes. — Joly et Ch. Musset, *Études microscopiques de l'air*. *Comptes rendus*. 1860, t. L, p. 647. — Cette idée ne m'appartient donc pas exclusivement. Nous l'avions à trois en même temps.

(2) Ce sont ces abondants corpuscules que la neige récolte dans l'air qui donnent une teinte si sale à ses tas quand ils fondent; parce qu'alors ces corpuscules se condensent à mesure à la surface. On s'assure de cela en faisant fondre de la neigne à vaissaux clos. On la voit alors se couvrir immédiatement d'une efflorescence noire, épaisse.

un nombre considérable de *Protococcus pluvialis*, d'une belle couleur verte (1).

J'avais aussi pensé, depuis longtemps, que l'étude des corps que l'air charrie dans les voies respiratoires des animaux, pourrait offrir quelques révélations à la physiologie et jeter une vive lumière sur la micrographie atmosphérique. Mon attente n'a point été trompée.

En effet, dans presque toute la série zoologique, l'examen de l'appareil respiratoire nous révèle ostensiblement les diverses modifications du milieu qu'habitent les espèces. Mais il m'a semblé que les plus importantes notions à cet égard devraient être offertes par les animaux chez lesquels l'air pénètre plus profondément l'organisme. D'après cela, les oiseaux ont dû être l'objet d'une attention toute particulière, eux chez lesquels le fluide respiratoire, après avoir traversé les poumons, se répand non-seulement dans les diverses cavités du tronc, mais encore parvient jusqu'à l'intérieur du système osseux. Sur ces animaux, je me suis surtout attaché à examiner les os les plus pneumatiques, et principalement les humérus, les omoplates et le sternum. Et comme dans ceux-ci les corpuscules, une fois introduits, ne sortent que difficilement à cause de l'immobilité des parois et de l'irrégularité des anfractuosités, on y trouve d'amples vestiges de tout ce que l'air apporte dans l'appareil pneumatique.

(1) Voici le catalogue des corps organisés recueillis dans l'air par la neige : une énorme quantité de parcelles de fumée; noires pour celles qui viennent de la combustion du charbon de terre; de couleur bistre pour celles de la fumée de bois. Une abondance de fécule de blé normale ou spontanément colorée en bleu; de la fécule panifiée : une énorme quantité de grains de matière verte. (*Protococcus pluvialis*, Kütz); de la silice; des granules calcaires; deux infusoires enkystés; deux cadavres d'infusoires altérés; trois navicules; trois bacillaires; deux bactériums; deux plaques d'épiderme végétal avec les stomates; quelques grains de pollen; des spores de lycoperdon; des filaments de laine blancs, jaunes et verts. Pouchet, *Comptes rendus de l'Académie des sciences*. 1860, t. L, p. 534.

Lorsque l'on observe des animaux qui vivent au milieu de nos villes et dans l'intérieur de nos habitations, on est frappé de l'énorme quantité de fécule que recèlent leurs organes respiratoires : chez les oiseaux, on en découvre, même fort abondamment, jusque dans l'intérieur des os. Les parcelles de fumée, les filaments d'étoffes diverses qui composent nos vêtements s'y rencontrent aussi avec la même profusion. Mais plus l'animal vit éloigné de nos villes, plus il habite des sites sauvages, plus aussi tous ces corps deviennent rares dans l'air inspiré. Celui-ci en présente à peine quelques traces, souvent même on n'y en trouve aucune. Lorsque l'on dissèque des mammifères ou des oiseaux qui se tiennent sans cesse cantonnés au milieu des forêts, on reconnaît que, chez eux, tout l'appareil respiratoire est seulement rempli de débris de végétaux, d'épiderme, de chlorophylle, de pollen; mais on n'y découvre aucun vestige de fécule ou des étoffes employées pour nos vêtements.

Les oiseaux qui vivent dans nos villes et dans leur voisinage, ne trouvent pas seulement dans l'air qu'ils parcourent la source de cette abondance de fécule qui s'insinue jusque dans les plus profondes anfractuosités de leur appareil respiratoire; ils en font encore une ample moisson dans le feuillage des arbres au milieu duquel se passe souvent une partie de leur vie. En effet, en étudiant la surface des feuilles des arbres qui avoisinent nos cités, j'ai découvert sur celles-ci, lorsque la pluie a été plusieurs jours sans les balayer, de nombreux spécimens de tous les corpuscules que charrie l'air, et surtout une quantité considérable de fécule, de grains de silice et de parcelles de fumée. Sur une seule feuille d'un marronnier d'Inde, placé dans le jardin de l'École de médecine de Rouen, j'ai compté environ trente grains de fécule de blé, soit normale, soit ayant subi la panification.

Les expériences sur la recherche des corpuscules atmosphériques des voies respiratoires sont faciles à exécuter.

Elles consistent simplement à faire passer un courant d'eau à travers celles-ci et à recueillir ce liquide pour l'observer en temps opportun (1).

Pour recueillir les corpuscules aériens des os pneumatiques des oiseaux, j'enfonce le tube d'une seringue dans l'ouverture par laquelle l'air pénètre dans leur cavité, et je coupe l'os vers l'extrémité opposée. L'eau, injectée d'abord doucement, puis ensuite très-violemment pour entraîner jusqu'aux moindres débris atmosphériques, est reçue dans des verres et examinée (2).

Étudié à l'aide de ces procédés, l'appareil respiratoire nous donne une fidèle idée de la vie des animaux. Non-seulement il nous révèle quels sites ceux-ci préfèrent, quel est leur genre de nourriture, mais même, quand ils sont domestiques, quelle est la profession de ceux chez lesquels ils ont vécu.

J'ai retrouvé dans les organes respiratoires de l'homme les mêmes corpuscules atmosphériques que je rencontrais chez nos animaux citadins. Sur deux personnes mortes dans l'un de nos hôpitaux, une femme et un homme, dont j'ai injecté les poumons, j'ai observé une quantité notable de fécule de blé, normale ou panifiée; des parcelles de silice et des frag-

(1) A cet effet, à l'aide d'une seringue, j'injecte la trachée; et lorsque les poumons sont distendus par l'eau, je les incise et je recueille avec soin tout ce qui s'en écoule, en réitérant l'injection à diverses reprises.

Pour les oiseaux, j'injecte la trachée; et quand l'eau a traversé les poumons et a envahi les poches aériennes du tronc, alors je pratique une ouverture au sac thoracique et je recueille le liquide qui s'en écoule en jet. Dans toutes les expériences, le liquide est reçu dans des vases coniques, à fond étroit; et quand on juge qu'il s'est écoulé assez de temps pour que tous les corpuscules soient déposés, on les enlève avec une pipette très-effilée et on les soumet à l'examen microscopique.

(2) Je n'ai pas besoin de dire ici quels sont les soins que l'on doit prendre pour éviter, autant que possible, l'introduction des corpuscules de l'air ambiant. Les seringues, les vases, l'eau qui doit être distillée, seront l'objet d'une attention toute particulière. On doit aussi choisir, pour opérer, des endroits où l'air est très-calme.

ments de verre; des fragments de bois de teinture d'un beau rouge; des débris de vêtements, et enfin une larve d'arachnide microscopique, encore vivante (1).

Il était rationnel de penser qu'à certains moments, notre expectoration devait contenir les mêmes corpuscules que je viens de signaler dans le poumon : c'est, en effet, ce qui a lieu. J'y ai observé de la fécule normale et panifiée, des parcelles de fumée, des débris de végétaux, des filaments de laine ou de coton diversicolores, des grains de silice, etc. (2).

D'un autre côté, une poule élevée dans une cour pavée de Rouen, nous offrit, dans ses poches respiratoires, une énorme quantité de fécule de blé normale et panifiée. Celles-ci contenaient, en outre, beaucoup de filaments de laine, de coton et de lin, et de nombreuses parcelles de fumée; il n'y existait que peu de grains de silice, ce qui s'explique peut-être par l'habitat. Les humérus de cet oiseau contenaient aussi beaucoup de fécule (3).

(1) *Voici la note de tout ce qui fut observé dans ces deux cas* : fécule de blé assez abondante et de toutes les grosseurs, normale et panifiée; grains de silice petits, peu abondants; deux fragments de verre reconnaissables à leur transparence, à leurs fines arêtes et à leur cassure conchoïde; un fragment de bois de teinture bleu; deux fragments de bois de teinture rouges; un filament de laine noire; des filaments de coton, de lin et de chanvre, très nombreux; lames d'épithélium; chlorophylle; filaments de laines bleue, blanche et jaune; parcelles de fumée de bois et de charbon de terre; un filament de soie blanche; un crochet de patte d'araignée; tissu ligneux; globules muqueux; globules d'air, globules du sang; filaments byssoïdes; larve d'arachnide microscopique vivante.

(2) De semblables observations n'ont de résultat évident que, quand après un long repos qui a donné le temps aux corpuscules de s'amasser, on expectore du mucus provenant de l'arbre bronchique.

(3) *Inventaire des corps rencontrés dans les humérus de cette poule* : Une quantité considérable de fécule de blé, normale ou panifiée, de toutes les grosseurs; un fragment de pain de $0^m,0700$, formé par un amas de grains de fécule gonflée; un grain de fécule de pomme de terre; des parcelles de fumée, des grains de silice petits et peu nombreux; deux filaires vivants; des fibres ligneuses; des filaments de coton, de lin et de chanvre, nombreux; de la chlorophylle; un fragment de verre de $0^m,0700$; un fila-

Pensant que plus les animaux se trouvaient rapprochés des endroits où la fécule subit sa manutention, plus aussi il devrait s'en trouver dans l'appareil respiratoire, je me procurai deux poulets élevés chez un boulanger. Mon attente ne fut pas trompée. Tout l'appareil respiratoire de ceux-ci, malgré leur jeunesse, contenait déjà une quantité de fécule surpassant de beaucoup ce que j'avais trouvé sur la poule. Les humérus à peine perméables en contenaient déjà eux-mêmes.

Un pigeon de volière, de l'intérieur de la ville, offrait dans son appareil respiratoire, outre des parcelles de silice et de fumée, des débris d'étoffes diversicolores, une quantité notable de fécule de blé de toutes les grosseurs, et surtout une énorme abondance de fécule de vesce. Les humérus, eux-mêmes, contenaient tant de cette dernière, qu'on en trouvait de huit à dix grains à chaque observation. Je ne pouvais m'expliquer la présence d'une telle abondance de fécule de vesce chez cet oiseau qui avale constamment cette semence sans la briser ; mais j'en ai connu bien rapidement la source en examinant le sol de sa volière. Celui-ci était rempli d'excréments de pigeon renfermant une énorme quantité de cette fécule, qui avait traversé l'intestin sans subir aucune altération. En s'agitant dans leur loge, ces oiseaux la dispersent dans l'air, et elle entre alors dans leurs organes respiratoires. Voici donc des animaux qui, en respirant, introduisent dans leur économie une partie notable de leurs excréments.

L'examen d'un oiseau qu'on n'élève ordinairement que dans de riches demeures, est venu ajouter une nouvelle preuve à ce qui précède. En effet, les nombreux vestiges d'étoffes magnifiques qu'offraient ses organes respiratoires,

ment de laine bleue ; des fragments d'épiderme végétal avec des stomates : un bout de fil blanc tordu ; des vaisseaux rayés ; des infusoires secs.

rappelaient ostensiblement le luxe des vêtements ou des ouvrages de ceux au milieu desquels il avait vécu. Cet oiseau était un *paon adulte ;* et je fus réellement frappé de l'abondance et de la superbe coloration de toutes les parcelles de tissus divers contenus dans ses os. On y rencontra, outre une quantité notable de fécule de blé, beaucoup de filaments de laine et de soie du plus magnifique bleu, d'un beau rose ou d'un vert clair (1).

Si maintenant notre attention se porte sur les oiseaux sauvages, qui résident loin de nos cités, nous observons des choses tout à fait différentes.

Un faucon cendré, *Falco cineraceus*, Mont., tué dans une grande forêt, à deux lieues de toute habitation, ne nous a pas présenté la moindre trace de fécule, ni dans ses cavités respiratoires, ni dans ses os pneumatiques. On n'y rencontra que quelques rares parcelles de fumée et de silice ; aucun filament de nos tissus n'y fut reconnu. Mais, au contraire, tous les organes aériens étaient remplis par beaucoup de détritus des végétaux au milieu desquels il vivait et par quelques débris d'insectes (2).

Sur un oiseau de nos forêts, sur un pic vert, *Picus viridis*, Linn., je n'ai trouvé dans l'appareil respiratoire qu'une quantité insignifiante de fécule et très-peu de silice et de fumée (3). Une spatule tuée sur les bords de la Seine ; une buse abattue dans une forêt à deux lieues de toute habitation, et deux hérons communs nous ont offert les mêmes particularités.

(1) Les poumons d'une souris m'ont aussi présenté de la fécule, de la silice et de la fumée, mais en beaucoup moindre quantité et en plus petits fragments que chez les oiseaux.

(2) On y a observé des fragments d'épiderme de végétaux divers, du tissu cellulaire, de la chlorophylle et des parcelles de peau de chenille.

(3) En vingt-cinq observations, je n'en ai compté que huit grains, et tous ceux-ci étaient même de petite dimension.

Au contraire, sur des grenouilles recueillies dans les bassins du Jardin des plantes de Rouen, qui est situé dans le voisinage d'un grand nombre de fabriques et dans un quartier populeux, les poumons nous ont toujours offert une quantité notable de fécule et de parcelles de fumée de charbon de terre et de bois, puis beaucoup de fragments de silice et de débris de végétaux (1). On y remarquait, en outre, une extrême abondance de filaments de coton, simples ou ouvrés, provenant évidemment des usines du voisinage. Les organes respiratoires de ces reptiles contenaient aussi des navicules, des diatomes, des plumules de papillons, des tiges de mucédinées et des fragments de conferves.

Si actuellement nous explorons les voies respiratoires de quelques animaux qui, quoique vivant en liberté, fréquentent constamment nos demeures, nous y retrouverons d'évidents vestiges de leur double existence sauvage et semi-domestique.

Sur un choucas, *Corvus monedula*, Lin., nous avons parfaitement reconnu ce que nous avançons. Son appareil respiratoire nous offrit une très-notable abondance de fécule de blé, et une énorme quantité de parcelles de fumée, ce qui s'explique par le séjour presque continu de cet oiseau sur les toits des maisons de nos villes. On trouva aussi dans ses sacs aériens beaucoup de filaments de coton et de débris de plantes (2).

(1) Les fragments de silice se faisaient souvent remarquer par leur volume; nous en avons trouvé qui avaient jusqu'à 0m,1400 de long. Nous y avons aussi rencontré un fragment de verre de 0m,200 de diamètre.

(2) *Voici l'inventaire précis de ce que l'on rencontra sur ce choucas, qui fut tué, ce qui est utile à mentionner, aux environs d'Elbeuf.* Cavités respiratoires : fécule de blé de toutes les dimensions, énormément de parcelles de fumée brunes et noires; beaucoup de filaments de coton; des brins de laine de couleur noire ou rouge brun ; divers fragments de fibres végétales; des vaisseaux ponctués; de l'épiderme de diverses plantes; beaucoup de cellules végétales; de la chlorophylle; plusieurs cellules épithé-

Dans toutes nos observations, que sans exagération l'on pourrait compter par centaines, nous n'avons jamais rencontré ni une seule spore, ni un seul œuf de Microzoaire, ni aucun animalcule enkysté. Or, si dans toutes ces recherches minutieuses, nous sommes parvenu à retrouver la fécule partout où il en existait, est-il possible que les spores et les œufs atmosphériques nous aient seuls échappé, à nous naturaliste qui les connaissons assez bien?

Les œufs de certaines paramécies ayant jusqu'à $0^{mm},0420$ de diamètre, et par conséquent dépassant considérablement le volume de la fécule de blé, dont le diamètre ne s'élève guère qu'à $0^{mm},0336$, si ces œufs existaient réellement dans l'atmosphère en quantité suffisante pour expliquer ces générations d'infusoires dont l'apparition subite nous frappe d'étonnement, nous les eussions immédiatement découverts, et bien plus facilement même que les granules d'amidon, car ils devraient s'y rencontrer en bien plus immense nombre. Dans l'état actuel de la science, il n'y a qu'une réponse possible à ma négation; c'est de faire voir ces œufs; et c'est ce que les panspermistes ne font jamais.

Ainsi donc, bien que l'air contienne partout, dans ses espaces, l'élément vivifiant de cette immense fécondité qui nous stupéfie; soit qu'on le scrute par la simple observation, soit en recueillant ses corpuscules à l'aide de l'eau, de la neige, ou de l'aéroscope, on reconnaît, au contraire, que les corpuscules qui y flottent ne se disséminent pas normalement à de grandes distances, quand l'air est calme. Abondants dans nos villes et à la surface du sol, partout où il y a du mouvement et un air agité, ils deviennent, au contraire, d'une

liales; des grains de silice en quantité assez notable. Les humérus contenaient de la fécule de toutes les dimensions, de trois à cinq grains à chaque observation; des filaments de coton, des corpuscules de fumée, du tissu cellulaire végétal, de la chlorophylle, un fragment d'épiderme végétal avec des stomates; des parcelles de silice.

rareté extrême au milieu de la mer et sur les montagnes. Et, en étudiant les organes respiratoires des animaux, nous avons vu que les corpuscules aériens dont ils étaient bourrés, traduisaient scrupuleusement leur habitat. L'oiseau de nos villes avait ses organes respiratoires et même ses os remplis de corps absolument différents de ceux qu'on trouve sur celui des forêts. La dissémination de ces corpuscules est si restreinte, que nous avons même vu les animaux qui vivent au milieu d'une opulente civilisation en offrir tous les vestiges, tandis qu'ils manquaient, à quelques pas de là, sur ceux qui habitaient d'humbles demeures.

Plus heureux que moi, Hermann Hoffmann dit, il est vrai, qu'il a rencontré à la surface des groseilles à maquereau, des vésicules analogues à la levûre, et des spores de *Cladosporium* et de *Stemphylium* (1).

Il est impossible de nier un tel fait, mais pour qu'il ait la moindre valeur relativement à la question en litige, au lieu de ces vagues notions il fallait citer des chiffres.

Nous ne récusons nullement la dissémination des graines, si ingénieusement exposée par les botanistes; mais il s'agit ici de savoir si son importance peut expliquer la fécondité des Microphytes. Telle est la question, et Herm. Hoffmann ne paraît pas, jusqu'alors, l'avoir résolue. En effet, pour expliquer les fermentations que nos industries produisent partout sur une si vaste échelle, il ne s'agit pas de trouver quelques grains épars de levûre sur des groseilles, il en faudrait encombrer l'atmosphère.

M. Faivre a même prétendu que M. Pasteur avait démontré qu'il y a dans l'air des corps organisés en suffisante abondance pour expliquer les phénomènes génésiques que l'on observe dans les expériences. Mais M. Faivre est absolument

(1) Hermann Hoffmann, *Etudes mycologiques sur la fermentation*, insérées dans le *Bulletin de la Société botanique de France*. 1860, t. 7, p. 180.

dans l'erreur (1). Si ce chimiste eût réellement démontré un tel fait, il n'y aurait plus de réplique possible, et la cause de l'homogénie serait immédiatement gagnée. C'est, au contraire, tout justement ce point-là qu'il n'a jamais pu directement démontrer, malgré toutes nos instances; et l'absence de cette démonstration préalable, pour tout physiologiste sérieux, frappe de nullité la plupart de ses expériences. C'est M. Pasteur, lui-même, qui se charge d'ébranler ces éphémères théories, qu'il amène un jour et que le lendemain il renverse; comme s'il cherchait moins à construire un monument scientifique durable, qu'à jeter à la foule quelque hypothèse qui l'étonne par son audace et sa nouveauté (2). Ainsi, dans l'un de ses derniers mémoires, il dit lui-même que des personnes *très-autorisées* n'ont jamais pu rencontrer parmi les corpuscules atmosphériques ces œufs et ces semences qu'il prétend, lui, y découvrir (3).

En terminant ce chapitre et en le résumant, nous pouvons dire qu'en France et à l'étranger, les divers savants qui se sont occupés de la micrographie de l'air, ont émis, sur celle-ci, des vues parfaitement en harmonie avec les nôtres;

(1) En émettant cette opinion, M. Faivre démontre qu'il n'a jamais étudié ce sujet; car sans cela il se serait convaincu que, dans les expériences sur l'hétérogénie, il faut autant d'œufs qu'on voit de Microzoaires ciliés apparaître au bout de quatre à cinq jours; parce que durant cet espace de temps il ne s'est produit aucune scissiparité, aucun bourgeonnement, et encore moins des reproductions sexuelles.

(2) J'ai pesé chacune des assertions de cet écrit, je pourrais citer une foule de ces contradictions; bornons-nous à l'une de celles qui frapperont le plus les lecteurs. En 1862, M. Pasteur a soutenu que l'oxygène tuait les vibrions..... C'était un étonnant paradoxe. — Mais en 1863, tout au contraire, il est indispensable à leur existence et ils en absorbent considérablement. *Comptes rendus*, t. LII, p. 1260, et t. LVI, p. 734.

(3) Pasteur, *Mémoire sur les corpuscules qui existent dans l'atmosphère*, *Ann. sc. natur.*, *Zoologie*, 1861, p. 24. On regrette que ce savant n'ait pas cité les noms de ces personnes *très-autorisées*, cela aurait pu contribuer à fixer l'opinion.

et parmi eux on remarque plusieurs des hommes les plus considérables de notre époque. Aux vagues assertions des panspermistes, nous pouvons opposer tout l'ascendant de l'autorité. Ehrenberg, dont l'opinion est si magistrale en semblable matière, Burdach, de Baer et Hensche, ont échoué comme nous en cherchant des œufs et des spores dans l'atmosphère (1). Deux des plus célèbres physiologistes de l'Allemagne, R. Wagner et R. Leuckart, assurent également qu'il n'y en existe point.

Cette extrême pénurie de corps reproducteurs flottants dans l'atmosphère a aussi été constatée dans d'ingénieuses observations exécutées à Toulouse par MM. Joly et Musset, et à Bordeaux, par M. Baudrimont. « Je me hâte de dire, « s'écrie ce dernier, que jusqu'à ce jour je n'ai point rencon- « tré dans l'air que nous respirons, tous ces êtres fantasti- « ques, tous ces monstres dont l'imagination de l'homme « s'est plu à le peupler (3). »

Tout récemment encore, Jeff. Wyman, de Cambridge, vient de confirmer tout ce que nous avons avancé sur la composition de l'air atmosphérique. Ce professeur, ayant recueilli de la poussière sur des glaces enduites de glycérine, a reconnu que celle-ci était formée d'une abondance de débris de tissus d'animaux et de végétaux parmi lesquels on ne rencontrait que fort rarement des spores de Mucédinées, et encore plus rarement des corps analogues à des œufs. Ce savant ajoute que parmi ces corpuscules il a reconnu de l'amidon, dont nous avons le premier signalé la présence (4).

(1) Comp. Burdach, *Traité de physiologie*. Paris, 1837, t. I, p. 25. — Ehrenberg, *De la répartition géographique des infusoires sur le globe*.

(2) R. Wagner et R. Leuckart, *Cyclopedia of Anatomy and Physiology*. *Art. Semen*. p. 499.

(3) Joly et Musset, *Études microscopiques de l'air. Comptes rendus*. 1860, t. L, p. 647. — Baudrimont, *Comptes rendus de l'Académie des sciences*, 1855, octobre.

(4) Jeffries Wyman, *Experiments on the Formation of Infusoria in Boiled*

A tous ces faits, nous pouvons encore ajouter qu'en étudiant la rosée des Maremmes de la Toscane, M. Bechi n'a reconnu dans celle-ci aucune trace de corps reproducteurs d'animaux ou de plantes (1).

Enfin, à toutes ces citations, nous pouvons ajouter que Schaaffhausen, professeur à l'université de Bonn, vient de publier un mémoire dans lequel il récuse aussi l'existence des œufs ou des spores atmosphériques (2).

Ainsi donc, chaque savant qui, au lieu de discourir vaguement sur les germes et la panspermie, se donne la peine d'étudier attentivement l'air, confirme tout ce que nous avons avancé : partout l'absence ou l'extrême pénurie d'œufs et de spores dans l'atmosphère ; partout, quand il en existe, la possibilité de les recueillir.

L'aéroscopie, à laquelle je pense avoir le premier donné une large impulsion, est assurément appelée à rendre de grands services à l'art médical. On peut déjà le voir par les tentatives heureuses faites par quelques médecins, à l'aide de mes procédés, pour découvrir dans l'air la cause de certaines épidémies.

Ainsi, le docteur Eiselt de Prague en employant mon aéroscope, a découvert dans l'air de son hôpital, des parcelles de pus d'une ophthalmie épidémique contagieuse, qui y sévisssait violemment (3).

Encouragés par ce succès, quelques médecins étudient en ce moment l'air des marécages pour y découvrir le secret des

Solutions of Organic Matter, enclosed in hermetically Sealed Vessels, and supplied with Pure Air. 1862.

(1) *Recherches sur l'air des Maremmes de la Toscane. Comptes rendus de l'Académie.* 1861, t. LII, p. 853.

(2) *Recherches sur la génération spontanée*, *Cosmos*, 1863, p. 630. Le professeur de la célèbre Université dit que « les infusoires ont été dérivés, « erronément, d'œufs suspendus dans l'air. On chercherait en vain dans « les vases ouverts ces œufs tombés du milieu atmosphérique. » P. 632.

(3) Eiselt, *Cosmos*, 1861, avril.

fièvres paludéennes. Il n'y a pas de doute qu'ils réussiront, comme M. Eiselt. Seulement la condition expresse est de briser absolument avec les procédés chimiques qui commencent par altérer ou détruire ce que l'on cherche à trouver (1).

Les miasmes doivent être rangés au nombre des produits de la décomposition des animaux et des plantes ; et c'est avec beaucoup de raison que Gerhardt dit : « Qu'un miasme « n'est autre chose qu'une matière organique putride, un « véritable ferment en suspension dans l'air, et qui s'in- « troduit dans le sang par les voies pulmonaires. Le sang, « ajoute-t-il, une fois altéré par les miasmes, devient fer- « ment à son tour. »

Thénard et Dupuytren avaient déjà reconnu que les gaz que dégagent les marais, en passant à travers de l'eau, déposaient dans celle-ci une matière putrescible. Moscati, en condensant l'air des rizières au moyen de globes de verre suspendus au-dessus du sol, a observé que le liquide qu'il en retirait contenait une substance muqueuse d'une odeur cadavérique, absolument analogue à celle qu'exhale l'air condensé des hôpitaux (2).

Rigaud de l'Isle a fait des expériences analogues dans les marais Pontins. En condensant les vapeurs qui s'exhalent de ceux-ci, il s'est procuré de l'eau dans laquelle Vauquelin a reconnu qu'il existait une matière animale (3).

(1) Je ne crains pas de prédire que, dans un avenir assez prochain, la micrographie est appelée à jeter de vives lumières sur l'étiologie de quelques-unes de nos plus funestes maladies épidémiques ou endémiques. Nous avons vu plus haut les organes respiratoires des pigeons être bourrés de débris de leurs propres excréments. En faut-il plus pour supposer que le typhus qui apparaît dans toutes les grandes agglomérations d'hommes, peut également avoir pour cause la viciation de l'air par toutes les sortes de détritus dont ceux-ci se trouvent alors environnés et qu'ils absorbent si amplement par la respiration?

(2) Michel Lévy, *Traité d'hygiène publique et privée*. Paris, 1859, t. I, p. 468.

(3) Mais, contrairement à cela, Jules-César Gattoni, à l'aide d'expériences

Cependant, ce ne furent que les expériences de M. Boussingault qui commencèrent à donner une tournure un peu plus précise à la question. En opérant sur de l'air enlevé à la surface de quelques marécages d'Amérique, ce chimiste a démontré qu'il y existait une certaine quantité de matières organiques en suspension (1).

Mais si les recherches de ces savants n'ont encore abouti qu'à des résultats si imparfaits, et si la cause de l'infection paludéenne est encore enveloppée d'une lumière diffuse, cela tient à ce que tous, ne voyant dans leurs recherches qu'une question chimique, ont *instrumenté l'air* au lieu de l'observer : au lieu de s'appliquer à distinguer les corpuscules organiques qui y abondent, ils n'ont fait que statuer sur les proportions des gaz qu'il contient.

Le premier, M. Baudrimont abandonna cette méthode défectueuse en nous enseignant la route qui pouvait seule mener à d'utiles conquêtes. Il eut l'idée de faire barboter des masses d'air dans de petites quantités d'eau et ensuite d'examiner celle-ci au microscope. Et dans ses observations il ne signale ni aucun œuf, ni aucune semence (2). Quelques années plus tard, M. Gigot s'occupa aussi de l'analyse physique de l'air en suivant un procédé analogue pour le

eudiométriques, prétend avoir reconnu que l'air pestilentiel des marais du fort de *Fuentès* était tout aussi pur que celui qu'on recueillait sur les sommets neigeux d'une montagne voisine, le mont Legnone, à 1,440 toises (2796^{m},73) au-dessus de l'Océan. Comp. M. Lévy. T. I, p. 469. — M. Julia a aussi considéré l'air des marais comme étant d'une absolue pureté. Et ce qui doit paraître encore plus extraordinaire, c'est que ce savant, dont les travaux ont été couronnés par l'Académie de Lyon, va jusqu'à prétendre que l'atmosphère des égouts, des latrines et des étables est tout aussi pure que celui des montagnes. Hâtons-nous de dire que nous ne pouvons admettre de telles conclusions.

(1) Michel Lévy, *Traité d'hygiène publique et privée*. Paris, 1857, t. I, p. 469.

(2) Baudrimont, *Observation des êtres microscopiques de l'atmosphère terrestre. Comptes rendus*, 1855, t. XLI, p. 542.

fond à celui dont nous venons de parler, mais qui en diffère par un détail. A l'aide d'un aspirateur, ce médecin faisait passer de l'air des marécages à travers de l'acide sulfurique et rencontrait dans celui-ci une foule de débris organiques (1).

L'emploi rationnel des moyens que nous avons indiqués dans ce chapitre pourra faire espérer de meilleurs résultats.

En effet, soit en coerçant les corpuscules de l'air à l'aide de l'eau, soit en les rassemblant à l'aide de l'aéroscope, soit enfin en observant la neige et les organes respiratoires des animaux, le micrographe exercé peut arriver à discerner physiquement jusqu'aux moindres corps qui flottent dans l'atmosphère.

Lorsque nous demandons aux chimistes de substituer les faits palpables aux nébulosités de l'inconnu, des œufs visibles à leurs germes métaphysiques, nous ne demandons qu'une chose fort facile à démontrer si elle existe; car ces œufs, avec nos instruments perfectionnés, peuvent apparaître du volume d'un grain de chènevis ou d'un pois (2). Et s'ils ne peuvent montrer de si apparentes choses, et qui doivent tant abonder dans l'atmosphère, la cause de la panspermie est absolument perdue, et toutes les insignifiantes expé-

(1) Gigot, *Recherches expérimentales sur la nature des émanations marécageuses*. Paris, 1859.

(2) En effet, qu'on me permette à ce sujet une comparaison triviale, mais décisive cependant. Que penserait-on d'un savant qui viendrait dire que l'atmosphère est partout encombrée d'une infinité de graines de pavot, de chènevis ou de lentilles, et qui, cependant, ne pourrait jamais en mettre une seule sous les yeux de personne? On lui tournerait le dos et en souriant.....

Eh bien! le cas est absolument le même. Les spores et les œufs, des organismes qui nous occupent, ont des diamètres qui varient de $0^{m},0060$ à $0^{m},0400$; aussi nos microscopes nous les font-ils apercevoir du diamètre des graines que je viens de citer; c'est même une observation grossière. Alors, quiconque dira à un micrographe exercé qu'il y en a dans l'atmosphère, sans pouvoir les lui montrer, se fera également tourner le dos.

riences *in vitro* entreprises pour la sauver, seront un jour l'objet de la plus inexorable critique (1).

Ainsi, en nous résumant encore dans les dernières lignes de ce chapitre, nous pouvons dire que la question de la micrographie est nettement posée et nettement circonscrite. A notre point de vue, elle a pour elle l'ascendant de l'observation et l'ascendant de l'autorité.

A l'égard de l'observation, les panspermistes, obsédés de tous côtés, n'ont encore jamais pu montrer un seul fait. Ils ne nous offrent que de vagues hypothèses qui révoltent la raison.

A l'égard de l'autorité, nous pensons que dans une question de cette nature un chimiste ne peut avoir raison contre douze naturalistes ou physiologistes qui le condamnent ou le combattent.

En effet, qui pourrait hésiter entre M. Pasteur seul, voulant nous reporter aux hypothèses surannées de Bonnet et de Spallanzani; et Ehrenberg, Burdach, de Baer, Hensche, R. Wagner, R. Leuckart, Musset, Baudrimont, Bechi, Wyman et Schaaffhausen ne voyant rien de tous ces œufs et de ces semences dont l'imagination féconde du premier remplit l'atmosphère que nous respirons (2)?

(1) Pour démontrer combien ce que nous demandons est facile et possible, voici les diamètres des œufs de quelques-uns des infusoires les plus répandus. Ils sont pris dans l'œuvre de M. Balbiani et ne peuvent être suspects; seulement, selon nous, plusieurs ont assurément un volume plus considérable que celui indiqué par ce micrographe. — *Chilodon cucullus*, 0^{m},0200. — *Paramecium aurelia*, 0^{m},0180. — *Paramecium bursaria*, 0^{m},0140. — *Stylonychia mytilus*, 0^{m},0180. — *Trachelius ovum*, 0^{m},120. — *Loxodes rostrum*, 0^{m},0150. Etc., etc.

(2) Le chimiste que nous combattons, profond dans sa science, est peut-être peu apte à trancher les questions délicates de la nôtre, qu'il a entrepris cependant de débrouiller. Les lignes qui suivent, qui sont de lui, suffisent pour justifier mon assertion. « Quant à affirmer que ceci est une spore et que cela est un œuf et l'œuf de tel Microzoaire, je crois que cela n'est pas possible. » Pasteur, *Op. cit.*, p. 26.

Récemment aussi, l'un des plus illustres professeurs de notre époque, Joly, a attaqué, avec une inflexible logique, toutes les théories erronées de M. Pasteur, relativement à la dispersion des organismes dans l'atmosphère, et il les a successivement renversées une à une (1).

Après cet exposé, si quelqu'un pouvait encore hésiter, vraiment il faudrait à tout jamais désespérer du progrès des sciences.

(1) Joly, *Examen critique du mémoire de M. Pasteur, relatif aux générations spontanées*. Toulouse, 1863.

CHAPITRE V.

DÉNÉGATION DES ENSEMENCEMENTS.

Les expériences d'Ingenhousz et celles de Mantegazza, Joly, Musset et Wyman protestent contre la théorie des ensemencements, dont M. Pasteur a été le promoteur. Et en effet, si cette théorie était fondée, toutes les ressources de l'intelligence humaine ne pourraient expliquer comment ces divers savants ont pu récolter des organismes dans leurs ballons, eux qui, loin de les ensemencer, n'y laissaient pénétrer que de l'air calciné ou même de l'oxygène! et comment, nous aussi, nous avons pu obtenir de tels résultats dans des expériences semblables (1).

En outre, nous le répétons, nous pouvons affirmer que les expériences directes, entreprises par nous, démontrent également que l'air est vierge d'œufs et de spores, ainsi que le constatent les recherches d'Ehrenberg, de Burdach, de Baer, de Hensche, de R. Wagner, de R. Leuckart et de Bechi (2).

(1) Ingenhousz, *Journal de physique*, 1784. — Mantegazza, *Recherches sur la génération des Infusoires*. Institut Lombard, 1852, t. III. — Joly et Musset, *Nouvelles Expériences sur l'hétérogénie. Comptes rendus*, t. LI, p. 627. — Pouchet, *Genèse des proto-organismes dans l'air calciné. Comptes rendus*, 1860, t. L, p. 1014.

(2) Burdach, *Traité de physiologie*. Paris, 1837, t. I, p. 25. — R. Wagner et R. Leuckart, *Cyclopédie*, art. *Semen*. — Bechi, *Recherches sur l'air des Maremmes de la Toscane. Comptes rendus*, 1861, t. LII, p. 853.

Voici donc douze expérimentateurs qui protestent contre un fait avancé par un seul (1).

Et, pour tout esprit logique, tant que celui-ci n'aura pas d'abord renversé une si formidable opposition, jamais ses expériences ne pourront être considérées comme sérieuses.

Nous pourrions nous borner à ces assertions, contre lesquelles il n'y a pas de dénégation possible; mais nous dirons, en outre, que des expériences directes vont également prouver que les ensemencements n'ont pas la moindre influence sur les phénomènes biologiques qui se manifestent au milieu des fermentations.

D'un autre côté, comme les spores des Microphytes et les œufs de beaucoup de Microzoaires n'appartiennent pas au domaine de la métaphysique, et comme ils sont parfaitement connus et parfaitement visibles, puisque nous les montrons, nous, à qui veut les voir; si réellement M. Pasteur les saisit dans l'atmosphère, comme il le prétend, qu'il les montre aux savants; c'est la seule réponse, et la réponse sans réplique, qu'il puisse faire aux dénégations incessantes que nous reproduisons contre ses expériences.

Cette théorie des ensemencements est de nature à séduire le vulgaire : elle semble lui rendre palpables des phénomènes jusqu'alors insaisissables. Mais le scrutateur sévère, le savant sérieux, à l'instant même s'aperçoit qu'elle est absolument fausse; car dans une foule de cas, les fermentations les plus énergiques se développent sans qu'on les ensemence d'aucun organisme.

L'habile chimiste qui fut le promoteur de cette illusoire théorie, y a été conduit par ce qui se passe dans la fabrication de la bière.

(1) A ce nombre on pourrait encore joindre les *personnes bien autorisées* dont parle M. Pasteur, et dont il n'indique malheureusement pas les noms.

Dans celle-ci, en effet, le fabricant semble en quelque sorte ensemencer la levûre dans ses barriques. De là aussi, dans ses expériences, M. Pasteur a pu croire qu'il ensemençait cette même levûre.

Le brasseur n'ensemence ni une graine, ni un végétal ; il met simplement dans ses cuves le produit putrescible qui enveloppe les spores de levûre, et celui-ci seul devient la cause initiale de la fermentation. La levûre est tellement inutile à la production de la levûre, que celle-ci se produit *parfaitement* sans elle. Ce que nous disons là a lieu tous les jours en grand dans la fabrication du vin et du cidre. Et quand on voit la fermentation de ces boissons engendrer des masses de levûre sans qu'on en mette une seule parcelle dans les cuves, comment est-il possible que des savants aient jamais pu proclamer que la bière s'ensemençait comme on ensemence un champ. La levûre employée par le brasseur ne sert qu'à donner plus d'énergie, plus de force à un phénomène qui, sans elle, se produirait d'une manière moins satisfaisante pour lui. Mais ce n'est nullement cette levûre qui multiplie. Si ce que nous avançons n'était pas vrai, le vin et le cidre, qu'on n'ensemence pas, resteraient absolument stériles.

Ces assertions ne peuvent souffrir la moindre objection, et elles suffiraient seules pour convaincre les plus sévères esprits, si même l'expérience ne venait surabondamment les confirmer à l'égard de la bière elle-même.

En effet, la pratique du brasseur est si peu un ensemencement, que, dans nos expériences, nous voyons, chaque jour, de la levûre s'engendrer dans du moût de bière recueilli sous la cuve bouillante, et renfermé dans des vases dans lesquels on n'a pas mis un seul globule de cette levûre; et celle-ci est bien de la levûre cérévisique. (Expérience 35.)

Dans d'autres expériences, en agitant de la levûre dans

du moût de bière, et en filtrant ensuite celui-ci à travers quatre filtres pour s'assurer que le liquide est absolument dépouillé de toutes ses vésicules cérévisiques, nous n'en voyons pas moins se développer une notable quantité de levûre dans cette bière sortie si limpide et si pure de cette épreuve (expérience 36).

Si tant de preuves accumulées n'avaient déjà renversé l'hypothèse des ensemencements, les faits suivants seraient de nature à porter la conviction dans tous les esprits. Nous avons vu d'énergiques fermentations se manifester, et des masses de levûre se produire, quoique nous n'employassions que du ferment absolument mort, et même désorganisé, et qui, par conséquent, ne pouvait servir de semence ou de mère vivante. En effet, ayant pris de la levûre de bière anglaise et lui ayant fait subir une dessiccation de six mois au soleil, et l'ayant ensuite exposée, pendant six heures, dans une étuve à une température de 100°; cette levûre, réduite à l'état de corne et mise dans du moût de bière, n'en détermina pas moins la formation d'une abondance de levûre cérévisique parfaitement caractérisée, et que l'on distinguait très-facilement de la levûre sèche, celle-ci étant complétement déformée et désorganisée. Sans doute que, dans ce cas, si même on ne s'était assuré qu'elle était profondément désorganisée, et par conséquent morte, personne n'oserait prétendre qu'après une si redoutable épreuve, la levûre ait pu encore conserver quelques vestiges de vitalité et pulluler dans le liquide. Or, dans cette circonstance, c'est donc sous l'influence d'un être mort et absolument mort, que se produisent la fermentation et la levûre qui en est le résultat; là il ne peut donc y avoir d'ensemencement (expérience 37).

Pour qu'une expérience d'ensemencement ait quelque valeur, il faudrait constater que l'espèce que l'on obtient est identique avec celle qui a été ensemencée. C'est ce que

M. Pasteur n'a jamais fait. Il a ensemencé l'invisible, et n'a récolté que ce qui devait surgir spontanément.

Moi, en ensemençant des espèces bien déterminées, j'en ai récolté d'autres. Le *Collarium melanospermum* m'a donné le *Penicillium glaucum*, qui en diffère tant. Le *Mucor pygmaeus* ensemencé a produit le *Penicillium glaucum* et une autre espèce qui m'est inconnue.

M. Pasteur prétend que, si on ne sème pas de levûre dans le moût de bière, jamais on n'obtient un seul globule de levûre alcoolique, et qu'il ne se produit que des infusoires et de la levûre lactique.

Ce savant commet à cet égard deux erreurs capitales : l'une comme physiologiste, et l'autre comme micrographe.

En effet, relativement au phénomène biologique, que ce soit une levûre ou une autre qui se produise, c'est absolument la même chose par rapport à la question qui nous occupe; car c'est un organisme génériquement identique qui s'engendre, sans ce prétendu ensemencement, duquel on professe qu'il doit constamment tirer son origine.

Il y a aussi là une grave erreur de micrographie. Dans cette circonstance il se forme évidemment et très-ostensiblement de la levûre cérévisique. C'est incontestable. En prenant du moût de bière dans des brasseries anglaises et le renfermant dans des flacons bien bouchés, j'ai reconnu qu'il s'y développait, souvent dans un espace de temps assez court, de la levûre de bière abondante et parfaitement caractérisée (expérience 35).

Ainsi, partout succombe cette prétendue théorie des ensemencements.

Si les observations tirées de la pratique en grand de la fabrication du cidre et du vin, si les expériences que nous avons citées sur la bière, ne détruisaient pas de fond en comble les ensemencements, l'expérience qui suit, exécutée sur des Infusoires, suffirait seule pour démontrer qu'ils ne sont qu'une pure fiction.

Expérience. — Je prends une décoction susceptible de donner des millions de Paramécies au bout de cinq à six jours; et, comme pendant ce temps on n'observe pas de scissiparité, pas de ponte, il faut, par conséquent, d'après l'hypothèse des panspermistes, que chacun de ces Microzoaires provienne d'un œuf aérien. Le liquide est confiné dans un décimètre cube d'air. Pour l'intelligence de l'expérience, disons que ce liquide présente seulement 1,000,000 de Paramécies.

Au moment où je commence cette expérience, je fais passer à travers un globule de coton un décimètre cube du même air. Il est évident que, si les ensemencements de M. Pasteur sont un fait, je devrai rencontrer dans ce globule de coton environ 1,000,000 d'œufs de Paramécies; et cependant l'observation microscopique n'en fait pas découvrir un seul.

Je fais plus, je continue encore l'expérience. Puis, après avoir fait traverser ce globule de coton par cent décimètres cubes d'air, qui devaient le remplir de cent millions d'œufs, je l'examine de nouveau au microscope, et je n'en rencontre pas plus que précédemment (1).

(1) A toutes ces expériences, où une inexplicable multitude d'animaux envahit les macérations au bout de quatre à cinq jours, les physiologistes, qui dissertent d'après les livres, prétendent que cette extraordinaire population dérive d'une génération d'une extrême activité, de la scissiparité, de la gemmation ou de la génération alternante.

Il n'y a pas une seule de ces assertions d'exacte et même de possible: selon M. Balbiani, le seul accouplement serait plus long que la macération n'est de temps à se peupler; la scissiparité ne se produit nullement dans ce cas, et il n'y a non plus là ni gemmation ni de merveilleuses générations alternantes. Pour le zoologiste, il faut évidemment autant d'œufs dans cette expérience qu'il y a d'animalcules dans la liqueur. Il ne peut y avoir de doute. Et c'est aux adversaires de l'hétérogénie à nous les montrer.

Peut-on donner une preuve plus saisissante de l'absence des prétendus œufs *ensemenceurs* de l'air.

Exécutée dans les conditions où il se produit des moisissures, l'expérience a le même résultat : on ne discerne pas une seule spore dans le coton (expérience 38).

Dans mes expériences, les ensemencements n'ont jamais déterminé l'apparition de plus d'organismes dans les corps fermentescibles qu'il n'en apparaît quand on ne les ensemence pas.

Ce qui prouve même que l'apparition des organismes est absolument indépendante des ensemencements, c'est que fréquemment nous avons vu les corps les plus disparates, et même les corps inertes ou ceux qu'on avait exposés à une chaleur capable d'anéantir absolument toute vitalité dans les spores, à 150°, n'en pas moins donner lieu à une végétation cryptogamique tout aussi abondante, et même parfois plus abondante que celle qui apparaissait à la surface du milieu ensemencé de prétendues spores aériennes (1).

Deux causes ont induit en erreur le promoteur de la théorie des ensemencements : c'est qu'il a expérimenté sans s'astreindre au contrôle d'aucun critérium parallèle, et qu'il a, sans doute, porté une conclusion prématurée.

En effet, nous devons dire que, dans quelques cas, si l'ensemencement est fait avec des substances organiques, celles-ci, agissant comme engrais fertilisateur, activent l'évolution des spores spontanées, mais sans en apporter une seule. Ceci se trouve manifestement démontré par l'examen des critériums non ensemencés ; car on reconnaît que la végétation qu'ils offrent devient tout aussi abondante que celle qu'on observe prématurément dans les vases qu'on suppose ensemencés de spores aériennes ; seulement elle n'apparaît qu'un ou deux jours plus tard (expérience 39).

(1) Pouchet, *Comptes rendus de l'Académie des sciences*. 1860, t. LI.

Les expériences exécutées dans des ballons hermétiquement fermés à la lampe, dont on a tant parlé dans ces derniers temps, doivent être absolument abandonnées, lorsqu'il s'agit d'élucider la question de l'hétérogénie. Employés comme l'ont fait jusqu'à ce jour les chimistes, *ces ballons donnent le plus superbe démenti possible à la thèse qu'ils soutiennent*, et chacune de leurs expériences démontre jusqu'à l'évidence l'inanité de la panspermie.

Si la panspermie existait, et si M. Pasteur, avec des globules d'amiante, introduisait ses prétendus œufs atmosphériques dans des ballons, on y rencontrerait de tous les genres d'Infusoires, car sans doute le col du matras ne trie pas les espèces; et, jusqu'à ce moment, malgré toutes mes instances, on n'a pu y signaler aucun Microzoaire cilié (1).

Il est même évident que ces ballons hermétiquement fermés paralysent le développement de ces Microzoaires, même dans les circonstances les plus favorables à leur apparition. (2) (expérience A).

Une expérience fort simple démontre l'exactitude de mes assertions. Si vous partagez une macération de foin en deux parties; que l'une soit confinée dans un ballon fermé à la

(1) Le savant que je combats, embarrassé par cette objection, et elle est capitale, décisive, a répondu que, si je lui donnais des décoctions dans lesquelles il apparaîtrait à l'air des Infusoires en peu de jours, il en obtiendrait aussi dans ses ballons; c'est encore là une de ses assertions erronées, audacieuses, comme il lui en est tant échappé en discutant cette grande question de biologie. Il est des décoctions qui, en un temps assez court, donnent à l'air libre des Infusoires ciliés, et qui jamais n'en produisent à vases clos. Mais ici nous simplifions encore la question, en montrant que de simples macérations enfermées dans les ballons de M. Pasteur, même avec de l'air ordinaire, n'y produisent aucun animalcule cilié. J'espère que cette fois l'habile chimiste se tirera difficilement de l'objection (exp. A).

(2) J'attribue cet effet, soit à la pression, ou trop diminuée, ou trop considérable, qu'éprouve le liquide; soit au défaut absolu d'évaporation, soit, enfin et surtout, à la vapeur d'eau condensée qui retombe et se répand incessamment à la surface de la macération du ballon et entrave la formation de la membrane proligère

lampe, et l'autre isolée sous une cloche dans la même quantité d'air, vous ne verrez aucun Microzoaire cilié apparaître dans le ballon, tandis qu'il en existera d'abondantes légions sous la cloche.

Cette expérience vient, une fois de plus, démontrer l'insignifiance absolue des expériences à vaisseaux clos. Dans cette circonstance, comme on avait laissé *entrer librement l'air* extérieur, si celui-ci apportait les œufs des Infusoires, on aurait dû trouver dans le ballon les mêmes animaux que dans le critérium exposé sous la cloche, car il y avait là les mêmes éléments de fécondité. Si on ne les y a pas trouvés, c'est que le liquide, sous l'influence de la stricte réclusion, devient défavorable ou même impropre à la vie. Variée diversement, cette expérience nous a toujours donné le même résultat (expériences 40, 41).

On pourrait arguer, dans ce cas, que l'air confiné des ballons devient impropre à la vie des grands Microzoaires, parce que l'oxygène en est absorbé par la génération de Vibrions qui les précède. Mais cette objection n'a nulle valeur, car, si on analyse l'air de ces ballons, cinq ou six jours après que l'expérience a été commencée, on y trouve beaucoup plus d'oxygène qu'il n'en faut pour l'entretien de la vie des Microzoaires ciliés, eux, qui, comme nous l'avons dit, supportent même si facilement l'épreuve du vide (1).

Enfin, une expérience, aussi simple qu'elle est fondamentale et qu'elle a été des millions de fois constatée par la pratique, vient démontrer toute l'inanité des ensemencements, et prouver une fois de plus que l'air agit en raison directe de sa masse et non par les introuvables œufs dont on prétend le surcharger.

Toutes les fois que, dans un ballon d'un quart de litre de

(1) Pouchet, *Hétérogénie*, p. 177. On peut même ajouter à ce que nous venons de dire, que, si c'était cette cause, les Microzoaires ciliés auraient dû manquer également sous la cloche, ce qui n'était pas.

capacité, vous introduisez certains liquides altérables, avec seulement deux ou trois centimètres cubes d'air ordinaire; si vous bouchez hermétiquement ce ballon à la lampe, ce liquide y reste sans jamais subir de fermentation.

Donc ce n'est pas l'air qui apporte ces prétendus germes considérés à tort comme la cause des fermentations.

On pourrait objecter, en s'appuyant sur la nouvelle hypothèse de la panspermie limitée, que l'expérience a pu se faire dans une veine d'air inféconde! Mais, répétez cette expérience cent fois, mille fois, dans les lieux les plus divers, et vous obtiendrez constamment le même résultat (1).

Il est reconnu que l'énergie de la fermentation est en raison directe du volume d'air mis en contact avec le corps fermentescible.

Si ce volume descend à une proportion trop restreinte, la fermentation est ordinairement incomplète ou absolument impossible. Les produits avortent ou restent stagnants, après avoir subi une première phase d'évolution.

Voici pourquoi les chimistes, qui ont eu le tort de prétendre que l'air introduisait les œufs et les spores dans leurs appareils, n'y voient jamais apparaître des organismes d'un ordre élevé.

MM. Chevreul et Pasteur ont prétendu qu'en faisant bouillir des liqueurs putrescibles dans des ballons dans les-

(1) L'observation journalière nous démontre, même fréquemment, ce fait dans notre intérieur. Mille bouteilles de vin bien bouchées, dans nos caves, jamais ne s'altèrent, quoiqu'elles contiennent en somme un fort ample volume d'air qui, dans la théorie que nous combattons, ne peut être absolument vierge de spores ou d'œufs. Au contraire, ne remplissez qu'à moitié une seule bouteille, et, en un temps très-court, elle sera constamment envahie par une végétation de Cryptogames.

Si ces Cryptogames provenaient de l'air, et étaient la cause de l'altération du liquide et non son résultat, il est évident que le vin s'en couvrirait tout aussi bien parfois dans les bouteilles où il y a peu d'air, que dans celles où il s'en trouve beaucoup. C'est là une conséquence logique de la panspermie.

quels l'air ne rentrait ensuite que par un chemin tortueux, on ne voyait point apparaître d'organisme dans ces matras, la pesanteur empêchant les œufs ou les spores d'y pénétrer.

Ces expériences, dont la simplicité a émerveillé tant de monde, doivent être absolument rayées de la science. Et rationnellement elles n'auraient même pas dû être tentées après que celles de Schwann et de Schultze avaient succombé.

Dans nos mains, ces expériences nous ont toujours donné des organismes végétaux ou animaux (expériences 42, 43). Si M. Pasteur n'a pas obtenu le même résultat que nous, c'est qu'il s'est trop hâté de conclure. Ce n'est quelquefois qu'après six mois qu'on voit des Microphytes apparaître dans ces expériences, parce qu'elles offrent quelques-uns des inconvénients des ballons fermés à la lampe.

Deux savants, MM. Joly et Musset, qui ont fait de si ingénieuses expériences sur l'hétérogénie, ont aussi reconnu que les assertions de M. Pasteur étaient absolument erronées (1).

La fermentation de la colle de farine est assurément l'une de celles dont la fécondité est des plus extraordinaires. Peu d'heures après avoir été abandonnée au contact de l'air, si la température est un peu élevée, elle donne naissance à des productions extrêmement variées; c'est un véritable champ diversicolore. Les végétaux qui pullulent le plus communément à sa surface sont les *Penicillium glaucum*,

(1) J'ajouterai même que ce savant chimiste n'aurait jamais dû les tenter; car, d'après sa théorie de la panspermie accidentelle, il pouvait opérer dans une lacune où l'air se trouvait vierge de spores; et alors, en acceptant son hypothèse, il ne peut y avoir à statuer sur l'obstacle apporté à l'introduction d'un élément qui, en réalité, pouvait ne pas exister dans le lieu où il a opéré? Le professeur Schaaffhausen vient encore de démontrer que le coton lui-même n'entravait pas la production des organismes. *Cosmos.*, 1863, p. 633. Ainsi donc, de tous côtés les expériences de M. Pasteur sont attaquées.

Bull.; *Mucor sphærocephalus*, Bull.; *Mucor pygmæus*, Link.; *Ascophora mucedo*, Rode; *Coremium vulgare*, Link.) et *Collarium nigrispermum*, Link. A cette végétation, qui n'est pas la seule, se joignent encore divers animalcules, des Vibrions, des Monades (*Volvox sphærula*, Mull. — *Vibrio bacillus*, Bory. — *Monas termo*, Mull. — *Vibrio articulatus*, Fr.). L'apparition de ces organismes si variés est si bien spontanée, que, si vous isolez de la colle, vous la voyez tout aussi féconde que celle qui a été exposée longuement au contact de l'air (1) (expérience 44).

Du reste, comme nous l'avons dit, si les expériences d'ensemencement de M. Pasteur avaient la moindre probabilité, toutes les ressources de l'intelligence humaine ne pourraient expliquer la fécondité des ballons d'Ingenhousz, de Mantegazza, de Joly, de Musset, de Jodin et de Wyman, eux qui, comme nous, ne les ensemençaient point, mais, tout au contraire, en fermaient sévèrement l'accès aux prétendus œufs ou aux semences de l'air (2).

Divers savants ont même fait, dans ces derniers temps, des expériences directes qui viennent confirmer tout ce que nous venons de dire sur les ensemencements. MM. Joly et Musset doivent à cet égard être cités en première ligne.

M. Pasteur avait prétendu que c'était le mercure, qui, à l'aide des spores qu'il contient, fécondait les appareils des

(1) J'ai même souvent vu la colle et diverses macérations placées dans l'air confiné, sous des cloches, être beaucoup plus fécondes que les mêmes corps exposés à l'air libre.

(2) Mantegazza, *Recherches sur la génération des Infusoires*. Institut Lombard, 1852, t. III. — Joly et Musset, *Nouvelles expériences sur l'hétérogénie*. *Comptes rendus de l'Académie*, t. LI, p. 628. — Ch. Musset, *Nouvelles recherches expérimentales sur l'hétérogénie ou génération spontanée*. Toulouse, 1862. — V. Jodin, *Développement de Mucédinées dans des dissolutions sursaturées*. *Comptes rendus*, 1861, t. LII, p. 1143. — J. Wyman, *Experiments on the formation of Infusoria in Boiled Solutions of Organic Matter*. Cambridge, 1862.

expérimentateurs. Les deux savants de Toulouse, par une tentative hardie, ont démontré jusqu'à l'évidence que cette assertion était absolument erronée. Ayant lavé du mercure dans de l'eau, ils n'ont nullement reconnu que celle-ci en fût devenue plus féconde (1).

Nous avons déjà fait remarquer que la prétention de M. Pasteur était tout à fait insoutenable, puisque la plupart des savants qui ont expérimenté sur les générations spontanées ont obtenu des animaux ou des plantes sans avoir employé de mercure (2). On s'étonne vraiment que l'on puisse oublier de telles choses.

Dans ses récentes expériences, le docteur J. Wyman vient encore de mettre ce fait hors de doute. En effet, ce physiologiste, dont les appareils sont d'une remarquable simplicité, et par cela même bien plus précis que ceux du professeur de l'École normale, quoique n'employant nullement le mercure, voit des animaux et des plantes remplir des ballons renfermant un liquide fermentescible, qui a subi une ébullition de deux heures à une pression de deux atmosphères, et dont l'air a été calciné en y rentrant à travers des tubes en fer, intimement soudés avec son col et qui avaient été rougis à blanc. Ainsi donc là nous avons une

(1) Joly et Musset, *Études physiologiques sur l'hétérogénie. Comptes rendus* 1862, t. LV, p. 490. — Dans ce mémoire ces expérimentateurs rapportent que de l'eau distillée ayant servi à laver du mercure rempli de poussière est restée inféconde. Et préalablement ils ont eu l'attention de reconnaître que les Infusoires vivaient parfaitement dans cette eau. La théorie de la panspermie est donc attaquée et renversée de tous côtés.

(2) Je n'ai plus employé de mercure dans toutes mes dernières expériences. Et les expérimentateurs, tels que Mantegazza, Joly et Musset, qui en ont fait usage, avaient le soin de le faire chauffer. Aussi a-t-on le droit de s'étonner en voyant M. Pasteur avancer les théories qu'il soutient. Il ne se donne même pas la peine de connaître ce qui s'est fait avant lui; voici d'où proviennent tant d'erreurs que j'éprouve un vif regret d'être obligé de relever.

expérience aussi simple que précise et dans laquelle le mercure ne figure nullement (1).

Est-il possible que l'on ait pu cependant dire que celui-ci seul infectait les appareils des expérimentateurs (2).

Ainsi donc succombe la théorie des ensemencements de

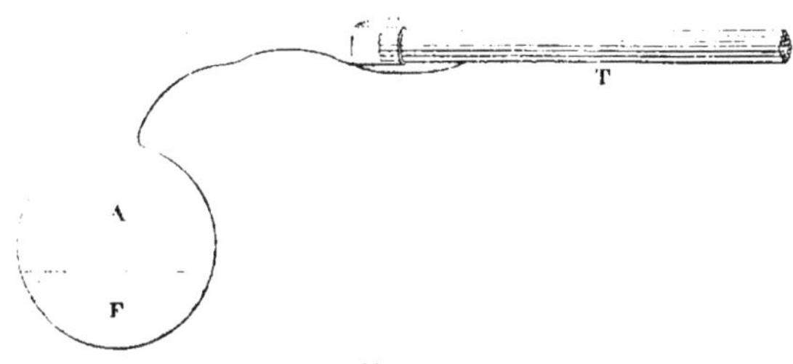

Fig. 9.

M. Pasteur; idée erronée s'il en fut, qui peut séduire quelques observateurs superficiels, mais que n'admettront jamais des naturalistes réfléchis; hypothèse sans fondement, que renversent doublement et l'expérience et la simple observation.

Qui pourrait, en effet, admettre la théorie du chimiste de l'école normale, quand elle se trouve condamnée de fond en comble par les expériences d'Ingenhousz, de Mantegazza, de Joly, de Musset, de Schaaffhausen et de Wyman?

Qui pourrait admettre cette théorie, quand elle se trouve condamnée par les observations d'hommes, tels que Ehrenberg, Burdach, de Baer, Hensche, R. Wagner, R. Leuckart, Baudrimont, Bechi?

(1) J. Wyman, *Experiments on the Formation of Infusoria in Boiled Solutions of Organic Matter, enclosed in Hermetically Sealed Vessels, and Supplied with Pure Air.* 1862. Ce dessin représente l'appareil du professeur Wyman : T tubes en fer, rougis à blanc ; A air calciné ; F liqueur fermentescible ayant bouilli deux heures à deux atmosphères de pression.

(2) Pasteur, *Annales des sciences naturelles*. 1862.

SECONDE PARTIE.

DÉMONSTRATION DE LA GÉNÉRATION SPONTANÉE.

CHAPITRE PREMIER.

DÉMONSTRATION ANATOMIQUE.

La question que nous débattons est absolument du ressort de l'anatomie et de la physiologie ; il s'agit simplement d'un fait d'embryogénie microscopique, facile à débrouiller. Si l'on a, jusqu'à ce jour, éprouvé quelques difficultés à y parvenir, il ne faut s'en prendre qu'aux méthodes perturbatrices qui ont été substituées à la simple observation.

Avec une sévérité de langage qu'il est inutile de rappeler ici, I. Geoffroy Saint-Hilaire disait que la chimie n'avait nullement affaire dans une telle question. Et quand les expériences de ses adeptes, où tout est torturé par la calcination ou l'ébullition, ne se renverseraient pas mutuellement, elles n'auraient pas plus de valeur contre l'embryogénie des Microzoaires qu'elles n'en ont contre l'embryogénie du poulet ; et elles n'ont pas plus de rapport avec l'une qu'avec l'autre. Est-ce que les phénomènes insolites de leurs ballons hermétiquement fermés, quels qu'ils soient, empêchent qu'on ne voie l'ovule se former dans la membrane proligère comme il se forme dans un ovaire? Est-ce qu'ils empêchent le vitellus de gyrer, le cœur de battre dans l'œuf et le petit d'en sortir? Vraiment notre esprit se perd en cherchant quelle portée peuvent avoir ces expériences tourmentées, sur des actes biologiques dont l'évidence crève les yeux.

La genèse spontanée de certains Microzoaires se suit parfaitement à l'aide du microscope; et son évidence est telle, qu'on en voit successivement les éléments anatomiques se grouper : l'œuf et l'embryon se forment sous les yeux de l'observateur. Le professeur Schaaffhausen a dit, depuis nous, et avec beaucoup de raison, qu'on pouvait voir les Infusoires se produire aussi sûrement qu'on voit des cristaux se former dans une solution qui en contient les éléments (1).

Si l'embryogénie des Microzoaires n'avait été observée que par nous, on pourrait croire que nous avons pu nous égarer. Mais les hommes les plus considérables, et les plus patients scrutateurs l'ont déjà étudiée attentivement ou reconnue en principe, avant nous et depuis nous; et notre seul mérite est de l'avoir décrite le premier avec une exactitude plus scrupuleuse que celle qu'on y avait apportée jusqu'à ce jour.

MM. Pineau, Nicolet, Joly, Musset et Schaaffhausen attestent avoir vu ce que nous avons vu nous-même (2).

Et Carus, Treviranus, Tiedemann, Burdach, Bremser, J. Muller, de Humboldt et R. Owen l'admettent comme un fait démontré (3). Les savants qui nient de telles

(1) Schaaffhausen, *Recherches sur la génération spontanée. Cosmos.*, 1863, p. 632.

(2) Pineau, *Recherches sur le développement des Infusoires. An. sc. nat.*, 1845, t. III. — Nicolet, *Arcana naturæ*. T. I, p. 2. — Joly et Musset, *Comptes rendus de l'Académ. des sc.*, 1860, t. L, p. 934. — Schaaffhausen, *Sur l'origine des algues et sur les métamorphoses des Monades. Comptes rendus*, 1862, p. 1046.

(3) Carus, *Traité élémentaire d'anatomie comparée*. Paris, 1835, t. III,

choses sont ceux qui jamais n'ont pris la peine de les vérifier.

A mesure que, par de patientes investigations, les zoologistes parvenaient à découvrir les sexes chez les animaux inférieurs, ou à nous révéler leur mystérieure reproduction, les adversaires peu éclairés de l'hétérogénie considéraient de tels faits comme autant d'arguments favorables à leur thèse. Mais un examen philosophique de la question prouve immédiatement que ceux-ci sont absolument insignifiants pour sa solution. Ne sait-on pas, en effet, qu'à chacune des créations successives du globe, les animaux et les plantes surgissaient de toutes pièces avec les organes destinés à les reproduire normalement dans la succession des siècles? Et, quand il serait parfaitement démontré que c'est par la génération sexuelle que se multiplient *constamment* les Infusoires, ce qui est *fort loin* de l'être, cela n'infirmerait en rien l'apparition possible et spontanée d'une foule de leurs légions, surgissant de la matière inerte, en présentant déjà des appareils reproducteurs, destinés ou non à leur servir; et que le fait invoqué contre l'hétérogénie soit absolument de nulle valeur dans la balance.

Nous avons démontré, le premier, que la pellicule qui apparaît d'abord à la surface des macérations n'était formée que des débris et des cadavres de la génération éphémère des Vibrions et des Monades, qui précède constamment l'apparition des Microzoaires ciliés. C'est à cette pellicule que nous avons donné le nom de *membrane proligère*, à cause de

p. 20. — Treviranus, *Biologie*. Gœttingue, 1802, t. II, p. 267. — Tiedemann, *Physiologie de l'homme*. Paris, 1831, t. I, p. 100. — Burdach, *Traité de physiologie*. Paris, 1837, t. I. — Bremser, *Traité des vers intestinaux*. Paris, 1824. — J. Muller, *Manuel de physiologie*. Paris, 1831, t. I, p. 9. — Dugès, *Traité de physiologie comparée*. Paris, 1839. — Bérard, *Cours de physiologie*. Paris, 1848, t. I. — De Blainville, *Dict. des sc. nat.*, t. XXIII, p. 410. — R. Owen, *Palæontology*. Edinburgh, 1861, p. 441.— A. de Humboldt, *Cosmos. Trad.* Paris, 1855, t. I, p. 421.

sa destination ultérieure; car ce sont ses granules organiques qui deviennent les éléments anatomiques de ces derniers animaux (1).

L'histologie des Microzoaires est donc venue confirmer un fait remarquable, que nous avions déjà signalé dans le développement du vitellus de certains Mollusques : c'est que les premiers linéaments de l'animalité se recrutent à l'aide des débris d'une génération qui vient d'expirer (2).

L'ovule spontané des Microzoaires ciliés se forme absolument dans la membrane proligère, comme l'ovule ovarique dans le *stroma* de l'ovaire.

J'ai décrit avec une précision encore inusitée dans la science, et les diverses sortes de membranes proligères, et la genèse de plusieurs Microzoaires, que j'ai suivie depuis l'instant où ils commencent à poindre dans celles-ci, jusqu'à leur parfait développement et à leur éclosion. Je n'y reviendrai pas ici et me contenterai de renvoyer à mon traité d'*Hétérogénie*, où toutes les phases de l'évolution de diverses espèces ont même été représentées (3).

Nous ne traiterons dans ce livre que de faits plus récemment observés par nous. Ayant ailleurs décrit la genèse dans des membranes proligères à granulations serrées, je vais ici me borner à exposer ce qui se produit dans une pellicule moins dense.

Après avoir laissé pendant une heure macérer vingt grammes d'ivraie, *Lolium temulentum*, L., dans 500 grammes d'eau, on filtra le liquide.

Le lendemain, par une température de 25°, la surface de la macération était envahie par une immense légion de *Monas termo*, Mull.

(1) Pouchet, *Hétérogénie*, p. 355.

(2) Pouchet, *Annales françaises et étrangères d'anatomie et de physiologie*. Paris, 1838, t. II, p. 253.

(3) Pouchet, *Hétérogénie*, 1859, p. 352-368, pl. 2.

Le surlendemain, ces animalcules étaient presque tous morts, et leurs cadavres constituaient une pellicule proligère très-mince, à granulations très-fines et peu serrées.

Le troisième jour commencèrent à apparaître, çà et là, dans cette membrane, quelques ovules spontanés ; et déjà ceux-ci s'y offraient même sous divers degrés de développement.

De place en place, la force plastique, centralisant son action, avait condensé de petits amas de granules d'un jaune verdâtre, qui se distinguaient parfaitement dans la pellicule proligère, et y formaient des groupes de granulations, que, pour l'aspect, on pourrait comparer à celui de certaines *nébuleuses*.

Quelques-unes de ces espèces de *nébuleuses* n'étaient constituées que par un petit nombre de granulations, et offraient des formes encore indécises. D'autres étaient composées d'un plus considérable amas de granules, et déjà on y distinguait la tendance qu'avait l'œuvre à devenir sphéroïdale. Le centre de celles-ci était occupé par les grains les plus gros et les plus tassés ; vers la circonférence ceux-ci étaient et plus fins et moins serrés, ce qui y formait une espèce de large zone pellucide.

Enfin, de place en place, dans la même pellicule, on voyait des ovules d'un développement encore plus avancé. Les uns étaient presque totalement achevés. Déjà ils étaient tout à fait sphériques, et une zone plus claire et de peu d'épaisseur, qui les circonscrivait, annonçait leur délimitation finale et le lieu qu'allait occuper le chorion. Sur d'autres, celui-ci est tout à fait formé ; l'ovule jouit de sa vie indépendante, et déjà on observe que le vitellus est en gyration (1).

(1) Il est essentiel de noter ici que cette gyration régulière du vitellus *précède* évidemment l'apparition du *punctum saliens*. De façon qu'il est impossible de confondre ce phénomène caractéristique de l'être nouveau

Le quatrième jour, presque tous les œufs sont totalement formés. Ils ont de 0mm,0410 à 0mm,0420 de diamètre, et on y voit déjà battre le cœur de l'embryon.

Enfin, le cinquième jour, il en sort des Paramécies d'une longueur de 0mm,0425 à 0mm,0500 (1).

Si ce que je viens de dire sur l'embryogénie des Microzoaires, ainsi que ce que j'en ai rapporté dans mon *Hétérogénie*, n'avait été vu que par moi, on pourrait supposer que quelque illusion a pu me tromper ; mais les mêmes faits ont été parfaitement reconnus ou vérifiés par d'autres sa-

avec les mouvements désordonnés qui accompagnent l'enkystement morbide de quelques Microzoaires, dans ses premiers moments. Mouvements désordonnés, véritable agonie, pendant lesquels la vésicule contractile cesse même de battre, tandis que dans l'œuf, commencement d'une vie nouvelle, les battements de cette vésicule acquièrent de plus en plus d'intensité. Tout est donc différent pour l'observateur attentif.

(1) Le seul phénomène que l'on pourrait confondre avec l'embryogénie des Microzoaires est leur enkystement ; aussi avons-nous dû faire de ce dernier une étude attentive. Ces deux actes ne peuvent être confondus : l'un est le symbole d'une vie qui commence et se développe ; l'autre, d'une existence qui s'éteint et s'anéantit. L'ovule spontané est dépourvu de cils et d'une teinte pâle ; et sa gyration, qui se produit fort régulièrement sous sa coque mince, dure très-longtemps, parfois une journée. Tant qu'elle a lieu, on n'aperçoit pas encore le *punctum saliens*. Mais quand celui-ci, qui n'est que le cœur, manifeste enfin ses battements, tout mouvement gyratoire cesse. Au contraire, dans l'enkystement morbide, la surface de l'animalcule est recouverte de cils ou d'appendices aigus, et ce sont ceux-ci qui lui impriment, pendant quelques minutes seulement, des mouvements irréguliers, que des observateurs attentifs ne confondent jamais avec la gyration. Et pendant cette agitation morbide, la vésicule cardiaque se dilate outre mesure, comme sous l'impression de l'asphyxie, et ne se contracte qu'un fort petit nombre de fois avant qu'arrive la mort définitive. Le Microzoaire enkysté est enveloppé par sa peau qui est considérablement plus épaisse que la coque de l'ovule spontané et souvent colorée. Enfin ce Microzoaire, enveloppé de son armure de cils, n'est pas aussi régulièrement sphérique que l'œuf. Du reste, on peut se convaincre que toute erreur est impossible en comparant nos figures lisses d'œufs spontanés, avec les Microzoaires enkystés hérissés de pointes ou de cils, qu'ont représentés M. Haime, dans son *Mémoire sur la métamorphose des Tricodes*, et M. Balbiani, *Journal de physiologie*, 1861, p. 8, fig. 11.

vants. M. Pineau, avant nous, a décrit et figuré avec une grande exactitude l'évolution des Oxytriques. M. Nicolet, dans de magnifiques travaux, a représenté la genèse spontanée des Amibes. MM. Joly et Musset attestent aussi avoir vu se dérouler sous leurs yeux toutes les phases embryogéniques des Paramécies. Récemment M. Schaaffhausen a annoncé à l'Académie des sciences qu'il avait constaté des phénomènes analogues sur plusieurs autres Microzoaires ; nous-même nous les avons suivis instant par instant. Et lorsque l'embryogénie spontanée des grands Microzoaires a été constatée, phase par phase, par six observateurs, pour des physiologistes sérieux, toutes les expériences chimiques du monde ne saperont jamais une parcelle de ce fait culminant (1).

M. Dumas a même été beaucoup plus loin que nous et les divers savants que je viens de citer. Il a vu des globules mouvants s'accoler deux à deux, quatre à quatre, ou en plus grand nombre, et former sous ses yeux des animaux vivants assez complexes (2).

(1) Pineau, *Recherches sur le développement des animalcules infusoires. An. sc. nat.* 1845. — Nicolet, *Arcana naturæ*, *Mode d'apparition et développement des Amibes*, pl. 2. — Joly et Musset, *Nouvelles Expériences sur l'hétérogénie. Compt. rend.*, t. L, p. 934. — Pouchet, *Hétérogénie*, 1859, p. 368, pl. 2. — Schaaffhausen, *Sur l'origine des algues et les métamorphoses des monades. Compt. rend.*, 1862, t. LIV, p. 1046.

(2) Voici comment s'exprime M. Dumas, en suivant pas à pas la genèse spontanée : « On a vu, dit-il, une matière organique morte, et que tout nous autorise à considérer comme inerte, se transformer en autant de petits êtres vivants qu'elle contenait de globules élémentaires (Monades). On aperçoit bientôt deux de ces globules mouvants s'accolant complétement l'un à l'autre, de manière à produire un être nouveau, plus gros, plus agile et capable de mouvements mieux déterminés que ceux que l'on observe dans les simples globules. Ce composé binaire ne tardera point à attirer à lui un troisième globule, qui viendra se réunir aux précédents et se souder intimement avec eux. Enfin un quatrième, un cinquième et bientôt trente ou quarante se trouveront ainsi accolés et constitueront un animal unique, doué de mouvements puissants, énergiques, et muni d'ap-

Nous avouons que, quoique nous ayons des instruments d'une bien plus grande précision que ceux dont se servait l'illustre chimiste, jamais encore nos yeux n'ont pu jouir d'un aussi merveilleux spectacle !

Nous, nous voyons seulement les ovules se former dans la membrane proligère des macérations, comme ils se forment dans l'ovaire des animaux; mais jamais nous n'avons encore pu apercevoir le groupement des granules organiques donner immédiatement naissance à aucun animal vivant.

L'embryogénie comparée vient elle-même donner une irrévocable autorité à tout ce que nous avançons. En compulsant les figures des zoologistes qui, tels que MM. Nelson. Lacaze-Duthiers, Koren, Danielssen et de Quatrefages, ont représenté l'évolution des animaux inférieurs, et en les comparant avec les nôtres, on reconnaît qu'il y a une similitude frappante entre le développement de l'ovule de ceux-ci dans le stroma de l'ovaire, et le développement de l'ovule des Microzoaires dans la pellicule proligère qui, pour eux, le représente (1).

Le groupement des granules organiques qui forment le

pareils locomoteurs plus ou moins compliqués ; enfin, un être dont l'organisation savamment calculée repousse au premier abord toute idée d'une génération aussi simple que celle dont on vient d'offrir l'histoire. Toutefois, quelques jours d'une observation attentive et patiente suffiront pour convaincre de la réalité des résultats que nous venons d'exposer, et l'on pourra se former une idée juste de la nature des étranges animalcules microscopiques désignés sous le nom d'infusoires. »

« Tel est le phénomène de la génération dans les animaux microscopiques. » *Dict. class. d'Hist. nat.*, t. VII, p. 195.

(1) Nelson, *The Reproduction of the Ascaris Mystax. Phil. Tr.*, 1852, pl. 28, fig. 48, 49, 50, 51. — Lacaze-Duthiers, *Recherches sur les organes génitaux des acéphales. Ann. sc. nat.*, 1854, t. II, p. 7, fig. 6. — Koren et Danielssen, *Développement des pectinibranches. Ann. sc. nat.*, 1853, t. XIX, pl. 19. fig. 2. — De Quatrefages, *Études embryogéniques*, *Ann. sc. nat.*, 1848, t. X, p. 3, fig. 3.

noyau embryonnaire des Microzoaires spontanés, suit absolument les mêmes phases que celui qui précède l'apparition des Zoospores des Algues, si bien représenté par M. Thuret sur quelques espèces de Saprolegnia (1).

Les analogies se révèlent ici de toutes parts, et il est à remarquer que M. Thuret considère, lui-même, ces Zoospores comme ayant les plus grands rapports avec les Microzoaires, surtout avec le *Diselmis viridis*, Duj.

Le groupement des éléments anatomiques de l'ovule des Microzoaires est absolument identique aussi à ce que nous avons observé en étudiant l'embryogénie des Mollusques à son point de départ.

Si tout nous dérobe encore la genèse des plus infimes Microzoaires, il en est cependant quelques-uns que l'on voit apparaître en masse dans la matière, et qui, par leur mode de formation, attestent encore qu'ils n'ont pu provenir que de la spontéparité.

Les Bactériums sont dans ce cas. Quand on suit attentivement ce qui se passe, heure par heure, à la surface d'un liquide en fermentation, tout à coup, à un moment donné, la pellicule presque imperceptible, et sans doute de nature muqueuse, qui s'étend à sa surface, présente de petites lignes pâles, immobiles, de la forme et du diamètre des Bactériums. Ces lignes sont ordinairement rangées côte à côte les unes des autres, comme des soldats en bataille et un peu en désordre. Quelques heures après, ces petites lignes se circonscrivent, s'animent et deviennent autant de Bactériums vivants, à mouvements rectilignes très-rapides. (Voyez la planche.)

Il est évident que si ces animalcules naissaient d'œufs, d'abord ils ne formeraient pas ces amas réguliers dont nous parlons, composés d'individus tassés les uns à côté des

(1) Thuret, *Recherches sur les Zoospermes des algues*, *Ann. sc. nat.*, t. XIV.

autres. Ces œufs écloraient irrégulièrement disséminés dans la liqueur.

On voit aussi se former spontanément les œufs des gros Vibrions ; et comme ces œufs sont plus volumineux que le corps de ces animaux, et qu'ils en précèdent absolument l'apparition dans le liquide, il faut bien qu'ils y naissent spontanément.

Nous verrons plus loin que la levûre, qui n'est pas une algue, quoiqu'on l'ait avancé, mais la spore d'une Mucédinée, se forme spontanément aussi. Nous en suivrons le développement, et nous reconnaîtrons qu'il n'y a pas de subterfuge possible pour en expliquer l'apparition autrement que par l'hétérogénie.

Pour tout botaniste non circonvenu par des idées théoriques préconçues, il est évident aussi que les Entophytes ne peuvent devoir leur origine qu'à la génération spontanée. Sans elle, il devient absolument impossible d'expliquer comment ces parasites, qui se développent d'abord sous l'épiderme des plantes vivantes et ne se font jour au dehors qu'après un certain temps, pourraient provenir de semences qui seraient apportées là par le mouvement vital.

D'illustres botanistes, tels que Fries et Endlicher n'ont pas hésité à professer que les Entophytes ne provenaient point de germes et qu'ils dérivaient du tissu cellulaire devenu morbide (1).

Unger et Martius les considèrent aussi comme dérivant de l'état pathologique de l'organisme végétal.

Pour en expliquer l'apparition autrement que par l'hété-

(1) Fries, qui classe ces plantes parmi les champignons, les décrit ainsi : *Entophyti vegetatio nulla. Sporidia ex anamorphosi telæ cellulosæ plantarum vivarum orta; sub epidermide enata et per hanc erumpentia.* Endlicher est encore plus explicite. Voici ce qu'il dit : *Sporidia varia e parenchymate morboso plantarum vivarum sub epidermide orta, hac rupta erumpentia, et varie sæpè mutata stipata.* Fries, syst. III, p. 501. Endlicher, *Genera plantarum*, p. 16.

rogénie, on trouve d'immenses difficultés; il devient impossible de comprendre rationnellement comment les séminules de ces protophytes peuvent arriver aux organes dans lesquels ils apparaissent. L'épiderme qui recouvre de toutes parts la plante ne pourrait leur donner passage, aucun corps solide, de quelque ténuité qu'on le suppose , ne pouvant le traverser ; et comme le dit M. Fée, qui a fait d'importantes observations sur ce sujet, fussent-elles cent fois plus petites, elles ne pourraient franchir cette membrane. Les stomates ne doivent pas plus leur donner accès, car on sait que certaines Entophytes se développent sur des végétaux qui en sont privés. M. Fée a fait des expériences concluantes qui ne lui permettent pas de douter non plus que les séminules des Entophytes ne peuvent pénétrer dans les végétaux par l'absorption des radicelles (1).

Ainsi donc, il résulte des faits consignés dans ce chapitre, que la genèse spontanée a été anatomiquement démontrée par six savants, et qu'on ne peut confondre avec d'autres ses phénomènes embryogéniques, déjà décrits ou figurés dans les plus grands détails par plusieurs naturalistes.

(1) Fée, *Essai sur les cryptogames des écorces exotiques officinales*, p. 13.

CHAPITRE II.

DÉMONSTRATION BIOLOGIQUE.

Nous avons prouvé, plus haut, que les expériences à vaisseaux hermétiquement clos protestaient en faveur de la génération spontanée ; mais nous avons vu aussi qu'elles exerçaient toujours sur ce phénomène une action défavorable, et même souvent absolument toxique pour certains proto-organismes. Il faut donc chercher d'autres voies, et celles-ci sont faciles à trouver. La démonstration biologique de l'hétérogénie s'obtient par les plus simples expériences à ciel ouvert, pour tout naturaliste qui veut les scruter attentivement ; c'est ce qui nous a fait dire que la génération spontanée était plus facile à démontrer qu'il n'est facile de calculer l'orbe de Jupiter ou de Saturne.

Si la thèse des générations spontanées a subi tant d'oscillations, il ne faut l'attribuer qu'à l'incompétence de beaucoup d'expérimentateurs. Elle rentre évidemment dans le domaine de la physiologie, et exige, pour être dignement interprétée, des connaissances approfondies en zoologie et en botanique. Cependant, tout le monde s'est cru apte à la juger magistralement.

Dans cette question, on a substitué le fait brut à l'interprétation philosophique ; on n'a employé que des bocaux là où il fallait toutes les ressources du savoir ; on a cru avoir atteint la limite de la science en constatant qu'on s'était servi de ballons à col bien étiré et bien bouché à la lampe ; et un champ sans bornes a été restreint aux limites de quelques expériences *in vitro*. C'était plus facile, assurément, mais moins digne de l'époque actuelle. Ainsi, l'on a pu satisfaire les masses; mais ce que l'on peut assurer, c'est que ceux qui étudieront scientifiquement ce sujet ne le seront pas. De là ces combats énervants sans conquêtes et sans fin.

Telle expérience décisive, irréfutable pour le savant qui en sonde toutes les conséquences, toutes les profondeurs, paraît nulle ou puérile à l'homme trop peu versé dans les sciences naturelles pour la juger sciemment.

Ainsi, pour les biologistes, deux expériences à ciel ouvert, savamment interprétées, seront bien autrement significatives que toutes celles qu'on exécute dans les vases les mieux bouchés que l'on puisse imaginer.

Il a été possible à nos devanciers de discourir sans fin sur la présence ou l'absence des germes des Mucédinées ou des Infusoires. Les naturalistes du siècle dernier nous l'ont prouvé merveilleusement.

Mais aujourd'hui que le microscope donne à quelques-uns de ces germes la dimension d'un grain de vesce ; aujourd'hui qu'il est impossible au naturaliste le moins exercé de les méconnaître, partout où un savant en signalera la présence, il sera tenu de les montrer. Il n'y a plus à disserter sur ce sujet, plus de réactifs à invoquer, *il faut voir*. Il faut laisser Bonnet, Spallanzani et les savants de leur école, discourir sur leurs germes métaphysiques ; mais pour nous physiologistes du dix-neuvième siècle , nous demandons qu'on nous fasse palper tous ces corps jusqu'alors introuvables ; leur diamètre variant souvent de 0,0028 à 0,0420 de millimètre, ils ne peuvent échapper là où ils sont réellement.

Ire SECTION.

PREUVES PHYSIOLOGIQUES.

Les anciens errements des chimistes nous paraissent au-dessous des exigences de notre époque, et si, cependant, nous n'avons pas dédaigné de les combattre, c'était pour éviter qu'on ne nous accusât d'impuissance. Mais nous espérons placer la science dans une voie plus philosophique et plus élevée (1).

Nous allons commencer à mettre ce fait en évidence, en exposant ici et en discutant à fond une expérience à ciel ouvert. Et l'on s'apercevra immédiatement que l'interprétation des phénomènes de la génération spontanée, pour atteindre une certaine rectitude, exige d'assez amples notions préliminaires.

Axiome. Pour que les corollaires qui découlent d'une expérience soient incontestables, il faut que celle-ci repose sur des bases parfaitement connues et précisément établies. L'animal qui fut obtenu par la genèse spontanée était une Paramécie très-voisine du *Paramecium bursaria* de Focke. Elle avait 0,0560 de millimètre de longueur. L'espèce est hermaphrodite et son accouplement dure environ cinq jours. Ce n'est guère qu'après cinq autres jours que les œufs appa-

(1) Nous avons commencé notre œuvre en répétant toutes les expériences qui nous étaient opposées; et ce n'est qu'après avoir démontré qu'elles étaient absolument erronées, que nous avons indiqué d'autres routes. Les adversaires de l'hétérogénie procèdent, au contraire, en sautant par-dessus tout ce qui entrave leurs hypothèses, et c'est par ce moyen qu'ils en dérobent toute la faiblesse au vulgaire. Pour nous, nous luttons de vive force avec les chimistes et nous n'en célons ni les écrits, ni les travaux; mais compulsez, au contraire, les productions de ceux-ci, et vous n'y trouverez cité *aucun* de ces grands physiologistes dont la nombreuse cohorte sape de fond en comble leurs doctrines. Je doute que de tels moyens satisfassent les moindres érudits.

raissent dans le corps de l'animal. Ces œufs, dont le diamètre est d'environ 0,0100 de millimètre, contiennent un embryon dont on voit déjà le cœur battre (1).

Enfin, il est de doctrine qu'aucun œuf ne résiste à la température de l'eau bouillante, et aucun animalcule sec à celle de 140 degrés centigrades.

Expérience. On prit une cuvette en cristal, de 30 centimètres de diamètre, lavée avec de l'acide sulfurique, et elle fut remplie d'eau distillée bouillante. On plongea dans celle-ci 10 grammes de filaments de lin chauffés à 150 degrés pendant deux heures. Cette cuvette fut ensuite recouverte d'une cloche et placée au centre d'une autre grande cuvette de 50 centimètres de diamètre, remplie d'eau distillée.

Après quatre jours, dont la température fut en moyenne de 28°, on trouva la macération de lin encombrée d'une prodigieuse quantité de Paramécies, et l'on ne découvrit pas un seul de ces animaux, ni un seul de leurs œufs, dans la grande cuvette au centre de laquelle l'autre était placée.

Corollaire. Les Paramécies obtenues dans cette expérience, ne pouvant provenir d'œufs contenus ni dans l'eau, ni dans le corps solide, ne peuvent donc provenir que de l'air ou de la génération spontanée. Or, comme l'examen du vase extérieur prouve qu'il n'y est tombé aucun œuf, et qu'il n'y existe aucun animalcule, l'hétérogénie seule peut expliquer les innombrables légions de Paramécies qui se sont développées dans le vase central.

L'observation directe le démontre; car, quand la pellicule proligère s'est constituée par les débris de la période des Monades et des Vibrions, on voit s'engendrer simultanément les ovules spontanés des Paramécies, et l'on peut en suivre le développement dans cette pseudo-membrane.

(1) Je donne ce diamètre de l'œuf maternel d'après les figures de Balbiani.

Plus on analyse scrupuleusement cette expérience et plus on la commente, plus aussi on s'aperçoit que son produit ne peut avoir sa source que dans la génération spontanée ; et ce fait, si simple, suffirait à lui seul pour renverser tout l'échafaudage de la panspermie.

Toutes les objections que l'on pourrait faire à cette expérience peuvent être résolues avec une rectitude sans réplique. Les voici :

La Panspermie, restreinte à quelques germes errants çà et là dans l'atmosphère, ne suffirait-elle pas pour expliquer le résultat de cette expérience? Non, car, si on met au même moment et dans des endroits isolés cent vases de la même forme, dans les mêmes circonstances, et qu'on les remplisse de la même macération, dans tous on rencontrera la même espèce d'Infusoires et en même nombre. Si les germes n'encombraient pas l'atmosphère, certains vases resteraient stériles, car tous ne recevraient pas de rosée d'ovules. La Panspermie entraîne nécessairement l'engorgement de l'atmosphère.

Cependant, un seul œuf ou un seul couple de Paramécies n'aurait-il pas pu, en tombant dans le vase central, le peupler par la génération normale? Non, parce que l'accouplement seul demande cinq jours, et l'apparition des œufs un même laps de temps ; et, en quatre jours seulement, l'expérience nous présentait des individus presque adultes, et tous absolument au même point de développement.

La scissiparité n'aurait-elle pas joué un rôle dans cette expérience? Non, parce que, avant de se diviser, les Infusoires acquièrent tout leur développement, et que les Paramécies n'y étaient pas encore arrivées. Non, parce que la scissiparité est infiniment plus rare qu'on ne l'a dit, et que souvent, dans les Infusoires, c'est leur accouplement que l'on a pris pour ce phénomène ; phénomène que, selon le physiologiste J. Muller, et aussi d'après nos observations, l'on devra énormément restreindre. Non, enfin, parce que s'il y eût eu des actes de scissiparité, il eût été impossible qu'ils nous échappassent, et certainement, dans ce cas, ils n'ont point existé.

Est-ce une pluie d'œufs aériens qui féconde le vase central? Non, parce que si l'air eût contenu une telle quantité d'œufs, il en fût encore tombé en bien plus grande abondance dans le vase extérieur, que je laissais parfois totalement découvert (1) ; et il n'y en existait certainement aucun,

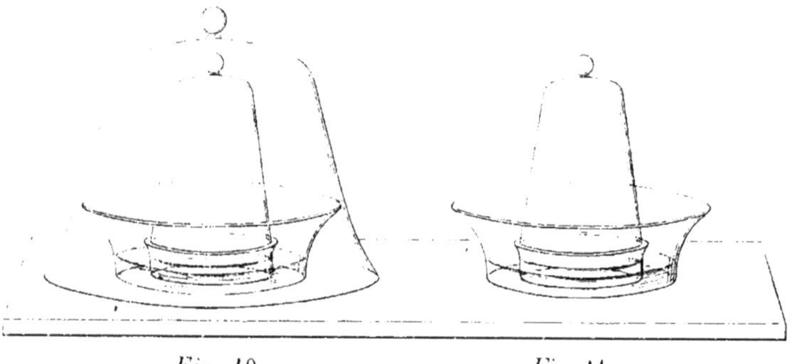

Fig. 10. *Fig.* 11.

car ces œufs qui, au microscope, ont une grosseur de 0,0100 de millimètre et parfois beaucoup plus, n'auraient pu nous échapper.

Mais ne pourrait-on pas supposer que, par leur séjour dans l'atmosphère, les œufs des Paramécies sont devenus invisibles? Non ; cette opinion, qui était souvent reproduite par les philosophes naturalistes du siècle dernier, cette transformation de la matière en véritable entité métaphysique n'est plus soutenable aujourd'hui. On sait que chaque œuf de l'a-

(1) Je ne couvre ici les vases que pour empêcher les corpuscules de l'air de souiller la surface des liquides. Et, par ce moyen, j'entrave doublement même la pluie d'œufs atmosphérique qui, selon les panspermistes, doit les ensemencer. Et, malgré cet obstacle, c'est celui du centre, le plus garanti, qui seul est fécond.

nimal qui nous occupe possède un embryon vivant et dont on aperçoit déjà le cœur battre dans le corps de la mère. Un embryon qui a acquis un tel développement, et dont l'essence est de vivre dans l'eau, ne peut en être expulsé pour subir dans l'air une dessiccation dont le premier effet serait de le tuer.

Mais si, malgré toutes ces assertions qui semblent rationnelles, on admettait cette invisibilité des œufs aériens, la génération spontanée ne devrait-elle pas être mise en suspicion? Non, une pluie d'œufs ayant dû tomber encore plus abondamment dans le vase de la circonférence que dans celui du centre, ces œufs, quelque invisibles qu'on puisse les supposer durant leur prétendue suspension aérienne, se seraient tout aussi bien renflés et développés dans la macération extérieure que dans la macération du centre (1). L'hygroscopicité seule les eût rendus à leur volume primitif, et ils n'auraient pu échapper au physiologiste. L'embryon lui-même en fût sorti, sauf à périr d'inanition ; car un œuf d'Infusoire n'est sans doute pas plus exigeant que celui du brochet. Avant d'émettre le petit, il n'a pas plus besoin d'un milieu nutritif que l'autre n'a besoin d'un morceau de viande : il ne lui faut que de l'eau. Ce ne sont pas des physiologistes qui ont pu faire toutes les étranges suppositions que l'on a produites sur l'invisibilité des œufs et sur le choix d'un lieu d'élection pour leur primitive évolution.

Si la panspermie était vraie, on découvrirait dans tout et partout des masses d'œufs d'Infusoires ou de spores de cryptogames ; on les découvrirait à l'état stagnant ou en plein développement ; et, si l'on n'en découvre pas, c'est qu'il n'y en a point.

L'hétérogénie végétale est tout aussi facile à démontrer

(1) MM. Joly et Musset ont démontré même que les Infusoires adultes vivaient un certain temps dans l'eau distillée.

expérimentalement que celle des Microzoaires. Aucune critique rationnelle ne peut même s'élever contre l'expérience qui suit; elle la défie absolument (1).

Depuis deux ans que, pour la première fois, nous l'avons fait connaître, jamais elle n'a été attaquée, jamais renversée; bien mieux, même, déjà elle a été répétée avec succès par MM. Joly et Musset à Toulouse. Il nous semble cependant qu'avant de vouloir abattre l'hétérogénie à l'aide d'expériences négatives, il faudrait faire justice des faits positifs sur lesquels ses partisans prétendent s'appuyer.

Voici cette expérience :

AXIOME. La levûre se désorganise en peu de minutes dans un liquide porté à 100°; et M. Cl. Bernard professe lui-même qu'aucun germe organisé ne résiste à cette température (2).

EXPÉRIENCE. On plongea un flacon dans une cuve de moût de bière en ébullition depuis cinq heures, et lorsqu'il y eut resté dix minutes, on le retira après l'avoir rempli et bouché hermétiquement sous le liquide bouillant. Huit jours après, par une température de 24° en moyenne, on reconnut qu'il s'était formé dans ce moût une quantité considérable de levûre cérévisique.

COROLLAIRE. Comme nous savons aujourd'hui que la levûre de bière n'est que la spore de végétaux parfaitement définis, ainsi que l'ont fait voir MM. Joly et Musset; comme cette semence ne peut supporter six heures l'ébullition du liquide dans lequel on l'observe; et comme le vase ne contenait pas d'air atmosphérique, il faut bien que cette levûre, dont par aucune supposition on ne peut expliquer l'introduction et la multiplication, se soit développée spontané-

(1) Voir aussi quelques expériences sur l'hétérogénie végétale, soit à vaisseaux hermétiquement clos, soit à l'air libre, dans l'*Hétérogénie*, page 616, et surtout 607, où j'ai mentionné une expérience curieuse.

(2) Cl. Bernard, *Leçons sur les propriétés physiologiques de l'organisme*. Paris, 1859, t. I, p. 488.

ment dans le flacon où on l'a rencontrée si abondamment (1).

Bory de Saint-Vincent, Treviranus, Gérard et Bérard avaient assuré, d'après leurs expériences, que, quand on mêlait ensemble deux liqueurs fermentescibles différentes, on obtenait de ce mélange des êtres organisés qui différaient de ceux que produisait chacune des liqueurs séparées (2).

Ce fait immense, qui, à lui seul, renverse la panspermie et démontre sans réplique la genèse spontanée, est on ne peut plus exact, quoiqu'il ait été nié par certains savants qui rejettent systématiquement l'hétérogénie.

J'ai prouvé, par de nombreuses expériences, combien est vrai ce que j'avance ici (3). Il en est une fort simple qui le démontre manifestement.

Si l'on prend trois grands verres à réactifs; que dans l'un d'eux on mette de l'urine; dans l'autre du cidre, et que le troisième soit rempli d'un mélange de cidre et d'urine, la végétation qui se produira dans chacun de ces verres sera absolument différente; et celle obtenue par le mélange des deux liquides ne ressemblera absolument à aucune des deux autres (Expériences 33, 58).

C'est là, comme on le voit, la théorie du métissage appliquée à la genèse spontanée. Les célèbres expériences de M. Flourens sur celui-ci, ont renversé sans retour l'hypothèse de la préexistence des germes, imaginée par Leibniz, développée avec tant d'amour par Bonnet, et acceptée par Cuvier (4).

(1) Voir, pour les précautions expérimentales, une expérience analogue citée dans l'*Hétérogénie* et dans laquelle le flacon était si hermétiquement bouché qu'il s'est fracturé, p. 629.

(2) Bory de Saint-Vincent, *Dictionnaire classique d'histoire naturelle*. Paris, t. V, p. 46. — Treviranus, *Biologie*. Goettingue, 1822, t. II, p. 325. — Gérard, *Dictionnaire universel d'histoire naturelle*, t. VI, p. 66. — Bérard, *Cours de physiologie*. Paris, 1848, t. I, p. 93.

(3) Pouchet, *Hétérogénie*. Paris, 1859, p. 213.

(4) Flourens, *Ontologie naturelle*. Paris, 1861, p. 97 et suivantes.

Les mêmes résultats se présentent également dans les expériences d'hétérogénie, comme nous le verrons plus loin. En mêlant des substances variées, nous obtenons aussi de véritables métis, des produits hybrides, qui protestent contre la préexistence des œufs ou des spores dans les corps sur lesquels on opère, et démontrent que leur formation est due à un contact simultané (1).

J'ai été plus loin dans mon ouvrage sur l'hétérogénie. J'ai prouvé que les organismes qui se produisaient variaient presque autant que les corps putrescibles eux-mêmes; et, ce qui est encore plus remarquable, que le même fluide fournissait des organismes différents, si on le plaçait dans des matras de forme différente (2), ce que nous allons démontrer ostensiblement plus haut. L'apparition des Protophytes, qu'un savant chimiste prétend expliquer si facilement par l'ensemencement de leurs spores aériennes, au contraire, a toujours paru un phénomène extraordinaire à certains naturalistes célèbres, et aux cryptogamistes eux-mêmes, qui ont le plus médité la question. Presque tous les ont considérés comme n'étant que le produit des organismes en voie de destruction. Cette idée a été développée amplement par Endlicher et par Nees d'Esenbeck, l'illustre président de la Société des curieux de la nature. Corda et Fries qualifient les Mucédinées d'apparitions merveilleuses, d'êtres vivants issus de la mort. Le digne et illustre Fée professe la même opinion.

Lorsque des hommes tels que ceux que je viens de citer émettent de semblables opinions, eux qui les ont longuement méditées, que doit-on penser des chimistes qui tranchent si magistralement la question, sans jamais s'être occupés de l'étude des proto-organismes?

Lorsque la maladie attaque les végétaux ou lorsqu'ils

(1) Voyez plus loin les expériences de métissage sur la levûre.

(2) Pouchet, *Hétérogénie*. Paris, 1859, p. 213.

meurent, les Protophytes les envahissent fatalement et immédiatement. Chaque espèce a presque constamment son parasite particulier, et, d'un autre côté, les formes de ces cryptogames sont si bien déterminées qu'on a pu, presque constamment, les désigner par le nom des plantes sur lesquelles ils vivent. Le seul genre *Sphæria* renferme plus de six cents espèces.

C'est aussi à ce genre qu'appartiennent les *Sphéries entomophytes*.

Ainsi que le dit Fée, combien est-il difficile d'expliquer par des spores l'existence de ces Protophytes! Tant et tant de spores peuvent-elles être en disponibilité pour chaque espèce végétale qui languit ou se meurt?

Vraiment, vraiment, c'est pis que l'arénaire d'Archimède!

On trouvera dans notre *Traité d'hétérogénie* des séries d'expériences qui, par exclusion, démontrent successivement, et jusqu'à la dernière évidence, que ni l'air, ni l'eau, ni le corps putrescible ne contiennent les prétendus germes dont parlent sans cesse les panspermistes.

L'air et l'eau sont si peu le réceptacle des œufs et des spores des organismes, que l'on obtient des générations spontanées avec de l'eau et de l'air artificiels. J'ai même pu, dans plusieurs expériences, substituer l'oxygène à l'air (1).

Le corps putrescible n'est pas non plus le réceptacle des germes, puisqu'on peut le chauffer à 200 degrés.

J'ai même obtenu des organismes avec un corps putrescible presque carbonisé et de l'eau et de l'air artificiels.

Parmi les expériences exécutées à l'air libre, celle qui suit, interprétée avec toute la sagacité indispensable à de telles investigations, me paraît devoir être considérée comme étant encore l'une des plus concluantes que l'on puisse offrir contre l'hypothèse de la panspermie.

(1) Pouchet, *Hétérogénie*. Paris, 1859, p. 276-279.

Une décoction susceptible de fournir des animalcules, immédiatement après avoir subi une ébullition de vingt minutes, est filtrée et ensuite partagée en deux portions. L'une

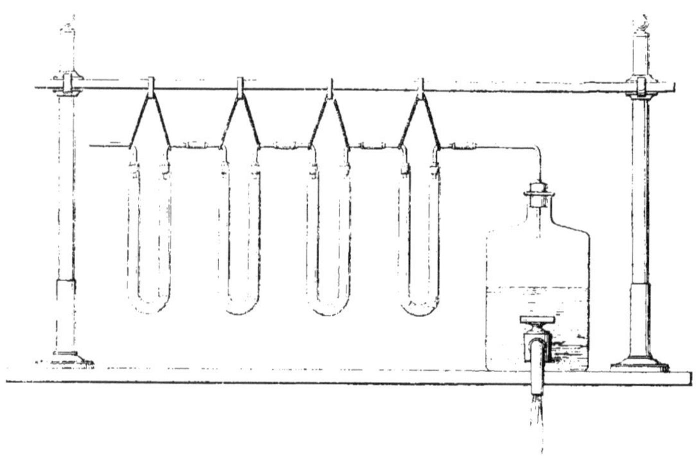

Fig. 12.

de celles-ci est placée dans un verre à expérience, sous une cloche de cristal d'un décimètre cube de capacité, qui repose sur du mercure chauffé à 150°. L'autre est partagée en quatre portions, dont chacune est mise dans l'un des tubes en U de l'appareil figuré sur cette page, et dont le dernier communique avec un aspirateur.

Ensuite, on fait passer dix décimètres cubes d'air à travers la décoction contenue dans les tubes. Puis, enfin, on réunit le liquide de ceux-ci dans un verre que l'on place sous une cloche.

Si la panspermie était autre chose qu'une hypothèse gratuite, ce dernier verre devrait contenir dix fois plus d'animalcules que le criterium.

Cependant, au bout de trois jours, l'examen démontre au contraire que les deux portions de liquide offrent absolument le même nombre d'infusoires.

Un semblable résultat s'obtient encore si, à l'aide d'un vaste aspirateur, on fait passer mille décimètres cubes d'air à travers le liquide des tubes en U.

Dans mon *Traité d'hétérogénie*, on a pu voir qu'en projetant des masses d'air énormes sur des liquides, à l'aide d'une machine à vapeur, on ne s'apercevait pas que leur fécondité en fût le moins du monde augmentée. Ainsi, quand, en employant un moteur de la force de huit chevaux, nous avons projeté 6,000,000 de litres d'air sur diverses macérations de plantes, nous n'avons pas découvert dans celles-ci un infusoire de plus que dans celles qui avaient été emprisonnées dans un seul décimètre cube d'air.

D'un autre côté, à l'aide de l'aéroscope, en étirant un décimètre cube d'air à travers une ouverture d'un quart de millimètre de section, et en l'étendant sur une longueur de 4,000 mètres, ou d'une lieue, nous n'y trouvons que *fort exceptionnellement* un œuf de Microzoaire cilié ou une spore de Mucédinée.

L'air n'est donc nullement le propagateur des œufs et des spores, pas plus que l'eau, pas plus que le corps putrescible.

IIe SECTION.

LOIS DE LA GENÈSE SPONTANÉE.

L'examen philosophique des expériences exécutées dans une direction rationnelle et physiologique, nous conduit à des résultats inattendus, et dont la précision frappera évidemment tous les savants.

Cet examen nous permet *à priori* e dtracer les lois qui président à la genèse spontanée des organismes inférieurs, et même de le faire avec la rectitude que nous offrent les sciences exactes, tant ces lois sont naturelles et stables.

C'est à leur connaissance que nous devons d'avoir institué les expériences suivantes, que nous avons répétées en présence de plusieurs zoologistes de premier ordre, et dans lesquelles nos prévisions se sont toujours réalisées.

D'ailleurs, qui pourrait nier des phénomènes dont l'observateur peut analyser une à une toutes les phases! Est-ce que MM. Pineau, Nicolet, Joly et Musset n'ont pas vu, comme nous, les œufs des Microzoaires se former de toutes pièces sous leurs yeux? Est-ce que le professeur Schaaffhausen de Bonn, tout récemment, n'a pas annoncé à l'Académie des sciences qu'il avait observé le même fait?

Qui ne sait, je le répète, qu'Humboldt, d'immortelle mémoire, admet aussi la genèse spontanée des organismes inférieurs? Est-ce que le plus grand zoologiste de l'époque actuelle, R. Owen, n'a pas avancé, lui-même, dans son dernier ouvrage, que nous avions démontré évidemment ce phénomène (1)?

Chaque savant que nous avons eu l'honneur de recevoir dans notre laboratoire a pu y voir des œufs de Microzoaires naissant, gyrant et éclosant dans leur membrane proligère, et de la levûre en germination?

Après cela, que nous importe que quelques chimistes admettent ou non l'hétérogénie? Leurs expériences erronées, fussent-elles accumulées à la hauteur des pyramides des Pharaons, jamais ne saperont une parcelle de faits d'embryogénie vus, et parfaitement vus déjà, par tant de physiologistes!

Quelques savants, en reportant à la chimie une question qui n'est nullement de son domaine, rappellent, par leurs expériences, ces disciples d'Hermès qui demandaient à leurs creusets des résultats impossibles. Si aux manipulations *in*

(1) De Humboldt, *Cosmos*. Paris, 1855, p. 421. — R. Owen, *Palæontology*. *Edinburgh*, 1861, p. 441.

vitro, où tout entrave les phénomènes vitaux, on substitue des expériences rationnelles, dans lesquelles la nature est abandonnée à elle-même, celle-ci, au contraire, nous révèle ostensiblement sa marche.

C'est en nous basant sur les lois qui président à la genèse des proto-organismes, que nous sommes parvenu *à priori* à instituer des expériences à ciel ouvert, qui renversent tout l'édifice des panspermistes.

Sachant que les Microzoaires ciliés ne s'engendrent dans une membrane proligère, que lorsque celle-ci se trouve élevée à la puissance d'un véritable stroma, nous nous sommes dit que toutes les fois qu'on paralyserait, partiellement ou totalement, la formation de cette membrane, nécessairement la genèse des animalcules, qui lui est liée, devrait être entravée ou absolument anéantie.

L'expérimentation a admirablement confirmé nos prévisions. Un même liquide étant donné, et en même quantité, si l'on en place la moitié dans un vase à surface resserrée et l'autre dans un vase à large surface; dans le premier, comme en expirant les animalcules primaires ont pu former une membrane proligère assez épaisse, on a des Microzoaires ciliés; dans le second, comme la masse de ces animalcules ne peut se rassembler d'une façon assez compacte pour constituer une semblable membrane, à cause du développement de la surface, *jamais* on n'observe un seul animalcule cilié.

Et cependant, comme c'est le même liquide, si les œufs tombaient de l'atmosphère, comme le veulent les panspermistes, ou s'ils se trouvaient dans ce liquide, il n'y a pas de raison au monde qui puisse expliquer pourquoi on ne trouve pas un seul Microzoaire cilié dans l'un des vases, tandis qu'ils abondent dans l'autre.

Si l'on emploie un autre procédé et qu'on arrête sur un filtre les animalcules primaires, la membrane proligère avorte également et l'on n'a aucun Microzoaire cilié.

Les lois qui président à cette genèse spontanée ont même une telle fixité qu'on peut les énoncer mathématiquement. En effet, on peut poser comme démontré que, dans un liquide donné, *la production des Microzoaires ciliés est en raison inverse du carré de la surface*; et que *la production des Monadaires est en raison directe du cube de la masse de ce même liquide*.

Les expériences instituées par nous ont une telle précision, qu'à notre gré, avec une même liqueur fermentescible, en opérant sur des quantités absolument égales, soumises aux mêmes conditions de température, d'éclairage et d'abri, nous obtenons, à volonté, des Microzoaires ciliés ou seulement des Monades et des Vibrions.

Tout cela est d'une lucidité qui frappera tous les esprits sérieux. Et de tels faits peuvent être démontrés par des expériences dont la simplicité contraste avec l'arsenal des manipulations chimiques invoquées jusqu'à ce jour.

Il est temps enfin de sortir des errements du siècle qui nous a précédé, et d'élever à sa véritable hauteur la question des générations spontanées. Les progrès de la biologie ne nous permettent plus d'en rester aux errements de Bonnet, de Spallanzani et de leurs continuateurs.

D'ailleurs, n'avons-nous pas vu les travaux si consciencieux et si rigoureux de Mantegazza, de Joly, de Musset et les nôtres, démontrer, successivement, que les trop célèbres expériences de Schultze, de Schwann et de M. Milne-Edwards, étaient absolument erronées?

Ce n'est qu'en se fondant sur une physiologie fantastique, comme plusieurs savants l'ont déjà dit, que M. Pasteur tente encore de sauver la panspermie, cette hypothèse surannée, que la raison et la science sapent aujourd'hui de toutes parts (1).

(1) Musset, *Nouvelles Recherches expérimentales sur l'hétérogénie*. Toulouse,

La première de nos expériences, qui est d'une remarquable simplicité, démontre immédiatement les lois de la genèse spontanée, et renverse sans appel l'hypothèse dans laquelle on encombre l'air d'œufs et de spores.

Je prends une éprouvette et je la remplis d'une macération filtrée, propre à engendrer de gros Microzoaires ciliés.

Je prends ensuite une large cuvette en cristal, à fond très-plan, et je verse dedans une égale quantité de la même macération qui remplit l'éprouvette. Celle-ci est ensuite placée au milieu de la cuvette.

Le tout est mis enfin sous une cloche plongeant dans l'eau, pour modérer l'évaporation.

Au bout de quatre à cinq jours, par une température de 20° en moyenne, l'éprouvette présente une membrane

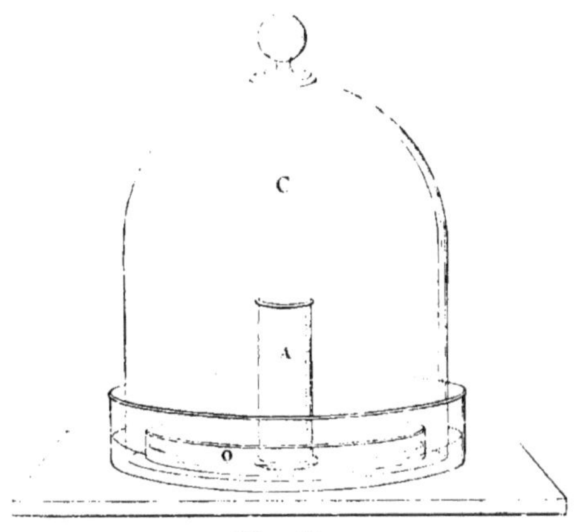

Fig. 13.

proligère épaisse et *remplie de Microzoaires ciliés*. La cuvette, au contraire, n'offre qu'une membrane proligère à peine apparente, arachnoïde, et ne contient *aucun Microzoaire cilié*.

1862, p. 17 ; cet observateur, dans sa brillante thèse, faite en commun avec le savant Joly, a renversé sans retour les dernières expériences que les chimistes opposaient à l'hétérogénie.

Si les œufs tombaient de l'atmosphère, comme le prétendent les panspermistes, il n'y aurait pas de raison au monde qui pût faire que, dans la même portion d'air, l'éprouvette en soit constamment remplie et la cuvette jamais. Celle-ci même, à cause de sa surface bien autrement étendue, devrait en récolter infiniment plus.

Si dans l'éprouvette il y a des Microzoaires ciliés, cela tient à ce que dans l'étroite surface qu'offre le liquide, les cadavres des Monadaires et des Vibrioniens ont pu former une membrane proligère assez compacte pour devenir un stroma ovigère.

Si, au contraire, dans la cuvette, il n'y en a jamais un seul, cela tient à ce que la surface du liquide étant énormément plus considérable, ces mêmes cadavres ne forment qu'une membrane excessivement mince, arachnoïde, et qui ne s'élève point à la puissance d'un *stroma proligère*.

Il est bien entendu que pour exécuter une semblable expérience il faut une macération très-légère. Si elle était trop concentrée, il y aurait des Microzoaires élevés partout (1).

Cette expérience est si positive et elle repose sur des lois si précises, qu'en la renversant totalement on obtient des résultats absolument opposés. Ainsi, si l'on augmente considérablement la macération de la cuvette, et si, au contraire, on réduit celle de l'éprouvette à quelques grammes; comme

(1) Lorsqu'elles sont conduites par des expérimentateurs exercés, ces expériences à ciel ouvert réussissent constamment. Mais je ne puis trop insister ici sur l'absolue nécessité de n'employer que des macérations extrêmement faibles. En effet, si celles-ci étaient trop surchargées de principes organiques, dans un vase comme dans l'autre, les Monades et les Vibrions pulluleraient tellement, que l'on aurait, des deux côtés, des membranes proligères épaisses et des infusoires ciliés. Il faut *absolument* que dans ces macérations légères et filtrées, il n'y ait que ce qu'il faut d'éléments pour que le volume du liquide employé produise une membrane ovigère, pas plus. Avec un peu d'habitude on y arrive facilement.

alors la surface du liquide de la cuvette est devenue proportionnellement moindre par rapport au volume du liquide augmenté, les Monades et les Vibrions y forment une membrane proligère dans laquelle naissent des légions de Microzoaires ciliés. Mais comme la macération de l'éprouvette se trouve dans une disposition absolument inverse, dans celle-ci la membrane proligère est presque nulle, et l'on ne rencontre pas un seul Microzoaire cilié dans le liquide.

Cette expérience est la plus évidente démonstration des lois qui président à l'hétérogénie. Celle qui suit les confirme et anéantit également la panspermie générale des physiologistes rhéteurs du siècle dernier, et la panspermie locale de M. Pasteur, ce *faux-fuyant*, comme l'a ingénieusement nommée M. Musset, dans une thèse qui deviendra célèbre; *panspermie de juste-milieu*, inventée, nous l'avons vu pour se soustraire à l'énormité du paradoxe de Bonnet et de ses continuateurs.

Pour cette expérience, j'emploie deux éprouvettes de différente grandeur, superposées l'une au-dessus de l'autre.

La première, ou la plus élevée, a 40 centimètres de hauteur sur 7 de diamètre, et est munie à sa partie inférieure d'un robinet de cristal.

La seconde, située au-dessous du robinet de l'autre, n'a que 20 centimètres de haut.

Je remplis la première de ces éprouvettes avec une macération quelconque, que l'on sait produire ordinairement de grands Microzoaires ciliés. Cette macération, qui a été filtrée préalablement, est composée soit avec du *lolium perenne*, soit avec de l'*aster chinensis*, du chanvre ou du lin. J'ai fait aussi cette expérience avec une macération de *tænia serrata*.

Le cinquième jour, par une température moyenne de 20°, il existe à la surface de la macération une membrane proligère épaisse, dans laquelle fourmillent des millions de grands Microzoaires ciliés.

Alors, on ouvre très-faiblement le robinet inférieur du vase, afin de ne pas troubler cette population qui réside seulement à la surface du liquide, et on laisse couler goutte à goutte un tiers de celui-ci dans la seconde éprouvette.

Cinq jours après, on examine la macération dont on a rempli cette dernière. Elle n'offre alors qu'une membrane

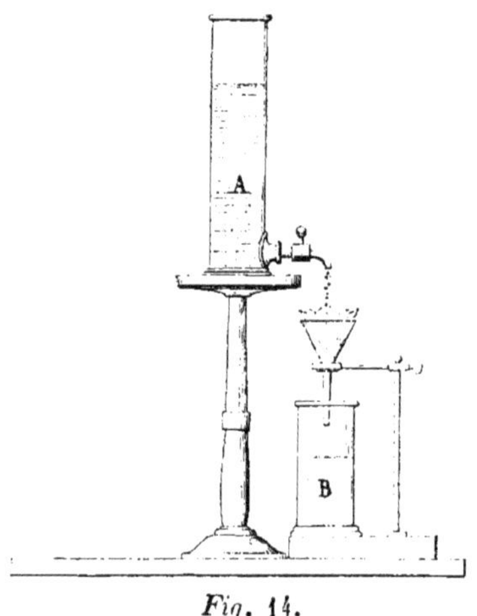

Fig. 14.

proligère excessivement mince et incomplète, qui ne contient jamais un seul Microzoaire cilié. Elle n'est peuplée que de Vibrions et de Monades. La macération du premier vase, qui est alors à son dixième jour, continue cependant à être animée par les mêmes animalcules que l'on y rencontrait dès le cinquième.

Or, il est évident que cette seule expérience, si simple en elle-même, renverse cependant de fond en comble tout le vieil édifice de la panspermie, et sans qu'on puisse même lui faire aucune de ces objections puériles dont les fauteurs de ce système sont si prodigues.

En effet, si les œufs des Infusoires tombaient du ciel, comme ils le prétendent, le cinquième jour, le second vase serait constamment et indubitablement rempli de Microzoaires ciliés comme l'a été le premier, mais jamais il n'en produit un seul.

Les œufs des espèces les plus communes sont aujourd'hui parfaitement connus; et, comme ils ont parfois l'énorme diamètre de $0^{mm},0200$ et plus, et qu'ils n'ont pu passer à travers le filtre, il faut donc, ou qu'ils se soient formés spontanément dans la membrane proligère, ou qu'ils aient été apportés par l'atmosphère.

Or, si la progéniture qui apparaît dans nos expériences provenait de ces masses d'œufs dont un savant chimiste surcharge l'air, il n'y aurait pas de raison pour qu'il n'en tombât pas tout autant dans le second vase que dans le premier.

Nos adversaires diront, je n'en doute pas, que le liquide du second vase est devenu impropre à l'existence des grands Microzoaires.

Nous allons, à ce sujet, leur donner une entière satisfaction. D'abord, nous nous sommes assuré que les propriétés chimiques des liquides des deux vases étaient, le dixième jour, parfaitement identiques. Souvent ils sont neutres, rarement un peu alcalins. Mais nous avons même employé un criterium bien autrement précis que tous ceux qu'offre la chimie, un criterium biologique. Nous avons pris des fragments de membrane proligère chargés de Microzoaires ciliés et nous les avons placés sur la liqueur de la seconde éprouvette. Les animalcules y ont vécu tout aussi bien que dans le liquide de la première. Donc, si les œufs tombaient réellement de l'atmosphère, la seconde éprouvette devrait avoir une population identique à la première.

Il ne faut pas non plus supposer que, dans le second vase, la nourriture manque aux Microzoaires élevés. Non, car il y a toujours d'énormes légions de Monades et de Vibrions, et nous venons de voir d'ailleurs que les gros Infusoires y vivaient très-bien. Et comme, dans leurs expériences, MM. Joly et Musset ont constaté que les Infusoires ciliés pouvaient même vivre plusieurs jours dans l'eau distillée, il est évident que, si les œufs tombaient de l'atmosphère, non-seulement ils écloraient dans le liquide soutiré, mais que les petits éclos y pourraient subsister pendant un certain temps et s'y retrouveraient (1).

On ne peut aussi, dans ces expériences, comme je l'ai déjà soutenu à diverses reprises, invoquer les moyens extraordinaires de reproduction que, depuis Spallanzani, certains naturalistes prêtent aux Microzoaires. Il ne s'agit ici que des espèces élevées, et comme, pour plusieurs, on a décrit avec soin toutes les phases de leur reproduction normale, on reconnaît que celle-ci, *loin s'en faut*, ne pourrait avoir lieu en cinq jours (2).

La scissiparité, je l'ai également répété, ne joue absolument aucun rôle dans nos expériences, et c'est, selon moi, un phénomène assez rare dans les Microzoaires. On a pris souvent pour elle, soit des accouplements, soit des monstruosités, etc. (3).

Il nous faut donc, en opérant ainsi sur des espèces éle-

(1) Joly et Musset, *Études physiologiques sur l'hétérogénie. Comptes rendus de l'Académie des sciences*, t. LV, p. 491.

(2) Nous avons déjà vu que le seul accouplement des Paramécies dure, selon M. Balbiani lui-même, quatre à cinq jours, c'est-à-dire plus de temps qu'il ne faut souvent pour voir une macération se couvrir d'incalculables légions de ces animaux. Joignez à cela l'apparition de l'ovule, l'incubation, et vous arrivez à douze ou quatorze jours, ce qui ne permet pas de supposer que la génération sexuelle ait la moindre part dans nos expériences.

(3) Nous démontrerons cela dans un autre écrit ; mais pour prouver combien la scissiparité est loin d'être bien établie à l'égard de certains Microzoaires au moins, il suffit de dire que les zoologistes sont dans le plus profond désaccord sur la manière dont elle se produit. Ils ont avancé jusqu'à ce jour qu'elle était longitudinale; actuellement quelques micrographes prétendent qu'elle est transversale.

vées et bien déterminées, autant d'œufs que nous rencontrons d'individus le cinquième jour. C'est-à-dire qu'il faut que l'atmosphère en abandonne des masses. Et, comme ces œufs sont fort faciles à reconnaître au microscope, on les trouverait dans la macération du second vase, si même ils ne pouvaient y éclore; et jamais, cependant, on n'y en observe un seul.

Si même on prolonge l'expérience bien au delà du cinquième jour, dans la seconde éprouvette, toujours celle-ci reste stérile en gros Infusoires, tandis que la première continue à en être remplie. J'ai souvent prolongé de telles observations quinze jours et même un mois.

C'est ainsi que, dans mon laboratoire, je conduis cette audacieuse expérience. Mais, pour ceux qui la répéteront sans avoir une certaine habitude de sa pratique, il faut *absolument* qu'ils filtrent la macération que l'on soutire du premier vase. Sans cela, ils pourraient, en apparence, éprouver une déception ; cependant, celle-ci vient magnifiquement confirmer la règle.

En effet, si, par exemple, la macération de la première éprouvette est très-surchargée de principes organiques, la formation de sa membrane proligère n'en épuisant pas suffisamment la génération primaire, il passe encore dans le deuxième vase un assez grand nombre de Monades et de Vibrions, pour que ceux-ci y forment une membrane proligère assez épaisse, pour devenir le stroma d'une génération secondaire. Alors, on peut encore trouver, dans ce second vase, quelques rares Microzoaires d'un ordre élevé.

En filtrant le liquide, on arrête sur le filtre cet excédant de population, qui seul constitue les matériaux de la genèse des Microzoaires ciliés, et *jamais alors on ne voit apparaître un seul de ceux-ci.*

La genèse des Infusoires élevés est tellement liée à la formation de la membrane proligère par les Monadaires et les

Vibrioniens, qu'aussitôt qu'on paralyse la production de celle-ci, les grands animalcules cessent de se produire.

MM. Joly et Musset, qui ont tant fait pour soustraire l'hétérogénie à la fausse voie dans laquelle elle se trouvait engagée, dans leurs travaux physiologiques, sont arrivés au même résultat que nous, en répétant plusieurs de ces expériences (1).

Ainsi donc, les expériences physiologiques à l'air libre, rationnellement discutées, et la connaissance des lois de la genèse spontanée se réunissent pour confirmer ce que nous démontre l'embryogénie des Microzoaires, et pour porter le dernier coup à la panspermie.

(1) Joly et Musset, *Études physiologiques sur l'hétérogénie. Acad. des sc.*, t. LV, p. 491.

CHAPITRE III.

DÉMONSTRATION MATHÉMATIQUE.

L'observation et l'expérience viennent de nous donner d'irrécusables preuves anatomiques et biologiques de la genèse spontanée; nous pensons, qu'à l'aide des chiffres, on en peut obtenir encore de non moins évidentes. L'expérience qui suit prouvera, je pense, ce que nous avançons.

Expérience. — Du cidre nouvellement fait, après avoir été filtré dix fois, fut mis dans un verre à champagne, et confiné sous une cloche, dans un décimètre cube d'air atmosphérique. Au bout de trois jours, ce cidre, qui était parfaitement limpide, commença à se troubler. Puis, après huit jours, sous l'influence d'une température moyenne de 13°, on trouva le fond du verre occupé par un énorme dépôt blanc d'environ 2 centimètres d'épaisseur, et absolument formé par des cadavres de *Bacterium articulatum*.

Un criterium, qui présenta les mêmes phénomènes, et que l'on observa jour et nuit pendant tout le temps que dura l'expérience, démontra que tous les Bactériums naissaient à la surface du liquide, puis tombaient ensuite au fond, *sans donner le moindre signe de vie*, formant ainsi autant de Microzoaires morts-nés.

Comme ceux-ci n'ont pas pu, par conséquent, se reproduire par la génération normale, il faut évidemment ou qu'ils soient le résultat de l'hétérogénie, ou qu'ils soient tombés de l'air.

J'ai apprécié de la manière suivante l'incalculable fécondité de ce simple verre de liquide en fermentation.

On dessécha, pendant une heure un quart, dans une étuve à 100°, deux filtres en papier Berzelius. Ensuite, le liquide, contenant les animalcules, fut jeté sur eux et les traversa successivement. Presque tous les Bactériums restèrent sur le premier de ces filtres; quelques-uns, cependant, le traversèrent et ne furent arrêtés que par le second. Lorsque ces filtres furent secs, on les soumit de nouveau à l'étuve pendant deux heures.

Les deux filtres, desséchés avant la filtration, pesaient 3gr,238; et, lorsqu'ils furent de nouveau desséchés après cette opération, leur poids était de 5gr,382. Il résultait donc de ces chiffres que le poids des seuls squelettes des Bactériums récoltés dans la liqueur, représentait 2gr,144.

Si l'on se figure l'immense petitesse du *Bacterium articulatum*, qui n'a que 0mm,0056 de longueur; si l'on se figure, en outre, que le poids noté, quoique énorme, n'est cependant représenté que par le squelette de ces animaux, on aura à la fois l'idée et de la fécondité réellement prodigieuse du liquide, et du poids et de la masse que ces Microzoaires ont représentés lorsqu'ils étaient imbibés de fluide.

D'où ont pu provenir tant et tant de myriades d'animaux?

Ont-ils pu provenir de l'atmosphère? Non, car eux, qui formaient dans le liquide de si apparentes masses, se fussent révélés tout aussi bien à la simple vue dans l'air, et le tact les y eût même reconnus, tant ils auraient dû y être tassés.

Mais, ne se trouvaient-ils pas dans l'air à l'état de ces œufs invisibles, auxquels les panspermistes font jouer un si grand rôle? Non encore, car quand on suit la genèse de ces animalcules, on n'observe aucun développement; ils apparaissent subitement avec leur volume normal, ce qui fut même constaté dans le cas présent.

Enfin, s'ils tombaient de l'air, on en trouverait tout aussi bien à la surface d'un vase rempli d'eau distillée qu'à la surface d'un liquide fermentescible, sauf à ce qu'ils n'y puissent vivre. Mais jamais on n'en observe dans l'eau pure. D'un autre côté, la chimie, dans cette petite masse d'air, devrait reconnaître une énorme quantité de matière animale, et elle n'y signale rien.

L'énorme abondance de ces Microzoaires ne peut-elle pas s'expliquer par la génération normale ou par la scissiparité ? Non encore, parce que jamais un seul des Bactériums du liquide en expérience n'a vécu un instant (1).

Ces Bactériums n'auraient-ils pas pu se trouver dans le jus des pommes, et avoir passé à travers le filtre ? Non, assurément. Sachant que les Bactériums franchissent très-bien les filtres, pour en éviter la présence, on avait filtré dix fois le liquide, et celui-ci était tellement pur et diaphane, qu'il ne contenait certainement aucun Bactérium au début de l'expérience. Le microscope le prouva.

Enfin, il devient évident, lorsque l'on suit la genèse de ces animalcules, qu'ils prennent naissance à la surface du liquide. On les y voit naître côte à côte, par rangées plus ou moins régulières. S'ils tombaient de l'atmosphère, ils s'entasseraient sans ordre, tomberaient les uns sur les autres; et cependant je confesse que, de ma vie, je n'ai vu deux Bactériums naissants disposés crucialement l'un sur l'autre.

Expérience. — Une autre expérience, d'une simplicité extrême, vient également anéantir la panspermie.

Si l'on prend deux éprouvettes de même capacité et qu'on les remplisse du même liquide fermentescible; si l'une est

(1) La mort prématurée de ces animaux peut être expliquée, comme l'indiquent les expériences de M. Mandl, par l'excès du sucre qui se trouvait dans la liqueur fermentescible; le pouvoir osmotique de cette substance occasionnant promptement la mort de ces infusoires, comme le reconnaît ce savant. (*Comptes rendus*, et L. Figuier, *Année scientifique*, 1862, p. 268.)

déposée sous une fort petite cloche; et si, au contraire, on met l'autre sous une très-ample cloche contenant cinq cents fois plus d'air que la première; lorsqu'au bout d'un temps donné, on pèse scrupuleusement les organismes produits dans l'une et l'autre éprouvette; on en trouvera le poids presque absolument identique. (Expérience 48.)

Il est donc évident que ce ne peut pas être l'atmosphère qui apporte les œufs des organismes qu'on observe dans cette expérience; car, si c'était elle, comme il y a cinq cents fois plus d'air en contact avec le liquide d'une des éprouvettes, celle-ci devrait contenir environ cinq cents fois plus d'ani-

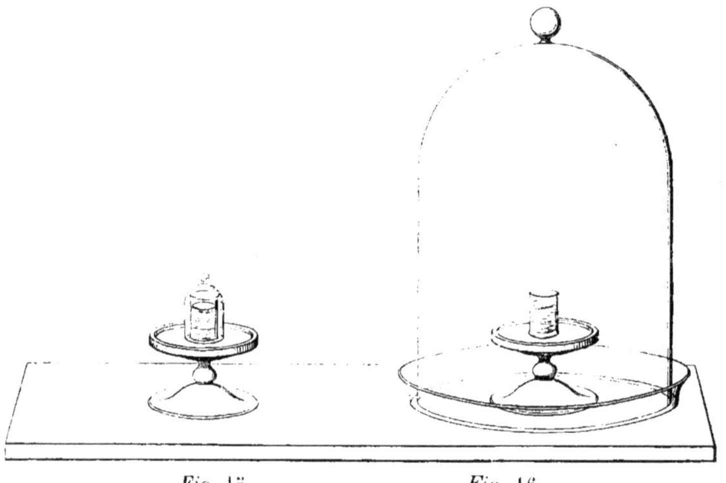

Fig. 15. *Fig.* 16.

maux que l'on n'en observe dans l'autre, ce qui serait appréciable au moindre examen.

Comme nous avons plus que surabondamment prouvé que ce n'est pas le liquide qui contient les œufs et les spores, il est donc bien évident que ce n'est pas non plus l'air, et que par conséquent les organismes se forment spontanément.

CHAPITRE IV.

DÉMONSTRATION CHIMIQUE.

Pour bien saisir toutes les phases de la démonstration chimique, il faut en diviser les phénomènes en deux sections : ceux qui appartiennent absolument au monde matériel, ou les phénomènes physico-chimiques; et ceux qui dépendent de la vie organique, ou les phénomènes biologiques.

1° PHÉNOMÈNES PHYSICO-CHIMIQUES DES FERMENTATIONS.

Dénégation des ferments vivants. — L'hypothèse des ferments vivants succombe immédiatement en présence de l'expérience. Nous allons le démontrer, et, à cet égard, nos vues sont en harmonie avec celles des hommes les plus considérables de la science; tels que Gerhardt, Berzelius, Liebig, Pelouze et Frémy (1).

Nous avons vu précédemment dans quelle erreur profonde étaient tombés les physiologistes en s'emparant des expériences de Schultze, de Schwann, de Schrœder et de Dusch pour étayer leurs théories sur les générations spontanées. Nos

(1) Gerhardt, *Traité de chimie organique*. Paris, 1856, t. IV. — Berzelius, *Comptes rendus des travaux de chimie*, 1843. — Liebig, *Lettres sur la chimie*, *Trad. franç.* 16e et 18e lettre. Pelouze et Frémy, *Traité de chimie*. Paris, 1850.

lecteurs se souviennent que ces derniers, arrêtés par l'oscillation incessante de leurs résultats, n'avaient même pas osé en déduire aucune conclusion finale; et enfin que toutes ces expériences, répétées avec plus de soin par divers savants et par nous, ont été reconnues absolument inexactes; car, lorsqu'elles sont conduites rationnellement, toujours le physiologiste leur voit produire des animalcules ou des plantes (1).

Aux expériences de Schrœder et de Dusch on peut opposer que, dans une foule de circonstances, comme nous l'avons vu, l'air tamisé dans du coton ne prévient ni la putréfaction, ni l'apparition des protoorganismes. Déjà, avant nous, Gerhardt l'avait fait observer pour le lait et la viande chauffés au bain-marie (2).

Pour les expériences de MM. Chevreul et Pasteur, il a déjà été établi qu'on doit les considérer comme étant absolument erronées. MM. Joly et Musset ont, ainsi que nous, reconnu, en les répétant de diverses manières, que l'air, en rentrant dans les matras, quelle que soit la déclivité ou la marche tortueuse qu'on lui fasse accomplir, n'en était pas moins apte à déterminer la fermentation et la production de certains organismes (3). (Expérience 3.)

Quant aux expériences d'ensemencement de M. Pasteur, nous avons prouvé précédemment qu'il n'introduisait dans ses ballons aucun de ces introuvables germes, dont il parle

(1) Plusieurs causes se sont réunies pour égarer les chimistes, et souvent leur faire croire que des expériences étaient négatives, tandis que, à leur insu, leurs ballons s'étaient remplis d'organismes vivants : 1° leur défaut d'études spéciales, 2° leur peu d'habitude à manier le microscope, 3° les macérations troubles qui leur dérobent leurs populations animées, 4° leur inhabileté à discerner les débris cadavériques des organismes morts, enfin, 5° leur manque d'habitude pour saisir l'instant où le liquide recèle des animalcules vivants.

(2) Gerhardt, *Traité de chimie organique*. Paris, 1856, t. IV, p. 544.

(3) Joly et Musset, *Comptes rendus de l'Académie des sciences*. — Pouchet, *Comptes rendus de l'Académie des sciences*, 1860, t. L, p. 1018.

constamment et qu'il ne montre jamais, mais seulement des débris de matière organique qui y sont suspendus, c'est-à-dire des ferments dont l'activité vient s'ajouter à l'action de l'oxygène atmosphérique. Cette objection, si rationnelle, n'est même pas de nous : depuis longtemps déjà, Gerhardt l'avait avancée (1). M. Baudrimont, nous l'avons vu, l'a également reproduite.

Maintenant que nous avons réduit à leur juste valeur tant d'expériences inutiles ou erronées, abordons les faits positifs.

Lorsqu'on dessèche de la levûre à une basse température ou dans le vide, elle se transforme en une masse dure, cornée, demi-transparente, grisâtre. Si, après l'avoir conservée un certain temps dans cet état, on la met digérer dans de l'eau, elle redevient ferment (2).

Si vraiment, avant d'émettre toutes les hypothèses scientifiques qui entravent les études sérieuses, on avait voulu faire attention à ce seul fait rapporté par M. Regnault, eût-on jamais songé à prétendre que les ferments sont vivants? C'est là évidemment un corps sec et mort, qui ne peut agir que par ses propriétés chimiques.

J'ai vérifié l'exactitude de ce qu'avance M. Regnault, et j'ai même été plus loin.

Si tout ne se conjurait pour renverser l'hypothèse des ferments vivants, et l'autorité des plus grands chimistes, et les contradictions de ses fauteurs eux-mêmes, l'expérience capitale qui suit et que j'ai instituée, ne souffrirait pas la moindre réplique.

EXPÉRIENCE. — Ayant pris de la levûre de bière anglaise, sèche, exposée au soleil depuis six mois, et l'ayant ensuite placée pendant six heures dans une étuve chauffée à 100°;

(1) Gerhardt, *Traité de chimie organique*. Paris, 1856, t. IV, p. 545.
(2) Regnault, *Cours élémentaire de chimie*. Paris, 1861, t. IV, p. 183.

lorsque cette levûre fut mise dans du moût de bière, elle y détermina une fermentation énergique et la genèse d'une abondance de nouvelles spores de levûre, qu'on distinguait très-bien de celles qui avaient été desséchées, dont l'organisation était profondément altérée.

On ne dira pas, sans doute, que ces spores altérées, désorganisées et ayant subi six mois de dessiccation et six heures la température de 100°, pouvaient avoir conservé leur vitalité. (Expérience 50.)

La levûre, considérée comme corps vivant, ne joue donc aucun rôle, comme agent initial, dans la fermentation de la bière. La cause déterminante de ce phénomène, qu'elle active seulement, réside tout à fait dans la sécrétion glutineuse qui enveloppe les grains de levûre. *Ce n'est donc pas un phénomène biologique qu'elle détermine, mais simplement une réaction chimique.*

M. Collin, depuis assez longtemps, a mis ce fait hors de doute. Il a vu que l'on déterminait avec facilité tous les phénomènes de la fermentation en se servant simplement d'eau de lavage de levûre.

J'ai répété diversement les expériences de ce chimiste, et j'ai toujours vu aussi que la sécrétion de la levûre suffisait seule, et absolument seule, pour déterminer une énergique et subite fermentation. (Expérience n° 51.)

Après les expériences de MM. Regnault et Collin, et après les nôtres ; expériences qui prennent successivement à l'état mort les deux facteurs supposés du phénomène, est-il possible d'admettre encore la vitalité du ferment ?

Les résultats obtenus par M. Collin étaient tellement significatifs, qu'ils ont convaincu tous les savants. En vain M. Pasteur a prétendu que la fermentation ne commençait à se manifester qu'au moment où il y a des globules de levûre tout formés, et que la partie liquide de ces globules n'est qu'un aliment propre à leur développement.

Il y a là deux graves erreurs, l'une chimique et l'autre biologique.

Il est évident qu'il est impossible, dans ce cas, d'attribuer un ordre de phénomènes à un agent qui n'existe point encore. Comment le savant chimiste peut-il dire que la levûre est la cause initiale de la fermentation, quand, dans les expériences en question, on n'en a cependant mis aucun globule ? Les globules n'apparaissent concomitamment au phénomène que parce qu'ils trouvent alors libres leurs éléments nutritifs.

Il y a aussi là une erreur biologique, car l'eau de lavage de levûre ne contient que la sécrétion qui imprègne extérieurement les grains de levûre ; et le produit exhalé par un être vivant ne peut être considéré comme propre à sa nutrition. Ce produit détermine un phénomène catalytique, mais ne peut nourrir l'organisme qui l'a expulsé.

Il est évident que, par leur nutrition ou leur respiration, les organismes doivent influer sur la nature chimique du milieu où ils apparaissent ; ils modifient les phénomènes de la fermentation, mais n'en sont nullement les causes initiales, et la preuve, c'est que ceux-ci se manifestent parfois sans qu'ils existent.

Tout ce que nous disons ici a été parfaitement bien exprimé par M. Robin. Ce n'est pas le végétal, dit-il, qui par ses actes de nutrition détermine la fermentation, comme on le suppose faussement, mais c'est la matière liquide ou demi-liquide interposée à la levûre qui joue le rôle de corps catalytique (1).

Ainsi, nos opinions sont en harmonie avec celles de plusieurs savants de premier ordre.

C'est avec beaucoup de raison que Gerhardt émet une opinion qui est absolument opposée à celle de M. Pasteur. Selon lui, les organismes qui apparaissent dans la fermenta-

(1) Robin. *Dictionnaire de médecine et de chirurgie*. Paris, 1858, p. 811.

tion ne peuvent nullement aussi être considérés comme étant la cause efficiente de ce phénomène chimique (1). Et une expérience exécutée par M. Schmidt le prouve évidemment.

Dans celle-ci, la fermentation ayant précédé l'apparition des Protophytes, ce ne peut donc être à leur influence qu'on doit l'attribuer (2).

L'hypothèse des ferments vivants succombe donc de toutes parts en présence de l'expérience et de l'observation ; et dans le fait qui vient d'être mentionné, nous voyons la substance albuminoïde se montrer avant les organismes dont elle doit être le stroma. *A priori*, même, il n'est nullement rationnel d'admettre que des êtres si divers, et dont les phénomènes fonctionnels sont si opposés, végétaux ou animaux, n'en déterminent pas moins des actes chimiques absolument identiques dans les milieux fermentescibles.

M. Lüdersdorff a reconnu que la levûre triturée fort exactement était impropre à déterminer la fermentation (3).

Les chimistes qui attribuent ce phénomène à l'action vitale des ferments ont pu trouver un argument spécieux dans cette expérience; mais cependant celle-ci n'a réellement aucune valeur pour cette démonstration. Aussi des savants qui l'ont répétée et qui ont obtenu les mêmes résultats, et tel est entre autres M. Schmidt, en ont avec raison tiré des conséquences tout à fait opposées (4).

(1) Gerhardt, *Traité de chimie organique*. Paris, 1856, t. IV, p. 543.

(2) Ce savant dit qu'une solution de glucose avec une solution de légumine, produit en peu d'heures un notable dégagement d'acide carbonique, sans se troubler le moindrement. Ce n'est qu'après vingt-quatre heures qu'il se forme un précipité albuminoïde, encore vierge d'organismes ; et ce n'est même qu'après un temps beaucoup plus considérable, même parfois double, qu'on voit des globules de levûre apparaître.

(3) Lüdersdorff, *Ann. de Poggend.*, t. XLVII, p. 409.

(4) Schmidt, *Ann. de chimie et de pharmacie*, t. LXI, p. 168, pense que, pour porphyriser exactement un seul gramme de levûre, il faut employer cinq à six heures ; et que pendant cette manutention le contact de l'air

Les organismes sont si peu les agents des fermentations qu'on en peut citer quelques-unes dans lesquelles il n'en apparaît aucun (1). Comment donc les chimistes qui attribuent toutes les fermentations à l'action initiale des animalcules ou des Protophytes pourraient-ils sortir de cette objection ?

La levûre agit si peu comme corps vivant pour déterminer les fermentations, que celles-ci ne se produisent pas moins lorsque vous mélangez avec le liquide certains agents, tels que l'opium, la strychnine, l'acide cyanhydrique, qui anéantissent si rapidement toute action vitale.

Ce qui détermine la fermentation, nous le redisons en terminant, ce n'est pas un acte de chimie vivante, c'est essentiellement un produit mort, et la vie n'apparaît que par suite des conditions nouvelles dans lesquelles entre la matière. *Il n'y a que des ferments morts*.

M. Regnault donne à la levûre de bière le nom de ferment. Il a tort puisqu'il reconnaît ensuite que la chair musculaire, l'urine, la gélatine, le blanc d'œuf et le gluten, déterminent la fermentation après leur exposition au contact de l'air (2).

La levûre est si peu la cause initiale de la fermentation, en tant que corps organisé, que Gerhardt proclame lui-même qu'elle n'excite ce phénomène qu'en vertu de l'altération qu'elle éprouve dans l'eau et au contact de l'air (3).

Peut-on tracer la nature du phénomène d'une plus rigoureuse façon? Et après tant de preuves à l'appui de notre opinion, ne doit-on pas trouver surprenant que certains chi-

agissant sur les particules de celle-ci, en a énormément altéré les propriétés chimiques, ce qui rend la comparaison absolument nulle.

(1) Tel est, suivant Bouchardat, ce qui se passe dans la transformation de l'amidon en glucose : pas un globule de levûre n'apparaît. Gerhardt, *Traité de chimie organique*. Paris, 1856, t. IV, p. 546.

(2) Regnault, *Cours élémentaire de chimie*. Paris, 1851, t. IV, p. 178.

(3) Si l'en épuise de la levûre de bière par l'eau froide privée d'air, dit-il, on obtient un résidu impropre à exciter la fermentation.

mistes appellent encore la levûre ferment, et proclament que le ferment est un corps vivant?

La levûre est si peu le ferment, que la fermentation se manifeste le plus souvent sans qu'on en ait employé; et si elle contribue à la susciter ou à l'entretenir, elle n'agit, comme nous l'avons vu, que par les produits qu'elle sécrète ou par sa propre destruction. Conséquemment il n'est pas plus rationnel de nommer *ferment* l'organisme qui produit la fermentation, qu'il soit végétal ou animal, qu'il ne le serait de nommer *venin* le serpent dont la morsure tue.

Le ferment, d'après Gerhardt, ainsi que d'après nous, n'est pas une substance *sui generis ;* ce nom doit être appliqué à tous les corps en décomposition et dont le contact est susceptible de provoquer de nouvelles combinaisons chimiques (1).

Parmi ceux-ci, les substances albuminoïdes doivent surtout être rangées au nombre des ferments les plus énergiques. La levûre de bière, la lie de vin, le sang, le fromage, la chair musculaire ont surtout une grande énergie (2). Tous ces ferments s'altèrent d'abord au contact de l'air; puis, quand le mouvement de décomposition, a commencé, il se propage rapidement à de grandes masses. C'est ainsi que s'expliquent les résultats extraordinaires obtenus à l'aide des moindres parcelles de ferment, l'action des résorptions purulentes, des piqûres anatomiques, etc. (3).

Un corps incréé ne peut être la cause initiale de la série des phénomènes au milieu desquels il apparaît; il ne peut en être que le produit.

Ce qui a fait considérer la levûre comme étant le ferment, c'est que par son contact on détermine promptement la fermentation; mais, en émettant de telles idées, on a totalement

(1) Gerhardt, *Traité de chimie organique.* Paris, 1856, t. IV, p. 541.
(2) Pelouze et Frémy, *Traité de chimie.* Paris, 1850, t. IV, p. 649.
(3) Gerhardt, *Traité de chimie.* Paris, 1856, t. IV, p. 540.

oublié que ce phénomène se produit plus souvent encore sans l'adjonction de cet agent que par son influence (1).

Dans toutes leurs conceptions à l'égard de la fermentation, les chimistes semblent avoir été dominés par les opérations du brasseur. On les voit oublier, eux-mêmes, qu'à chacune des pages de leurs écrits, ils proclament que ce phénomène important se développe tout aussi bien sous l'influence de cent corps divers, que sous celle de la levûre! J'ai pu déterminer une fermentation énergique et la formation de levûre, avec des fragments de cerveau d'homme. (Expérience 53.)

La dénomination de ferment ne peut appartenir qu'au corps qui détermine la fermentation ; or, comme nous l'avons dit, les chimistes signalant dans leur œuvre une série de ces corps tels que les chairs putréfiées, la substance cérébrale, les spores de certains végétaux, ceux-ci, au même titre que la levûre, pourraient être considérés comme des ferments. J'ai vu diverses sécrétions, l'urine et le venin de plusieurs animaux, provoquer d'actives fermentations. Or, personne, je pense, n'osera prétendre que ces corps divers représentent des organismes. (Expérience 60.)

Il est évident que, puisque les phénomènes de catalyse apparaissent sous l'influence de corps absolument morts, soit végétaux, soit animaux, la fermentation n'est pas le produit de l'organisme en action. Et cela est d'autant plus évident, que l'on sait que plus le corps employé pour la fermentation a de tendance à se décomposer et plus il est putréfié, plus aussi celle-ci apparaît promptement.

La fermentation ne dépend pas plus de l'organisme vivant, que l'action d'un virus, qui occasionne une déplorable

(1) Ainsi, dans la fabrication du cidre, sans qu'on la sème, il se forme une levûre malique extrêmement abondante, et dont les chimistes n'ont jamais parlé.

infection septique, ne dépend des synergies biologiques de l'animal dont il a été extrait.

Désigner l'agent des fermentations par la dénomination de ferments vivants, c'est donner une fausse idée et du phénomène et de son point initial. La fermentation, loin de procéder de la vie, ne dérive, au contraire, que d'un phénomène de destruction, d'un acte de mort. Ne la voit-on pas se produire d'autant plus efficacement, d'autant plus rapidement que les corps sont plus putrescibles? Si, dans la plupart des cas, elle s'accompagne d'une prodigieuse quantité d'organismes, ceux-ci apparaissent au milieu d'une série de phénomènes qui devaient naturellement les précéder; et ils doivent si peu en être considérés comme la cause, que, dans beaucoup de circonstances, la fermentation et la putréfaction se manifestent et marchent fort ostensiblement, sans qu'il existe le moindre animalcule ou la moindre plante.

La présence de l'air paraît être l'une des conditions fondamentales de la fermentation. Plus il est abondant et renouvelé, plus elle semble active. Si on le confine ou s'il manque, cet acte chimique est paralysé ou absolument entravé.

L'air agit sur les phénomènes de genèse et de fermentation par un simple contact, et non par les corpuscules qu'il contient.

Cela se révèle à l'aide d'expériences bien simples. Si l'on recouvre un liquide fermentescible avec une couche d'huile, la fermentation est arrêtée, et il ne se produit pas d'organismes si le liquide a été suffisamment filtré. Si les organismes provenaient de l'atmosphère, il est évident qu'il en serait tombé quelques-uns durant l'opération, et qu'on les verrait se développer sinon à la surface, au moins au fond.

Selon Gerhardt, l'oxygène serait la cause première, le *primum movens* de tous les phénomènes de fermentation et de putréfaction. A l'appui de son assertion, ce savant rappelle que les viandes, les légumes et les sucs végétaux, même les plus sujets à se corrompre, renfermés dans des vases hermétiquement bouchés, que l'on a préliminairement chauffés à 100° pour en chasser l'air, se conservent sans s'altérer pendant un temps considérable. Après quinze ans, on en a retrouvé de la même fraîcheur qu'au moment où on les y avait introduits (1).

Selon Gay-Lussac, l'oxygène ne serait nécessaire que pour commencer la fermentation, mais il ne l'est point pour la continuer (2).

Voici donc un fait nettement posé, nettement circonscrit.

Mais depuis que l'on avait supposé qu'on pouvait paralyser la fermentation en ne mettant en contact que de l'air calciné avec les substances putrescibles, quelques savants ont professé que l'atmosphère était seulement le véhicule d'un agent particulier qu'on devait considérer comme la véritable cause déterminante de la putréfaction. Selon M. Pasteur, cet agent serait les œufs et les séminules que l'air charrie.

Voici donc un autre fait encore nettement posé.

Comment donc une science exacte comme la chimie a-t-elle pu soutenir successivement deux opinions si diamétralement opposées?

Qui donc se trompe? Est-ce Gerhardt et Gay-Lussac, ou est-ce M. Pasteur?

L'eau est l'élément indispensable de la fermentation. Si elle manque, ce phénomène ne se manifeste pas. Les vapeurs aqueuses en suspension dans l'atmosphère peuvent y suppléer dans les pays chauds et humides. Dans beaucoup de régions marécageuses de l'Amérique équatoriale, en quelques heures un animal mort est totalement putréfié; ail-

(1) Gerhardt, *Traité de chimie organique*. Paris, 1856, t. IV, p. 538.

(2) Gay-Lussac, *Ann. de chimie*, 1810, t. LXXVI, p. 247. — L'absence d'oxygène, dit ce physicien, est une condition nécessaire pour la conservation des substances animales et végétales.

leurs, dans des contrées où règne une grande sécheresse, la putréfaction s'arrête. C'est à la grande sécheresse de son atmosphère que l'Égypte doit la conservation des momies d'hommes et d'animaux qui encombrent ses nécropoles (1).

La fermentation ne se produit que sous certaines conditions de température. Elle exige une chaleur de 7° à 40° (2). Vers 5° au-dessus de 0, les décompositions semblent être paralysées, et à 0° jamais elles ne se produisent. Dans les glaces du pôle ou au milieu des neiges éternelles des hautes montagnes, les cadavres des gros animaux se conservent presque indéfiniment. On sait que des éléphants et des rhinocéros antédiluviens, encore couverts de leurs chairs, ont été tirés des glaces de la Sibérie.

PHÉNOMÈNES CHIMIQUES. — Les idées de M. Pasteur se réduisent à ceci : La fermentation est un acte corrélatif de la vie et de l'organisation de la levûre ; et non un acte qui dérive de la putréfaction de la levûre morte.

Nos idées diffèrent absolument de celles du savant chimiste, car nous pensons que les ferments sont des agents morts, et que la vie est seulement concomitante avec la fermentation, et même pas toujours. Nous l'avons prouvé surabondamment dans ce qui précède.

Quand on scrute attentivement le mémoire de M. Pasteur, on s'aperçoit, à chaque page, qu'il est lui-même en contradiction flagrante à l'égard de son hypothèse favorite.

On nomme fermentation la décomposition des corps organiques, sous l'influence d'un corps qui n'agit que par sa présence.

(1) Dans la haute Égypte, où jamais il ne tombe de pluie, en remontant le Nil, nous conservions pendant un temps considérable de la viande que nous suspendions au mât de notre embarcation. Pourquoi donc l'atmosphère de cette contrée que j'ai reconnu être si propice à l'hétérogénie ne dépose-t-elle pas sur les viandes ces ferments vivants dont parle M. Pasteur? L'humidité des nuits sur le fleuve en eût favorisé l'action.

(2) Gerhardt ne met les limites qu'entre 15 à 40. Ce n'est pas assez.

Cette description de MM. Pelouze et Frémy est la plus simple que l'on puisse donner de ce phénomène, et, selon nous, la plus rigoureuse.

On appelle *ferment*, selon les mêmes chimistes, le corps qui détermine la fermentation (1). C'est encore parfaitement exact.

Selon Liebig, les faits démontrent l'existence d'une cause nouvelle, qui engendre des décompositions et des combinaisons. « Cette cause, dit-il, n'est autre chose que le mouvement qu'un corps en décomposition communique à d'autres matières, dans lesquelles les éléments sont maintenus « dans une très-faible affinité (2). »

Les idées de Liebig sont l'expression des faits dans toute leur simplicité, et il y a été conduit par la seule raison que dans beaucoup de fermentations, il a été absolument impossible de reconnaître la coexistence d'aucun protoorganisme.

La théorie de ce chimiste est si bien dans le vrai, qu'elle avait déjà été entrevue par l'un des plus grands génies des temps modernes, par Stahl (3); et, qu'aujourd'hui, elle est adoptée par presque tous les savants de l'Allemagne et de la France. MM. Frémy, Boutron et Gerhardt la professent exclusivement.

Après avoir discuté amplement toutes les hypothèses émises sur la fermentation, Gerhardt termine sa péroraison en s'écriant : « On ne peut conserver le moindre doute sur la

(1) Pelouze et Frémy, *Traité de chimie générale*. Paris, 1861, 3e édition, t. IV, p. 41.

(2) Liebig, *Annales de chimie et de physique*, 2e série, t. LXXI, p. 178. — *Lettres sur la chimie. Trad. franç.*, 16e et 28e lettre. — La levûre de bière, ajoute Liebig, et en général toutes les matières animales et végétales en putréfaction reportent sur d'autres corps l'état de décomposition dans lequel elles se trouvent elles-mêmes; le mouvement qui, par la perturbation de l'équilibre, s'imprime à leurs propres éléments, se communique également aux éléments des corps qui se trouvent en contact avec elles.

(3) Chevreul, *Journal des savants*, 1856.

« valeur de celles-ci. Évidemment, la théorie de M. Liebig « explique seule tous les phénomènes de la manière la plus « complète et la plus logique. C'est à elle que tous les bons « esprits ne peuvent manquer de se rallier (1). »

C'est aussi notre opinion.

Si la théorie de Liebig a été adoptée par toute l'Europe savante, et chez nous par tous les sévères penseurs, c'est que l'illustre chimiste était dans le vrai : une idée fausse ne trouve pas ainsi les sympathies générales.

Mitscherlich, quoique ayant admis l'organisation de la levûre, ne lui fait jouer aucun rôle physiologique dans la fermentation (2). Il en est de même de M. Berthelot, dont l'opinion se rapproche un peu de celle de Liebig.

Toutes les expériences tentées par nous sur la fermentation viennent attester la véracité de la théorie de Liebig et la placer à la hauteur d'une démonstration. Celles de Collin ont eu absolument le même résultat. En effet, en prouvant que les substances mortes les plus diverses produisent ce phénomène chimique, on démontre logiquement que le ferment n'est point un être vivant.

Dans les décompositions spontanées, il faut donc distinguer deux choses : la *substance fermentescible* ou putréfiable, apte à subir les phénomènes de catalyse, et le *ferment*, ou l'agent qui les provoque.

Certains chimistes, et tel est Gerhardt, attribuent même l'action de ce ferment à sa propre altération (3).

C'est avec beaucoup de raison que MM. Ch. Robin et Verdeil prétendent que l'on ne peut pas dire que ce soient les végétaux ou les animalcules qui sont les agents des actions de contact. « Il faut, ajoutent-ils, pour celles-ci le contact « spécial de matières azotées, pourries ; et la levûre ne fait

(1) Gerhardt, *Traité de chimie organique*. Paris, 1856, t. IV, p. 546.

(2) Mitscherlich, *Annales de chimie et de physique*, t. VII, p. 31, 3e série.

(3) Gerhardt, *Traité de chimie organique*. Paris, 1856, t. IV, p. 539.

« que hâter le développement de la propriété catalyti- « que (1). »

C'est l'opinion que les faits nous indiquent comme étant la plus rationnelle.

M. Regnault ne hasarde aucune explication à l'égard du *mystérieux phénomène* de la fermentation, ainsi qu'il le nomme; et il dit lui-même que la transformation du sucre en alcool et en acide carbonique est encore inexpliquée (2).

Il n'est pas indifférent de noter ici que la composition n'explique pas toujours les phénomènes biologiques. Les Microzoaires siliceux sont excessivement abondants dans l'Océan, dit de Humboldt, quoique l'analyse chimique n'ait jamais trouvé de silice parmi les éléments essentiels de l'eau de mer (3).

Les fermentations sont presque généralement accompagnées de la production de certains corps, soit solides, soit liquides, soit gazeux. Ces derniers sont ordinairement de l'acide carbonique, de l'ammoniaque, de l'hydrogène sulfuré. La dénomination de putréfaction est généralement imposée aux fermentations qui s'accompagnent de produits fétides.

2° PHÉNOMÈNES BIOLOGIQUES DES FERMENTATIONS.

Jusqu'à ce moment, la fermentation n'a guère été étudiée que sous le rapport chimique ; nous allons nous occuper ici de ses phénomènes biologiques.

Malgré les efforts incessants de quelques savants de premier ordre, il règne encore une certaine obscurité sur la nature des phénomènes matériels qui se produisent durant cet acte important, quoique cependant ils ne se composent

(1) Ch. Robin et Verdeil, *Traité de chimie anatomique et physiologique*. Paris, 1853, t. I, p. 520.

(2) Regnault, *Cours élémentaire de chimie*. Paris, 1851, t. IV, p. 184.

(3) Humboldt, *Cosmos*, t. I, p. 412.

que d'une série de mutations peu complexes. Ceci dépend peut-être de l'oubli dans lequel sont tombés les chimistes à l'égard des manifestations vitales, qui se trouvent intimement liées aux actes de catalyse qu'on voit s'accomplir dans tous les corps organisés, au moment où ils se trouvent abandonnés aux forces physico-chimiques.

Les phénomènes biologiques, quoique ayant été écartés ou presque entièrement oubliés par les chimistes, n'en sont cependant pas moins les plus complexes et les plus fondamentaux. Eux, on les voit revêtir mille formes variées, car celles-ci se trouvent absolument subordonnées aux diverses combinaisons nouvelles des corps ; tandis que les phénomènes chimiques ne diffèrent guère que dans leurs proportions.

Les fermentations étant ordinairement des phénomènes chimiques corrélatifs de la vie, il convient donc essentiellement d'en étudier les phénomènes biologiques ; c'est ce que nous allons faire.

Au début de l'étude de la fermentation, déjà le doute vous saisit et trouble les idées. Deux chimistes éminents, qui ont jeté les plus vives lumières sur ce phénomène, ne sont pas même d'accord sur ses caractères. M. Berthelot, à ce que dit M. Pasteur, applique la dénomination de *fermentation alcoolique* à des phénomènes qui, selon lui, appartiennent tous, *sans exception*, à la *fermentation lactique* (1). D'un autre côté, Lavoisier croyait que, pendant ceux-ci, il se dégageait une certaine quantité d'acide acétique, tandis que certains chimistes modernes prétendent que c'est de l'acide lactique (2).

(1) Pasteur, *Mémoire sur la fermentation alcoolique*. *Ann. de chimie et de phys.*, t. LVIII, p. 324.

(2) Comp. Pasteur, *Mémoire sur la fermentation alcoolique*. *Ann. de chimie et de phys.*, t. LVIII, p. 324.

BIOLOGIE DE LA LEVÛRE.

L'étude des phénomènes biologiques de la fermentation offre une carrière toute nouvelle, dans laquelle il y a une infinité de choses à glaner.

La fermentation est un phénomène essentiellement polymorphe. Elle métamorphose les produits organiques en raison de leur nature et de leur plus ou moins rapide décomposition. MM. Frémy et Boutron l'ont déjà rigoureusement exprimé : lui demander des produits identiques c'est absolument en méconnaître les lois.

Jusqu'à ce jour, les organismes qui apparaissent durant la fermentation de la bière ont seuls été le sujet d'études sérieuses.

Déjà, vers 1822, la pellicule qui se forme à la surface de la bière, avait été l'objet de l'attention du botaniste Persoon, et celui-ci avait donné le nom de *Mycoderma cerevisiæ* aux organismes qui la composent.

Desmazières s'occupa de ce sujet en 1825, trois ans après le savant anglais. Il reconnut que cette pellicule était formée de petites vésicules hyalines, ovoïdes, qui, d'après lui, en se développant, pouvaient se souder bout à bout pour former des tubes rameux articulés (1).

L'observation de Desmazières avait été bien faite, car, en effet, la levûre peut présenter l'aspect dont il parle ; mais il ne s'agit ici que d'une altération morbide due à l'action de l'air. M. Desmazières eut tort de croire que les vésicules de levûre étaient animées de mouvements, et devaient être rangées au nombre des animaux rudimentaires, opinion qui ne fut partagée par personne.

Ce savant n'avait observé que la pellicule de la bière, mais,

(1) Desmazières, *Ann. des sciences naturelles*, t. X, p. 42.

presque en même temps, le docteur Schwann, en Allemagne, et M. Cagniard-Latour, en France, étudièrent la levûre et arrivèrent l'un et l'autre aux mêmes conclusions. Suivant eux, la levûre ne représenterait qu'un champignon vésiculaire, jouissant de la faculté de se multiplier par bourgeonnement dans toutes les fermentations où il apparaît. Cette opinion a été adoptée par Turpin et Mitscherlich; et c'est elle qui récemment a été soutenue par M. Pasteur (1).

Au contraire, Kützing, et, depuis lui, M. Ch. Robin et quelques autres savants rangent la levûre parmi les algues (2).

Ainsi donc, depuis les travaux de Schwann, Cagniard-Latour, Mitscherlich, Ch. Robin et Pasteur, on professe généralement que chaque grain de levûre représente un végétal complet, une espèce de champignon ou d'algue, appelée par les uns *Torula cerevisiæ* et par les autres *Cryptococcus cerevisiæ*, Kütz., qui se reproduit par gemmation: chaque individu n'étant qu'une sorte de vésicule-mère de la surface de laquelle naissent des bourgeons qui s'en séparent, après avoir acquis un certain développement.

Ces diverses assertions constituent autant d'erreurs, et voici ce que l'on doit admettre.

Les corps organisés diversiformes qui apparaissent dans les liqueurs en fermentation, et auxquels on donne le nom de levûre, ne représentent nullement une plante complète. Ce ne sont, en réalité, que des semences ou des spores spontanées de divers végétaux inférieurs, signalés pour la première fois par nous et décrits et représentés plus loin.

(1) Schwann, *Ann. de Poggendorff*, 1837, t. XLI. — Cagniard-Latour, *Ann. de chimie et de physique*, t. LXVIII, p. 206. — Turpin, *Mémoires de l'Institut*, t. XVII, p. 93. — Mitscherlich, *Lehrb. der Chimie*, 4e édition, p. 371. — Pasteur, *Mémoires sur la fermentation alcoolique. Ann. de chimie et de physique*, 1860, t. LVII.

(2) Kützing, *Species algarum*, Lipsiæ, 1849. — Robin, *Histoire naturelle des végétaux parasites*. Paris, 1853, p. 322.

On met ce fait hors de doute par la plus simple et la plus irrécusable observation. Lorsqu'ils se trouvent dans les circonstances convenables, on voit, en effet, les grains de levûre germer à l'instar des spores des cryptogames. A l'une de leurs extrémités apparaît une petite tige qui s'allonge peu à peu, se cloisonne, se ramifie et se couvre de fructification. Et ces spores spontanées, en se développant, donnent naissance à des espèces végétales qui varient selon les fermentations, et appartiennent surtout aux genres *Penicillium*, *Aspergillus*, *Ascophora* et *Collarium*.

MM. Pelouze et Frémy semblent même, sans s'en douter, avoir entrevu tout ce que nous venons prouver ici, puisqu'ils disent, dans leur *Traité de Chimie*, que du ferment exposé à l'air, sous l'influence d'une dissolution sucrée, donne naissance au *Penicillium glaucum* (1).

Aussitôt que la levûre fut rangée au nombre des corps organisés, on s'efforça d'en pénétrer la structure et la reproduction.

Pour moi, comme la levûre est chimiquement analogue aux matières animales, j'avais d'abord été tenté de la considérer comme formée d'animalcules microscopiques. Mais en suivant pas à pas l'évolution et le développement de la levûre du cidre, je me suis convaincu que celle-ci ne représente ni un animal, ni une plante, et j'ai acquis la certitude que cette levûre n'est que la graine de divers végétaux appartenant aux genres *Aspergillus* et *Penicillium*, car j'ai pu suivre toutes les phases de leur développement depuis la germination jusqu'à la fructification.

Description. — Selon nous, chaque spore de levûre se compose d'une enveloppe extérieure, et, à l'intérieur, de granules et d'une ou, rarement, de plusieurs vacuoles remplies d'un fluide très-légèrement coloré.

(1) Pelouze et Frémy, *Traité de chimie générale*. Paris, 1856, t. IV, p. 160.

La configuration des spores de levûre varie infiniment, selon la nature des liquides; elles sont ordinairement ovoïdes; quelquefois globuleuses, cylindroïdes ou amygdaloïdes. Il résulte de là, que la seule forme de ces semences suffit souvent pour les caractériser.

Décrivons d'abord la levûre de bière, qui est presque l'unique espèce dont parlent les chimistes. Après cela nous trouverons facilement les caractères différentiels de toutes les autres.

La levûre de bière normale est ovoïde, plus obtuse à l'une de ses extrémités qu'à l'autre; son diamètre varie de $0^{mm},0040$ à $0^{mm},0100$. A de forts grossissements, et à l'aide de divers réactifs et d'un éclairage spécial, on reconnaît qu'elle est évidemment composée de quatre parties: d'une enveloppe, de granules, d'une vésicule, et d'un fluide excrété.

L'enveloppe, qui est mince et lisse, paraît être analogue à l'épisperme des semences des grands végétaux. Elle est d'un jaune clair et offre $0^{mm},0005$ d'épaisseur (1).

Les granules qui se trouvent contenus sous cette enveloppe sont très-fins, plus serrés vers le centre de la spore autour de la vésicule. Leur teinte est d'un bleu excessivement léger à la lumière ordinaire, et ils deviennent d'un bleu magnifique et foncé quand on éclaire le microscope à l'aide de la lumière artificielle. La fonction de ces granules est analogue à celle du périsperme. Le mouvement Brownien que certains observateurs, et en particulier MM. Regnault et Pasteur, leur ont attribué n'existe nullement. C'est une

(1) Plus on compare attentivement la spore spontanée des fermentations avec la graine des végétaux phanérogames, plus on lui trouve d'analogie avec celle-ci. L'enveloppe mince de la première représente l'épisperme de l'autre. Les granules ont la plus grande ressemblance avec un périsperme. Et lors de la germination des spores de levûre, ces granules remplissent absolument la fonction de ce dernier, en s'épuisant au profit de la jeune pousse.

erreur d'observation, due à ce que les spores en roulant sur elles-mêmes, lorsqu'elles flottent dans le liquide, font en apparence changer leurs granules de place, quoique ceux-ci soient absolument immobiles (1).

Vers le centre de chaque spore parvenue à son entier développement, on voit une vésicule ou vacuole ordinairement globuleuse ou ovoïde, d'environ $0^{mm},0010$ de diamètre, remplie d'un fluide rose très-pâle. Celui-ci est probablement l'analogue du périsperme liquide qu'on remarque dans certaines semences. Il disparaît durant la germination.

Enfin, outre les trois organes fondamentaux dont nous venons de parler, on remarque à l'extérieur des grains de levûre une couche glutineuse, facile à distinguer par sa réfrangibilité spéciale, et qui forme autour de chacun d'eux une zone plus pâle que le liquide dans lequel ils nagent.

Les autres spores de levûre diffèrent souvent de celles de la bière, non-seulement par la forme, mais aussi par le contenu. Les spores maliques sont plus allongées et offrent fréquemment l'aspect amygdaloïde, l'une de leurs extrémités, celle par laquelle s'opère la germination, étant un peu plus aiguë. Ces spores ont de $0^{mm},0084$ à $0^{mm},0112$ de longueur, sur $0^{mm},0056$ à $0^{mm},0084$ de largeur. Leur tégument est mince et leur vacuole est ovalaire. La levûre lactique est encore plus allongée que la précédente et presque cylindroïde. Sa vacuole est parfois très-allongée et même quelquefois double (2).

ACCROISSEMENT. — A l'aide d'une observation attentive,

(1) Regnault, *Leçons élémentaires de chimie*. Paris, 1851, t. IV, p. 182. — Pasteur, *Mémoire sur la fermentation alcoolique. Ann. de chim. et de phys.*, 1860, t. LVIII.

(2) Suivant M. Pasteur, la levûre du vin a tout à fait l'aspect de la levûre de bière. Mais c'est encore là une grande erreur du savant chimiste. Cette levûre, par sa forme et son volume, n'a aucune ressemblance avec la levûre cérévisique ; et quand on la fait germer, elle produit un végétal différent.

on peut suivre toutes les phases du développement spontané des spores cérévisiques ou maliques. On les voit d'abord apparaître sous la forme de granules infiniment petits. Puis, bientôt elles représentent de petites vésicules sphériques de 0mm,0028 de diamètre. Celles-ci s'accroissent ensuite jusqu'à 0mm,0074 et même parfois au delà, sans discontinuer d'offrir cette forme. C'est seulement au-dessus de ce diamètre que les spores spontanées des fermentations commencent à prendre leur configuration spéciale et à se remplir de granulations; et ce n'est encore que plus tard, c'est-à-dire quand la spore a acquis la limite de son développement, qu'on voit apparaître sa vacuole remplie de fluide coloré.

M. Pasteur prétend que la levûre est toujours formée de globules d'uniforme diamètre.

C'est une erreur capitale. Il est vrai que lorsqu'elles sont parvenues à leur entier développement, toutes les spores sont à peu près de la même grosseur. Mais quand on fait l'observation sur de la levûre en voie de formation, on en rencontre de tous les diamètres. Au début, tous sont petits, et pas un seul n'offre la taille des adultes (1).

Accolement. — Pseudo-gemmation. — Depuis les travaux de Schwann et de Cagniard-Latour, les chimistes ont généralement admis que la levûre se reproduisait par gemmation. C'est encore une hypothèse tout à fait erronée.

Les spores de levûre ne se produisent nullement par gemmation, et, pour le prouver péremptoirement, il suffit de dire qu'elles apparaissent normalement et spontanément dans certains liquides fermentescibles dans lesquels on n'en a mis aucun; ce qui a lieu en particulier dans la fermentation

(1) Cagniard-Latour, Turpin et Mitscherlich ont prétendu que, dans certains cas, les vésicules de levûre crevaient et que les granules qu'elles contiennent, après s'être répandus dans le liquide, formaient autant de séminules qui s'accroissaient et donnaient naissance à de nombreux grains de levûre. C'est une erreur d'observation.

du vin, du cidre, et même, dans certaines circonstances, dans celle de la bière. Il est vraiment prodigieux que, connaissant de tels faits, on ait encore osé soutenir la théorie du bourgeonnement.

L'idée de la gemmation de la levûre est essentiellement née de la pratique de la fabrication de la bière. En voyant que l'on en retire cinq à sept fois plus que l'on n'en met dans une cuve de cette boisson, on a naturellement cru que cette levûre se reproduisait elle-même. Et, par suite, en trouvant ses grains accolés entre eux à certains moments, on s'est imaginé que c'était par bourgeonnement que ceux-ci se multipliaient. Cela semblait fort rationnel, mais, cependant, c'est un fait absolument inexact, et, en physiologie végétale, absolument impossible.

Berzelius, quoique n'ayant point saisi la nature de la levûre, avait cependant bien reconnu la manière dont ses grains s'agglomèrent. « Ce sont, dit-il, de petites boules qui se groupent les unes à la suite des autres en forme de chaîne de perles (1).

On a pris pour une gemmation l'accolement accidentel des petits grains de levûre aux gros, ou le commencement de la germination des spores.

Cet accolement est dû à ce qu'à certain moment de leur évolution, les spores ont leur surface recouverte d'une sécrétion glutineuse, qui y accole les jeunes, quand ceux-ci viennent à les toucher. On distingue très-bien, nous l'avons dit, à sa réfrangibilité spéciale, la zone que forme cette sécrétion.

Ce fluide glutineux paraît principalement se produire aux extrémités des spores lorsque celles-ci sont ovoïdes; aussi c'est presque constamment là que les individus en voie de développement adhèrent à ceux qui sont totalement formés.

(1) Berzelius, *Comptes rendus des travaux de chimie*, 1843, p. 277.

L'hypothèse de la gemmation de la levûre tombe d'elle-même :

1° Parce que l'on reconnaît que la levûre représente, non un individu-mère, mais une simple graine, dont on peut suivre toutes les phases de développement ;

2° Parce que les grains de levûre s'accolent tout aussi intimement aux verres entre lesquels on les observe, qu'ils s'accolent entre eux ;

3° Parce que l'observation directe prouve qu'il n'y a jamais continuité entre les grains adultes et les jeunes qui leur adhèrent ;

4° Parce que certains réactifs, en dissolvant la sécrétion glutineuse, isolent tous les grains ; ce qui n'aurait pas lieu s'il y avait continuité organique ;

5° Parce que l'on voit divers modes d'adhérence entre les grains, qui ne pourraient nullement s'expliquer par la gemmation ;

6° Parce que parfois on voit des grains absolument libres, s'accoler entre eux lorsqu'ils se rencontrent dans le champ du microscope, et ensuite ne pouvoir être séparés par les courants du liquide ;

7° Enfin, parce qu'une compression légère sépare parfois des grains accolés, qui, après s'être tenus à distance, se recollent ensuite s'ils viennent à se rencontrer.

On doit cependant dire que l'erreur des savants qui ont cru à la gemmation de la levûre est fort pardonnable, tant l'accolement de ses grains ressemble à un jeune bourgeon sortant d'un individu-mère. L'illusion est d'autant plus grande que, dans les levûres ovoïdes, c'est vers l'extrémité que se fait la jonction, parce que c'est là que la sécrétion agglutinante abonde principalement.

Cependant, si d'autres preuves ne venaient à l'appui de nos assertions, la seule étude du mode d'adhérence des grains entre eux, suffirait pour démontrer toute la fausseté de l'hypothèse de la gemmation. C'est si bien une sécrétion glutineuse qui fait adhérer les grains entre eux, que l'on en voit beaucoup qui n'adhèrent pas seulement deux à deux, comme cela serait s'il s'agissait d'une simple gemmation, mais qui sont dix, vingt, trente, quarante et plus, intimement et irrégulièrement accolés, et qui flottent ainsi de côté et d'autre, entraînés par les courants du liquide.

Quelquefois ces amas de spores s'accolent aux parois des verres entre lesquels on les observe, et il devient impossible de les en détacher sans employer une certaine force. Quelquefois aussi, c'est un grain isolé qui adhère à ces verres, et l'on s'aperçoit même qu'il y est accolé par sa substance glutineuse, qu'on voit s'étirer durant les mouvements que l'on imprime à ce grain. Il ne peut donc y avoir de doute.

On rencontre assez souvent deux grains de levûre de taille normale entre lesquels il en existe un très-petit. Or, ce petit n'ayant pas pu provenir des deux à la fois, il faut bien que l'un des gros seulement lui ait donné naissance; mais alors, dans l'hypothèse de la gemmation, on ne peut admettre que ce soit cet imparfait petit qui ait enfanté une autre mère adulte!

On rencontre parfois une prétendue vésicule-mère portant un petit auquel il en adhère un ou deux autres d'un volume beaucoup moindre. Ces petits, n'ayant point encore acquis la taille des vésicules adultes, ne peuvent assurément pas engendrer.

On trouve aussi, très-communément, de véritables chapelets de trois à dix individus de grosse taille, ce qui ne saurait exister dans l'hypothèse de la gemmation, car, avant de se reproduire, les adultes auraient dû ne pas rester accolés.

Enfin, j'ai vu aussi, mais très-rarement et seulement dans les levûres ovoïdes et dont la sécrétion glutineuse paraît essentiellement se faire à l'un des pôles, les grains s'accoler en grand nombre et former des espèces de végétations dendroïdes (1).

L'aspect qu'offrent les spores de la levûre en germination, a dû amplement aussi contribuer à l'erreur qu'on a propagée. Au commencement de cette germination, le jeune embryon forme une petite saillie globuleuse, qui grossit, s'allonge et ressemble, jusqu'à un certain point, à un petit grain de levûre accolé au gros. Quand c'est ainsi un commencement de germination, il y a continuité entre la spore et la jeune pousse, et, par une observation attentive, l'on voit cette dernière se transformer en tige articulée. Au contraire, si l'appendice n'est qu'une autre petite spore qui s'y est accolée, on s'aperçoit très-bien, lorsque les deux grains sont exactement sur le même plan, que la lumière passe entre eux et qu'ils sont distants et séparés de toute l'épaisseur de la couche glutineuse. On distingue de la même manière le simple accolement des grains plus gros ensemble.

Gerhardt a très-bien expliqué pourquoi on rencontre si souvent les grains de levûre accolés (2).

M. Regnault dit, avec raison, qu'il ne semble pas qu'il y

(1) Ces végétations dendroïdes n'ont jamais été observées que sur les spores de levûre du cidre. Elles avaient absolument l'apparence de petits arbuscules formés de cellules ou vésicules allongées, soudées par leurs extrémités et représentant des divisions dichotomiques se subdivisant elles-mêmes, et dont chacune était formée de quatre à six spores adhérentes bout à bout. Cette disposition arbusculaire proteste encore, et avec beaucoup d'énergie, contre la théorie de la gemmation; car, en admettant celle-ci, on ne concevrait pas comment tant de grains de levûre resteraient adhérents ainsi. Si cette théorie avait le moindre fondement, chaque, mère après avoir produit son petit, s'en détacherait, et l'on ne rencontrerait pas trente à quarante grains restant accolés pour former un arbuscule à rameaux nombreux et réguliers.

(2) Il est naturel, dit-il, que la production de nouvelles levûres se fasse non à distance des globules déjà formés, mais à leur contact immédiat; cette intimité de contact était précisément indispensable pour qu'une matière qui se trouve dans un état d'altération opère la décomposition d'une autre matière. Gerhardt, *Traité de chimie organique*. Paris, 1856, t. IV, p. 542.

ait communication entre les globules de levûre accolés (1). Ce serait cependant tout le contraire, si cet accolement représentait une gemmation, le petit ne pouvant être alors qu'une expansion de la mère. Mais ce qu'il y a d'étonnant, c'est que l'illustre chimiste ne semble pas s'être aperçu que cette seule assertion renversait de fond en comble la théorie de la gemmation.

Toutes ces considérations sont même absolument superflues, en présence du fait culminant de la germination des spores de levûre et de leur transformation en végétaux parfaits et définis, une graine ne pouvant, par gemmation, produire une autre graine.

Expérience. — Enfin, une expérience aussi facile que décisive, et que j'ai plusieurs fois répétée, démontre incontestablement que la genèse de la levûre n'est nullement le résultat d'une gemmation. Je prends un litre de décoction d'orge germé et j'y ajoute de la levûre de bière ; j'agite le mélange pendant quelques minutes, puis ensuite je passe le liquide à travers dix filtres. Celui-ci sort parfaitement limpide et ne contient pas un seul grain de levûre. Au bout d'un temps qui varie, selon la température, il se manifeste une fermentation énergique et l'on voit se déposer dans le vase une abondance de levûre. Celle-ci, conséquemment, n'a pas pu provenir d'êtres qui n'existaient point dans le liquide où elle apparaît (2).

La gemmation de la levûre est combattue par certains chimistes eux-mêmes. Tel est Bouchardat, qui s'est élevé contre la reproduction de la levûre dans les cuves des bras-

(1) Regnault, *Cours élémentaire de chimie*. Paris, 1851, t. IV, p. 181.

(2) Déjà plusieurs savants ont dit que l'eau de levûre déterminait la fermentation, comme le fait la levûre elle-même ; et, chose étrange, inconcevable même, après cet aveu, ils n'en sont pas moins retombés dans l'hypothèse de la gemmation, ce qu'a fait M. Pasteur, *Mémoire sur la fermentation alcoolique. Ann. de chimie et de physique*, t. LVIII, p. 342.

seurs (1). Tel est aussi Mitscherlich, qui professe que lorsqu'on se sert de globules de levûre parfaitement développés pour produire des fermentations, ceux-ci ne subissent presque aucun changement (2). Ce serait tout le contraire s'ils représentaient des vésicules-mères; leur faculté de reproduction serait alors arrivée à son summum.

Germination de la levûre. — Lorsque les spores de levûre ont achevé leur développement, elles éprouvent un temps d'arrêt. A l'effort vital qui a suffi pour élaborer la semence, il faut qu'il s'en ajoute un autre pour déterminer la germination. Souvent, ce dernier ne se manifeste point, car, parmi le nombre prodigieux de spores qui apparaissent spontanément durant la fermentation, très-peu, comparativement, germent et fournissent un végétal complet.

Dans les spores maliques, la germination se produit de la manière suivante. Il se manifeste d'abord, à l'une des extrémités de leur grand diamètre, une petite éminence globuleuse remplie d'un fluide limpide, incolore, absolument dépourvu de granules. En peu d'heures, cette éminence s'allonge, devient ovoïde et offre un diamètre de $0^{mm},0056$. C'est alors qu'elle commence à présenter quelques fines granulations à l'intérieur de sa cavité. Celle-ci paraît ostensiblement communiquer avec l'intérieur de la spore-mère, dont il semble que les granules, par le moyen de cette communication, s'épanchent dans la pousse rudimentaire.

Ces phénomènes de la germination de la spore malique s'accompagnent de notables changements à son intérieur. En même temps que la jeune pousse se remplit de granules, ceux de la spore-mère s'éclaircissent évidemment. D'un autre côté, la vacuole centrale diminue aussi peu à peu et

(1) Bouchardat, *Supplément de l'annuaire de thérapeutique pour* 1846. *Ferments alcooliques.*

(2) Mitscherlich, *Ann.*, t. VII.

finit même par disparaître entièrement, son fluide semblant être employé à la nutrition de l'embryon. Ordinairement, quand la jeune tige a acquis trois à quatre fois la longueur de la levûre, déjà on n'aperçoit plus aucune trace de cette vésicule ; et il est très-rare qu'il en existe des vestiges sur des spores dont la végétation est plus avancée.

A mesure que la jeune tige s'accroît, la spore s'affaisse et devient cylindroïde; puis elle se vide successivement, se ride et tombe enfin comme un cotylédon de phanérogame qui a achevé sa tâche.

La germination est d'autant plus active que les spores se sont accolées en plus grande abondance : il semble qu'elles puisent dans leur contact un surcroît d'énergie vitale.

Mais fréquemment aussi, au lieu de présenter la disposition normale décrite ci-dessus, la jeune tige commence par un renflement vésiculaire, très-considérable, qui semble produit par le premier effort de la germination (1).

La germination de la levûre malique semble surtout se produire sur les parois des vases, où celle-ci se dépose en traînées apparentes. C'est sur ces traînées, comme sur un sol, que germent les spores; et c'est sur elles que se développent les premières touffes de Mucédinées. On les voit y flotter à travers la transparence du verre, et la moindre agitation les fait tomber au fond ou les rend libres et flottantes dans le liquide.

(1) Je n'ai parlé ici de cette disposition qu'afin de bien démontrer que mes observations sont d'une précision irréprochable, et que j'ai étudié la germination des spores de levûre dans tous ses détails. C'est sur la levûre du cidre que la plupart de mes recherches ont été faites; et en la conservant à une assez basse température, quand on le veut, on voit celle-ci germer en masse. Aussi c'est sur elle que je conseillerais aux physiologistes d'étudier le phénomène. Je l'ai déjà dit, si la température est trop élevée, la germination se fait d'une manière confuse ou ne se produit pas; les spores spontanées s'altèrent avant qu'elle ait lieu, et le liquide se remplit de Bactériums, de Monades ou de Vibrions.

La forme des matras influe beaucoup sur la germination. Mais ce qui a principalement une grande influence sur cet acte, c'est la température. Au-dessous de 0° toute vitalité semble anéantie dans les spores. Cependant il ne faut pour qu'elles germent qu'une température fort basse, et quand le thermomètre marque seulement de 5 à 7° au-dessus de zéro, déjà le phénomène se produit.

Mais une chaleur de 10 à 15° paraît être la plus favorable pour la germination et le développement des Mucorinées.

Quand la température s'élève de 15 à 30°, souvent le développement se fait tumultueusement, et les plantes avortent et se décomposent dans un liquide trop échauffé pour leur délicate structure. Dans ces circonstances aussi, il se produit plus de Bactériums que de spores de Mucorinées.

L'alcool, le sel marin, le sublimé corrosif, l'acide sulfureux, l'azotate d'argent et les huiles essentielles paralysent la production de la levûre.

Quelques poisons qui tuent aux moindres doses les animaux, au contraire, semblent n'avoir nulle action sur la levûre; tels sont l'acide arsénieux et quelques autres.

Absence de la levûre dans l'air atmosphérique. — A l'aide d'une expérience bien simple, on démontre qu'il n'existe aucune trace de levûre dans l'atmosphère. Et comme il se forme parfois des masses de cette même levûre dans certains liquides fermentescibles qui ont subi l'ébullition, il faut donc bien qu'elle s'y engendre spontanément, si l'atmosphère et le liquide n'en contiennent pas les germes.

Cette expérience démontre en même temps la nullité des prétendus ensemencements, puisqu'on obtient une quantité notable de levûre sans en ensemencer une parcelle. L'opinion qu'on a émise sur ceux-ci a pris naissance de la pratique des brasseurs (1). Mais cette opinion n'aurait jamais dû trouver place dans les œuvres des savants, puisque dans la plupart des fermentations opérées en grand pour nos besoins, il se forme une abondance de levûre, sans qu'on en mette un seul grain dans les cuves : c'est ce qui a lieu pour le vin et le cidre.

Pour l'expérience dont je viens de parler, je prends un flacon de deux litres de contenance, dont le bouchon est traversé par un de mes tubes laveurs ayant ses boules rem-

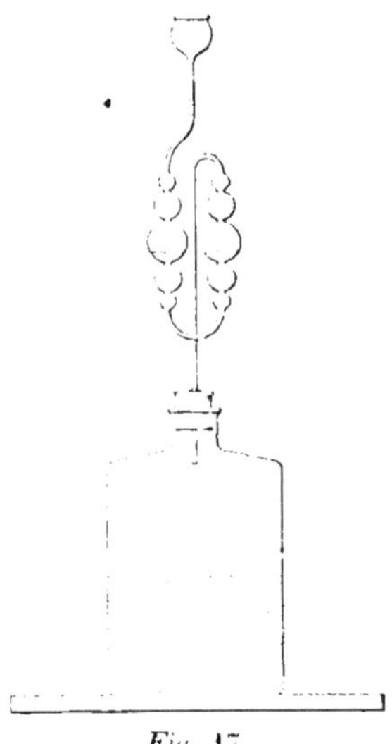

Fig. 17.

plies d'acide sulfurique, afin d'isoler de l'atmosphère ambiante l'intérieur de l'appareil. Dans cet appareil, représenté ci-dessus, j'introduis un litre de moût de bière, sortant de la cuve après une ébullition de cinq heures, puis un décimètre cube d'air atmosphérique ; ensuite je pose le bouchon.

(1) On sait, en effet, que les brasseurs introduisent dans la bière une certaine quantité de levûre et qu'il s'en produit environ cinq fois plus qu'ils n'en ont employé. C'est ce qui leur fait, à tort, croire qu'ils ensemencent celle-ci. Opinion qu'ont adoptée, sans réflexion, quelques savants.

Après quelques jours, la fermentation se produit et il se dégage beaucoup de gaz. En même temps, il se forme une notable quantité de levûre dans le liquide.

Le poids de cette levûre qui s'est ainsi produite sans ensemencement, est souvent de 10 à 15 grammes. Or, comme d'après la théorie des chimistes qui croient encore aux ensemencements, ceux-ci rendent environ 5 pour 1, il faudrait donc que le décimètre cube d'air contenu dans l'appareil ait laissé choir dans la liqueur 2 à 3 grammes de levûre pour produire les 10 à 15 grammes qui s'y sont formés.

Or, nous le demandons à tout esprit non prévenu, serait-il possible qu'il existât 2 à 3 grammes de levûre dans chaque décimètre cube d'air, sans que l'analyse chimique les ait signalés; bien mieux, sans que cela frappât grossièrement nos sens?

Et il faudrait, non-seulement qu'il s'y trouvât cette énorme quantité de levûre de bière, mais aussi des masses de toutes les autres levûres des fermentations variées que l'homme peut développer à tout instant. Masses d'autant plus faciles à retrouver qu'on les distingue à l'état sec, et qu'en quelques minutes elles se renflent sous l'eau.

Est-ce que cette seule expérience ne suffira pas pour convaincre tout le monde, que cette incroyable hypothèse de la panspermie n'eût jamais dû entrer dans le domaine sérieux des sciences!

Végétaux et animaux des fermentations. — A l'aide d'expériences qui me sont particulières et qu'on n'a point encore réfutées, j'ai démontré que les diverses espèces de levûres s'engendrent spontanément; et que celles-ci, au lieu de représenter de simples végétaux vésiculaires, comme on le croyait généralement, n'étaient que des spores de plusieurs espèces de plantes d'une organisation fort complexe.

Je viens ici compléter l'histoire de ce grand fait, en décrivant les végétaux que ces spores produisent, sans que, dans l'état actuel de la science, aucun savant, je pense, puisse indiquer de quelle source proviennent les spores dont ils sortent ; *ou*, en d'autres termes, *quels végétaux produisent les diverses levûres qui abondent dans les fermentations* (1).

Les proto-organismes qui apparaissent durant les fermentations varient à l'infini, car leur genèse est absolument subordonnée à la nature de celles-ci. Les protophytes semblent surtout prédominer dans la forme la plus simple, la fermentation. Au contraire, on voit plutôt apparaître des protozoaires quand il s'agit de putréfaction.

La température atmosphérique a aussi une manifeste influence sur la nature de ces proto-organismes. En général, entre les limites extrêmes des températures où s'opèrent les fermentations, ordinairement, plus le thermomètre s'abaisse, et plus il y a de tendance à la production de végétaux ; et plus il s'élève, plus il y a de tendance à la production d'animaux. A l'aide d'expériences faciles à répéter, on démontre ce fait. Il ne s'agit que de mettre un même liquide putrescible dans deux vases et d'exposer ceux-ci à des températures fort opposées.

Les spores spontanées qu'on voit apparaître dans les liqueurs en fermentation, donnent naissance à des espèces végétales fort variées, appartenant presque toutes à la famille des Mucorinées. Ce sont des *Penicillium*, des *Aspergillus* ou des *Ascophora*, qu'on voit plus fréquemment surgir; quelquefois aussi on observe des *Collarium*, des *Cladosporium*.

(1) Pouchet, *Comptes rendus de l'Académie des sciences*, 1860, t. LII, p. 284. — *De la nature et de la genèse de la levûre dans la fermentation alcoolique.* — Nous avons vu plus haut que nous faisons germer à volonté les spores spontanées, tandis que nous ne pouvons voir se développer celles que produisent les plantes. C'est un fait capital.

Le cidre, que nous avons si longuement étudié, nous offre un assez grand nombre de formes végétales. Mais presque toutes les espèces appartiennent au genre *Penicillium* ; d'autres, en moindre nombre, aux *Aspergillus*.

Les spores de la levûre malique donnent lieu à deux formes principales de *Penicillium* : des Pénicilliums submergés et des Pénicilliums aériens. Mais quoique ces végétaux aient un port absolument différent, peut-être ne sont-ils que la même espèce, qui s'est modifiée en fructifiant dans un milieu particulier.

Ce sont les filaments enchevêtrés des mycéliums des espèces submergées qui forment les membranes glaireuses que l'on rencontre si fréquemment dans le cidre, où elles excitent tant de dégoût aux buveurs ; tandis que ce sont les espèces flottantes qui constituent la moisissure qu'on voit envahir la superficie de cette boisson, quand elle se trouve exposée à l'air.

Parmi les espèces submergées, celle à laquelle je donne le nom de *Penicillium submersum* est assurément la plus commune. Elle offre un mycélium à filaments très-fins, très-longs, rameux, articulés, fistuleux. Les pédicelles sont simples, excessivement grêles, articulés, longs et offrent cinq à six cloisons. Le pinceau terminal est petit, peu rameux, et produit une énorme quantité de spores arrondies.

Cette espèce n'est nullement décrite, ni dans les œuvres de Bulliard, ni dans celles de Paulet ou de Corda (1). Et en lui imposant le nom de Pénicillium submergé, j'ai voulu exprimer qu'elle végétait dans le liquide, et aussi que c'est elle qui fréquemment constitue les membranes glaireuses dont nous venons de parler.

Certaines spores de levûre malique, dont les caractères

(1) Comp. Bulliard, *Histoire des champignons de France*. Paris, 1809. — Paulet, *Iconographie des champignons*. Paris, 1855. — Corda, *Icones fungorum hucusque cognitorum*. Prague, 1854.

diffèrent essentiellement de ceux de la levûre malique normale, donnent naissance à un Pénicillium nageant, dont j'ai parfaitement suivi le développement dans toutes ses phases. Ces spores qui, par leur forme moins allongée, se rapprochent de celles de la bière, offrent une germination qui diffère aussi un peu de celle des spores que l'on rencontre le plus communément dans le cidre. On voit donc ici qu'une forme différente de levûre, dans un même liquide, correspond à une forme différente de germination et de végétal.

Ce Pénicillium flottant repose sur un mycélium touffu, submergé, à filaments articulés, fistuleux, de 0^{mm},0084 de diamètre, ce qui dépasse de beaucoup l'épaisseur de ceux de l'espèce précédente. Les pédicelles sont émergés, hauts d'environ 0^{mm},0660, simples, robustes, courts, dressés, articulés, fistuleux et n'offrent que deux ou trois cloisons. Les pinceaux sont peu rameux, et chaque ramille est articulée et porte un chapelet de cinq à six spores de 0^{mm},0028 à 0^{mm},0056 de diamètre. C'est cette espèce qui forme une moisissure verte à la surface du cidre abandonné à l'air (1).

On trouve aussi, assez fréquemment, à la surface du liquide, quelques autres Pénicilliums qui diffèrent assez de l'espèce que nous venons de décrire, et l'on y voit également apparaître l'*Ascophora mucor*.

Souvent, surtout quand la température est basse et que le cidre est faible, les membranes glaireuses sont formées par un *Aspergillus* que je n'ai trouvé décrit nulle part. Ce végétal a été nommé par moi *Aspergillus polymorphus*, à cause de l'extrême diversité de formes qu'offre la terminaison de ses ramifications stériles. Celles-ci sont composées de deux

(1) M. Schaaffhausen, depuis moi, a aussi reconnu que la levûre naît spontanément et forme des Pénicilliums en se développant. Kützing, dont l'autorité a un si grand poids dans une semblable question, considère aussi ce fait comme démontré. Schaaffhausen, *Sur l'origine des algues et sur les métamorphoses des Monades*. (*Comptes rendus*, t. LIV, p. 1046.)

à cinq grandes cellules, qui se détachent spontanément des pédicelles, et qu'on rencontre souvent nageant. Les capitules, au contraire, sont sphériques, et les spores y sont recouvertes d'une membrane très-fine (1).

La germination des spores de la levûre du cidre est on ne peut plus facile à étudier. On l'observe à volonté durant la fermentation de cette boisson. Le commencement de ce phénomène s'annonce par une petite saillie ou espèce de mamelon qui apparaît à l'un des pôles des spores. Plus tard, cette saillie s'allonge en une petite tige simple et creuse, dans laquelle on voit s'épancher les granules contenus dans l'épisperme de la spore. D'abord simple et n'offrant qu'une cavité unique, en s'allongeant, cette tige se ramifie et se cloisonne. Quand elle a acquis environ un millimètre, la spore, qui s'est flétrie, tombe enfin et se perd dans le liquide, ainsi que le font les cotylédons des plantes phanérogames, après la germination.

Un fait extrêmement remarquable chez l'*Aspergillus* du cidre, c'est que les spores spontanées d'où sortent les plantes, ne ressemblent nullement à celles qui naissent sur les conceptacles. Les spores spontanées sont beaucoup plus volumineuses et tombent au fond de la liqueur ; tandis que les spores des conceptacles, considérablement plus petites, plus légères, viennent flotter à sa surface. Enfin, on surprend en germination autant de spores spontanées qu'on le veut, tandis que jamais je n'ai vu germer une spore provenant de la plante.

Ainsi donc, ici c'est la spore spontanée qui produit le végétal, tandis que les spores engendrées par les conceptacles de celui-ci ne produisent rien. Et ce fait capital, que j'ai le premier avancé, n'a pas encore été contesté.

(1) Cette espèce, qui, je pense, n'a encore été vue par aucun botaniste, a été dessinée par moi avec la plus grande exactitude et est représentée dans la planche à la figure 2.

Le jus de groseille (*Ribes rubrum*, L.) filtré fournit bientôt une certaine quantité de levûre très-fine, dont chaque grain représente aussi une spore spontanée.

Au bout de trois ou quatre jours, ces spores germent et produisent un Aspergillus qui remplit le liquide et y forme des membranes glaireuses, fort apparentes. Cet Aspergillus est tout à fait différent de celui du cidre. Ses capitules déprimés ressemblent à autant de petits champignons, ce qui m'a fait lui donner le nom d'*Aspergillus fungoides* ; ils sont d'un beau rouge, ainsi que l'articulation qui les supporte. Quelques pédicelles sont également rouges, d'autres simplement jaunâtres; tous sont articulés, fistuleux, rameux et remplis de granules colorés (1).

Le jour nouveau que nous avons jeté sur la nature de la levûre du cidre, va nous aider à débrouiller tout ce que l'on a dit sur celle de la bière. Celle-ci, ainsi que l'autre, ne représente aussi que la spore spontanée d'un végétal de la famille des Mucorinées.

MM. Joly et Musset ont mis ce fait hors de doute par leurs belles observations. Dans celles-ci, ils ont parfaitement vu germer les spores de la bière. Selon nous, ce sont ces spores de levûre qui fournissent les Pénicilliums qui envahissent totalement l'intérieur des cuves des brasseurs et leur donnent une teinte verte très-remarquable.

Beaucoup de substances organiques, que nous dénaturons pour nos besoins, donnent fréquemment naissance à des productions spéciales parfaitement définies et qui ne croissent nulle part ailleurs.

Les *Mucor pygmæus* et *elegans* ne se développent que sur les aliments qui commencent à se putréfier et sur la colle sèche; le *Sporendonema casei* ne vit que sur le fromage ; le

(1) Cette espèce, absolument inconnue des botanistes, est représentée dans la planche à la figure 3.

Chætomium chartarum sur les vieux papiers qui s'altèrent ; le *Sporotrichum ruberrimum* envahit le drap pourri ; le *Torula muralis* n'a encore été observé que sur les murailles recrépies. Qui pourrait dire, ainsi que s'écrie M. Fée, qui a rassemblé ces faits, où étaient les spores de ces végétaux avant que l'industrie humaine n'eût donné lieu à ces produits ?

D'autres végétaux n'apparaissent que dans les composés chimiques produits dans les laboratoires. L'*Hygrocrocis barytica* n'a été observé que dans les solutions d'hydrochlorate de baryte ; l'*H. salviæ* dans de l'eau distillée de sauge ; l'*H. typhloderma*, sur du mucilage de gomme adragante ; l'*H. acida*, dans du suc de groseille.

Où étaient aussi les spores de ces Mucédinées durant les siècles qui précédèrent l'invention des composés dans lesquels on les observe aujourd'hui ?

Enfin, c'est, selon Fée, à la fermentation que l'on doit l'apparition, dans le vinaigre, de l'Anguillule qui y vit ordinairement. Ce savant dit ne l'avoir jamais observée dans l'acide acétique étendu d'eau, exposé à l'air durant plusieurs mois. Si les œufs des Anguillules venaient de l'extérieur, pourquoi donc ne se développeraient-ils pas aussi bien dans l'acide acétique que dans le vinaigre ? Si c'est parce que le vinaigre contient de l'azote, d'où viennent donc les germes ?

Genèse spontanée de la levûre. — Nos travaux ayant mis hors de doute que les diverses sortes de levûre ne sont que des spores, produisant des espèces végétales parfaitement déterminées et souvent inconnues des botanistes ; si ces spores ne naissent pas spontanément, il n'y a plus aujourd'hui moyen d'éluder la question, les adversaires de l'hétérogénie doivent être mis en demeure d'indiquer quels végétaux produisent de telles graines. Ils peuvent d'autant plus facilement obtempérer à cette sommation, que ces végétaux doivent être prodigieusement abondants dans la nature, puisque, quel que soit le lieu du globe, et quel que soit l'instant où il plaise à l'homme de faire ou d'inventer une boisson fermentée, immédiatement celle-ci se remplit de levûre.

Si à un tel appel la science ne répond point, *et elle ne répondra pas*, nous ne craignons nullement de le prédire, pour tout penseur sérieux, pour tout physiologiste sans passion, la cause des homogénistes est perdue, et absolument perdue à tout jamais.

Dans de récents travaux, Kützing et Schaaffhausen ont reconnu, comme nous, que la levûre n'était qu'une production spontanée ; et de plus aussi, qu'elle ne représentait qu'une semence de cryptogame (1).

Nous n'ignorons pas, il est vrai, que M. Faivre a prétendu que la levûre de bière était produite par des Ascophores et des Pénicilliums (2). Mais son assertion prouve tout simplement qu'il n'a jamais observé comparativement ni un seul grain de levûre, ni une seule spore de ces champignons. Il est regrettable d'avoir à réfuter des assertions jetées si légèrement dans une discussion si sérieuse.

Comme on voit les spores de levûre se former successivement dans les liqueurs en fermentation ;

Comme à l'état sec on les recueillerait facilement dans l'atmosphère si elles s'y trouvaient ;

Comme lorsqu'après les avoir fait sécher, si elles sont mises en contact avec un liquide aqueux, elles se renflent immédiatement et deviennent reconnaissables ;

(1) Voyez Schaaffhausen, *Comptes rendus*, t. LIV, p. 1046. — Ce fait est si évident que, depuis trois ans, nous montrons de la levûre en germination à tous les savants qui nous font l'honneur de nous visiter à Rouen. De leur côté, MM. Joly et Musset, dans leur laboratoire de Toulouse, montrent aussi le même phénomène à qui le veut. Ainsi donc, le doute n'est plus possible.

(2) Faivre, *Revue européenne*, août 1860.

Comme on n'en découvre nullement dans les liqueurs fermentescibles qui viennent d'être soigneusement filtrées;

Comme les liqueurs fermentescibles produisent énormément de levûre dans un volume d'air fort restreint, et dans lequel il est possible de constater qu'il n'existe aucune de leurs spores;

Enfin, comme on ne connaît dans la nature aucune plante qui puisse engendrer ces abondantes spores, il est évident que celles-ci ne peuvent que se former spontanément dans les liqueurs en fermentation.

Ce que le raisonnement indique avec tant de clarté, l'expérience le prouve incontestablement.

En effet, pour tout observateur attentif, la levûre ne peut s'engendrer que spontanément. Cette opinion ayant déjà été professée *à priori* par des hommes considérables, nous n'avons plus qu'à la démontrer expérimentalement.

Cela est tellement positif que, sans y penser, les chimistes qui combattent ce fait en attestent l'authenticité à chaque ligne de leurs écrits.

Humboldt, lui-même, admet la genèse spontanée de la levûre. « Quelques granulations mucilagineuses, dit-il, dans « le *Cosmos*, produisent, en se juxtaposant, un cytoblaste « de figure déterminée, autour duquel un sac membraneux « vient se former plus tard et constituer définitivement la « cellule close et isolée. Ce premier travail de l'organisation, « ajoute-t-il, peut avoir été provoqué par l'existence d'une « autre cellule déjà formée; ou bien l'évolution de la cellule est cachée dans l'obscurité d'une réaction chimique « analogue à la fermentation qui engendre les filaments « byssoïdes de la levûre (1). »

Ces lignes sont écrites avec une rectitude qui ne permet pas le moindre doute. Il en résulte évidemment que le Nes-

(1) Humboldt, *Cosmos*, t. I, p. 421.

tor des savants considère lui-même la levûre comme n'étant que le résultat d'un phénomène chimique et dérivant par conséquent de l'hétérogénèse.

Les idées du grand naturaliste prussien ont été partagées par M. Cl. Bernard. En effet, dans ses leçons au Collége de France, ce physiologiste admet évidemment que les diverses espèces de levûre se forment spontanément. « On savait, y « lit-on, que ces végétaux se développent spontanément, « quand on abandonne à la putréfaction des liquides tenant « des matières albuminoïdes et du sucre en dissolution (1). »

Ceci est, nous le pensons, on ne peut plus explicite; seulement le célèbre physiologiste se méprend à l'égard de la levûre qui n'est point un végétal, mais seulement une spore.

Tous les autres savants qui, sans idées préconçues, ont parlé de la production de la levûre, semblent tous indiquer que sa genèse est spontanée. La levûre, disent MM. Ch. Robin et Verdeil, est un produit végétal microscopique, qui se développe en grande masse dans la fermentation alcoolique (2).

Le ferment, dit M. Regnault, est une espèce de végétal microscopique, qui se développe *spontanément* dans les organes des plantes et dans un grand nombre de matières azotées, abandonnées à la putréfaction (3).

L'illustre Fée invoque également l'hétérogénie pour expliquer l'apparition de la levûre. Selon lui, la fermentation serait une sorte d'incubation sous l'influence de laquelle la matière organique revêtirait des formes spéciales pour cha-

(1) Claude Bernard, *Leçons au Collége de France*. Paris, 1855, t. I, p. 245. On a tout lieu de s'étonner qu'après avoir écrit de semblables choses, M. Cl. Bernard soit devenu l'adversaire de l'hétérogénie.

(2) Ch. Robin et Verdeil, *Traité de chimie anatomique et physiologique*. Paris, 1858, t. I.

(3) Regnault, *Cours élémentaire de chimie*. Paris, 1851, t. IV, p. 180.

que suc fermenté. La vie de l'individu cessant, la vie de ses éléments constituants continuerait, ajoute-t-il, et des organismes de la plus grande simplicité seraient le résultat de cette vie expirante. Ce qui donne à cette opinion la plus évidente certitude, c'est qu'on voit, constamment et fatalement, des organismes élémentaires envahir tous les corps en décomposition (1).

M. Pasteur, lui-même, quand il écrivait sous la seule inspiration des faits, admettait sans hésitation la genèse spontanée de la levûre. Chaque page de son mémoire sur la fermentation est même une flagrante protestation, et contre l'hypothèse de la gemmation qu'il y proclame, et contre l'homogénie dont il est aujourd'hui le défenseur. Dans l'un de ses paragraphes, c'est avec étonnement qu'on lit ceci : « Il n'y a aucune impossibilité matérielle à ce que la levûre « de bière se forme, bien qu'on n'en sème pas. *Elle appa-« rait en effet spontanément par le contact de l'air dans le « moût de raisin, dans le jus de betterave*, etc. (2). »

Dans ce même mémoire, M. Pasteur a écrit un long paragraphe sur *la fermentation des liquides sucrés sans addition préalable de levûre*. « Se sert-on d'eau de levûre, y est-il dit, « c'est-à-dire de la partie soluble de la levûre de bière filtrée « à limpidité parfaite, puis additionnée de sucre et aban-« donnée à elle-même, il y aura presque toujours fermenta-

(1) Fée, *De la création spontanée*. — *Manuscrit*, p. 79. — Plus j'expérimente, et plus je reconnais l'exactitude de ce qu'avance ici le savant botaniste de Strasbourg. Je ne serais pas étonné, en effet, que chaque fermentation produisît au moins une espèce végétale particulière. On peut s'en convaincre en voyant sur notre planche les deux *Aspergillus* si distincts produits, l'un par la fermentation du cidre, l'autre par celle de la groseille, figures 2 et 3 ; végétaux dont nulle description n'a fait mention. J'en ai encore découvert d'autres aussi inconnus que le sont ceux-ci. Ce sont là des faits patents, incontestables, qu'on ne peut assimiler à l'obscurité des expériences chimiques que l'on nous oppose !

(2) Pasteur, *Mémoire sur la fermentation alcoolique*, p. 389.

« tion alcoolique, *c'est-à-dire formation spontanée de le-*
« *vûre de bière* (1). »

Est-il possible qu'après avoir écrit de telles lignes, M. Pasteur puisse soutenir la gemmation de la levûre? Si cette gemmation était un fait, jamais on n'en obtiendrait là où l'on n'a pas placé de mères. Le savant chimiste a été en ceci entraîné par l'évidence, et, malgré lui, il proclame, et même à plusieurs reprises, cette genèse spontanée de la levûre que cependant il prétend combattre aujourd'hui!

Démonstration expérimentale. — Mille expériences prouvent que la production de la levûre est absolument indépendante de l'ensemencement, et qu'il faut, par conséquent, reléguer au rang des erreurs capitales de la science moderne, et cet ensemencement et la gemmation qui en est la prétendue conséquence.

Nous avons démontré précédemment que l'examen attentif et incessant des liquides en fermentation, prouve que la levûre s'y engendre spontanément. Il n'y a pas ici à invoquer la scissiparité merveilleuse, dont on a tant mésusé pour les Microzoaires; il n'est plus possible aussi d'invoquer la gemmation, puisqu'il s'agit d'une semence.

M. Regnault a parfaitement vu les phénomènes primaires de la genèse de la levûre. Il dit que chaque globule apparaît d'abord comme un point isolé dans le liquide, et se développe successivement jusqu'à ce qu'il ait acquis un diamètre d'environ un centième de millimètre. C'est exact.

Outre la simple observation, des expériences décisives, capitales, attestent cette genèse de la levûre. La suivante devrait suffire pour convaincre tous les esprits.

(1) Pasteur, *Mémoire sur la fermentation alcoolique* (*Ann. de chimie et de physique*, 1860, t. LVIII, p. 387). — Il serait impossible à personne de mieux combattre les ensemencements et l'homogénie, que M. Pasteur ne le fait lui-même dans ses propres écrits et en particulier dans les paragraphes que nous venons de citer.

Expérience. — Dans du moût de bière en ébullition depuis six heures, on plongea un flacon d'un litre de contenance; et après l'avoir rempli de bière sous le liquide bouillant, il fut bouché hermétiquement avant d'en sortir.

Six semaines après, le liquide contenait une énorme quantité de levûre de bière. (Expérience n° 55.)

Comme aucune spore végétale ne peut résister à une telle température ; comme la moindre parcelle d'air extérieur n'a pu avoir accès dans le flacon, il faut bien que la levûre se soit formée spontanément dans celui-ci où rien n'a pu en introduire la semence.

Cette expérience, d'une si notable simplicité, défie toute critique et n'a jamais été attaquée. Elle élève l'hétérogénie à la hauteur d'une démonstration.

Les partisans de la panspermie, qui ont fait jouer un si grand rôle à leurs invisibles œufs, que l'air disséminait partout, ne pourraient à l'égard de la genèse de la levûre, invoquer de semblables subtilités. La levûre, lors même qu'elle est sèche, forme des granulations qui ne peuvent se soustraire à notre investigation ; et, comme aussitôt que l'on plonge dans l'eau les grains de levûre desséchés, ils se gonflent et reprennent en quelques minutes leur diamètre et leur aspect normal, on peut les reconnaître immédiatement partout où ils existent.

L'observation démontre qu'il se forme dans la fermentation du cidre, comme dans celle de la bière, une très-notable quantité de levûre; 500 grammes de cidre nous en ont parfois offert 1 gramme; 500 grammes de bière, 5 grammes, dans des vases qu'on avait placés dans un seul décimètre cube d'air.

Or, en opérant dans ces circonstances, il est évident, et c'est un point que nul observateur n'oserait contester, que la levûre ne peut provenir que de trois sources : du liquide, de l'air ou de la genèse spontanée.

Du liquide?.... mais c'est impossible; car en employant du cidre ou de la bière filtrés à plusieurs reprises, ceux-ci ne peuvent contenir aucun grain de levûre; et d'ailleurs, s'il y en existait, on les reconnaîtrait facilement et parfaitement dans la liqueur translucide sur laquelle on opère. On ne les y voit, au contraire, apparaître qu'après plusieurs jours; et alors, au premier indice de leur apparition, le liquide se trouble.

De l'air?.... mais si la levûre provenait de l'air, comme nécessairement celui-ci en posséderait une notable quantité, l'analyse chimique la signalerait facilement dans le décimètre cube de ce fluide employé dans l'expérience, et elle reste muette à cet égard. Le microscope serait tout aussi puissant qu'elle, et il ne donne aucun indice de sa présence.

Enfin, d'un autre côté, si cette levûre était en suspension dans l'air qui est en contact avec le liquide fermentescible, elle tomberait immédiatement dans celui-ci; et comme elle se renfle aussitôt qu'elle se trouve plongée dans l'eau quelques heures, ou même seulement quelques minutes après que l'expérience serait commencée, ses vésicules apparaîtraient on ne peut plus ostensiblement, dans le cidre ou la bière. Et cependant, durant plusieurs jours, il n'en existe pas la moindre trace, ni à leur surface, ni à aucune profondeur.

Bien mieux même, si, afin de prouver l'absence absolue de levûre dans l'atmosphère, on met avec le cidre ou la bière en expérience dans l'air confiné, un verre contenant simplement de l'eau distillée; si l'on examine cette eau au moment où le liquide fermentescible s'est troublé et rempli de levûre, on reconnaîtra qu'elle a conservé toute sa pureté et qu'elle ne contient point un seul grain de levûre. Or, puisque celle-ci jouit de la propriété de reprendre tous ses caractères physiques lorsqu'elle se trouve, durant quelques minutes, plongée dans l'eau, il est évident que si la levûre qui apparaît dans le cidre ou la bière provenait de l'air, on en trouverait une notable quantité dans l'eau. Eh bien ! l'eau n'en contient pas la moindre trace.

On ne peut même invoquer ici toutes les subtilités dont on a tant usé à l'égard des Microzoaires : l'invisibilité des œufs, que pour plus de commodité on appelait germes! la scissiparité miraculeuse! La levûre peut être discernée, nous le répétons, aussitôt qu'elle est plongée dans l'eau ; et comme il est évident que c'est une spore végétale, physiologiquement, on ne peut soutenir qu'elle se multiplie elle-même, par gemmation.

Mais cependant, si l'on voulait encore défendre cette ancienne hypothèse, les partisans de la gemmation de la levûre ne se trouveraient pas plus à leur aise pour cela. Cette gemmation admise, chose étrange, par des savants qui, quelques lignes plus loin, professent que l'eau de levûre produit tout aussi bien de la levûre que celle-ci elle-même ; cette gemmation, dis-je, n'expliquerait pas l'absence absolue de levûre dans l'air et dans les liquides avant les premiers phénomènes de la fermentation.

MM. Thenard, Dumas et Regnault ayant prétendu que, par la gemmation, la progéniture de la levûre s'élevait jusqu'à 5 à 7 fois le poids de ce que l'on avait employé ; comme dans 500 grammes de cidre ou de bière nous trouvons jusqu'à 5 grammes de levûre, il faudrait donc qu'un décimètre cube d'air dans lequel on plongerait le liquide en expérience, contînt en suspension le cinquième au moins de cette levûre, ce qui équivaudrait au minimum à un gramme. Or, le micrographe et le chimiste, sans être même fort habiles, l'y découvriraient immédiatement si cela était, soit dans ce même air, soit dans le liquide, où la levûre aérienne devrait choir immédiatement. Mais il n'en existe là aucun indice (1).

(1) Mais n'oublions pas qu'outre cette énorme quantité de *mères de levûre* de bière que le décimètre cube d'air devrait contenir, environ un gramme, il faut encore qu'il recèle des mères de levûres pour les cent

De la genèse spontanée?..... Il est indubitable qu'elle en provient. Comme tout prouve que le liquide et l'air en expérience ne contiennent nullement la levûre, car aucun moyen physico-chimique ne peut la démontrer dans ceux-ci, il faut bien qu'elle s'engendre spontanément durant la fermentation.

Cette opinion n'est pas seulement le résultat d'expériences négatives ou du simple raisonnement, car, comme nous l'avons vu, l'observateur peut suivre directement, pas à pas, l'évolution spontanée de la levûre. Ainsi donc, ici, aux arguments négatifs viennent se joindre les preuves matérielles.

Les expériences de métissage, instituées par les naturalistes, et qui, à leur gré, modifient de fond en comble une race, démontrent que l'emboîtement des germes est une véritable chimère, et que la formation de l'œuf est successive et sous l'influence de l'être qui l'engendre.

De même, si dans des expériences d'hétérogénie, en mettant en contact des corps divers, on produit des générations de métis, il deviendra évident que celles-ci n'ont pas pu provenir des prétendus *germes* errants dans l'atmosphère.

Ce que nous disons ici a été réalisé par nous, et les expériences de métissage que nous avons instituées, viennent encore placer l'hétérogénie de la levûre à la hauteur d'une démonstration de la plus extrême évidence; nous allons le prouver.

Je dois dire ici que j'ai été inspiré par les belles et curieuses expériences de métissage exécutées par M. Flourens, et dans lesquelles il a été possible à l'illustre physiologiste de modifier à volonté tous les caractères extérieurs des mammifères.

Dans nos expériences, nous avons observé des formes par-

espèces de fermentations que l'on eût à volonté suscitées en l'employant; et qu'il fût même, en plus, bourré d'œufs ou de semences pour procréer les innombrables milliards d'animalcules ou de plantes microscopiques que la science pouvait à volonté le forcer à produire.

ticulières sur des levûres résultant du mélange de deux liqueurs fermentescibles ; aussi ne peut-on nullement prétendre que ces produits hybrides avaient leurs spores en suspension dans l'atmosphère, attendant, immobiles depuis la création, le moment où l'expérience insolite devait se produire dans notre laboratoire.

Ainsi, en mêlant de la bière et du cidre, on obtient des spores de levûre qui ne sont absolument ni des spores maliques, ni des spores cérévisiques, et qui semblent tenir des unes et des autres.

D'un autre côté, j'ai reconnu, dans des expériences répétées, qu'en employant des spores de diverses fougères comme ferment, dans du moût de bière, j'obtenais une énergique fermentation et la production d'une levûre manifestement hybride, qui n'était nullement de la levûre cérévisique.

J'ai, en particulier, expérimenté avec les spores du *Polypodium vulgare*, Lin., et ceux du *Nephrodium filix mas*, Rich. (Expériences n°s 56, 57.)

Les spores hybrides diffèrent des spores normales, non-seulement physiquement, mais même encore biologiquement. En effet, en employant un mélange de cidre et de macération de foin, on reconnaît que la levûre provenant du métissage, ne ressemble absolument ni à la levûre malique, ni à la levûre agrostique, et qu'elle germe beaucoup plus facilement que ces deux dernières. Souvent même elle les précède de cinq à six jours dans son évolution. (Expérience n° 58.)

Les spores sont si peu introduites par l'atmosphère, et elles sont même si directement et matériellement produites par les liquides dans lesquels on les observe, que ceux-ci se reconnaissent parfois évidemment dans leur organisation intime. Ainsi, en mêlant de la teinture de tournesol avec du cidre, j'ai vu naître des spores amygdaloïdes, qui n'étaient nullement des spores maliques normales, mais des spores hybrides d'une forme particulière, et dont la vacuole centrale était remplie d'un fluide de couleur rouge, qui rappelait celle du réactif lorsqu'il est modifié par les acides. (Expérience n° 59.)

Dans plusieurs autres expériences, j'ai même vu le venin de la salamandre terrestre agir comme ferment, et déterminer presque immédiatement dans de l'eau sucrée et albuminée, un abondant dégagement de gaz et la production de nombreuses spores de levûre. Cette expérience n'est-elle pas la plus grande objection possible, et une objection sans réplique, aux théories des ensemencements et de la gemmation?

En effet, dans cette expérience, nous voyons le venin de la salamandre produire immédiatement une abondance de levûre, sans qu'on en ait mis un seul grain dans le liquide; car, sans doute, on ne prétendra pas que les glandes qui préparent le venin de ce reptile, sécrètent aussi des spores cérévisiques (1). Et, d'un autre côté, dans ce fait, on ne peut invoquer la multiplication par gemmules d'êtres abondants dont on n'a ensemencé aucune *mère*. Il faut encore que là, comme dans tant d'autres cas, la levûre ait une origine spontanée. (Expérience n° 60.)

L'expérience, dont voici le sommaire, vient encore attester que la levûre ne peut être attribuée à un ensemencement aérien et que sa genèse est simplement liée aux modifications chimiques du liquide.

Ayant mis de la levûre dans du moût de bière, et l'ayant ensuite filtré trois fois, quatre jours après, celui-ci était rempli de levûre malique et ne contenait pas un seul grain de levûre cérévisique.

Il est évident que, comme le liquide est de la bière, si la levûre passait à travers les filtres ou si elle tombait de l'air.

(1) Cependant, comme on peut s'attendre à tout de la part des panspermistes, nous devons dire ici que nous avons examiné attentivement le venin de la salamandre et que, comme on devait le supposer *à priori*, le microscope n'y signale pas la moindre spore de levûre.

dans cette circonstance, il ne devrait se produire que de la levûre cérévisique et non pas de la levûre malique. Il ne s'est formé cependant que de cette dernière, parce que la filtration multiple que le liquide a subie en a modifié chimiquement ou physiquement la composition. (Expérience n° 61.)

Par une expérience de la plus extrême simplicité on démontre encore que la levûre ne provient ni d'un ensemencement aérien, ni d'une gemmation, et que, par conséquent, il faut lui chercher une autre origine.

Expérience. — Un verre à champagne est rempli d'eau distillée dans laquelle on ajoute un demi-blanc d'œuf et cinq grammes de sucre.

Un autre verre pareil est simplement rempli d'eau distillée.

Chaque verre est ensuite placé sous une cloche contenant quatre décimètres cubes d'air ordinaire et dont le pied s'enfonce dans du mercure chauffé à 150°.

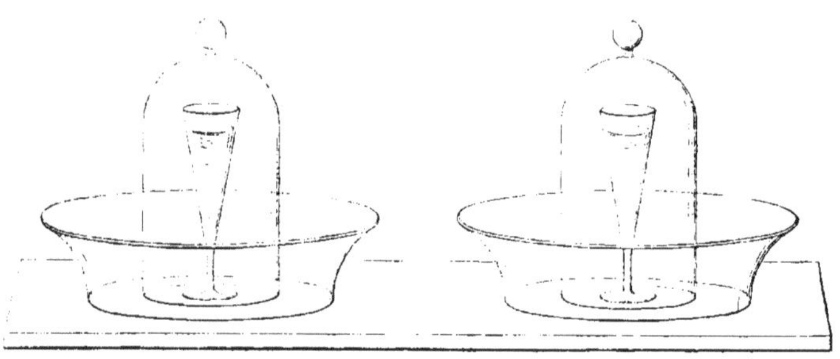

Fig. 18.

Au bout de quatre jours, le premier verre est rempli de spores de levûre, et le second n'en contient pas une seule.

Si ces spores étaient tombées de l'air, on en rencontrerait également dans le verre contenant de l'eau simple, où ils n'échapperaient pas au micrographe.

D'un autre côté, comme chaque grain de levûre ne représente qu'une semence, qui, conséquemment, n'a pu se multiplier, il faut donc, ou qu'il se soit formé spontanément autant de ces semences qu'il y a de grains de levûre, ou que ceux-ci proviennent de l'air. Mais cette dernière supposition n'est plus possible, car celui-ci n'en contient pas ; l'aéroscope le démontre.

Cette expérience suffit pour réduire à néant les diverses hypothèses des panspermistes, même en adoptant toutes les témérités de leurs prétentions. C'est une balance à la main qu'on peut le démontrer. Si l'on pèse la levûre produite par l'eau albuminée et sucrée, on voit qu'elle représente un poids d'environ 0gr,100. Comme, selon les chimistes, celle-ci ne produit, par sa prétendue gemmation, que cinq fois plus d'individus qu'on n'en sème, si l'air ou l'eau contiennent les éléments de la fécondité du verre en expérience, il faut nécessairement que dans l'air ou l'eau du criterium l'analyse physique ou chimique démontre 0gr,020 de levûre.

Si la panspermie est un fait, tout cela est facile à démontrer. Si ce n'est qu'une hypothèse, elle succombe en présence de cette inflexible épreuve. Elle succombe, car ni dans l'eau, ni dans l'air du criterium, vous ne rencontrez un seul grain de levûre.

Tout cela est aussi clair qu'irréfutable, et démontre donc, jusqu'à l'évidence, qu'il est impossible d'attribuer à une autre cause qu'à la genèse spontanée, la production des spores de levûre qui envahissent les fermentations et dont l'apparition a toujours été un objet d'étonnement pour tous les esprits réfléchis.

CHAPITRE V.

DÉMONSTRATION GÉOLOGIQUE.

Primitivement, le globe fut incandescent : depuis Descartes et Leibniz, personne n'en doute. Or, comme le dit judicieusement M. Flourens, pendant une longue suite de siècles, pas un être animé n'aurait pu vivre à sa surface (1).

Voici un premier point d'acquis.

Après cette conflagration générale, lorsque la terre fut assez refroidie, les vapeurs de l'atmosphère se précipitèrent et formèrent les mers primitives. Enfin, sous l'influence d'une force suprême, les premiers êtres furent créés à même la matière.

C'est un second point d'acquis.

Dans la suite, à diverses reprises, le feu et l'eau remanièrent successivement la croûte du globe ; et à chacune de ses grandes périodes, celui-ci présenta une faune et une flore spéciales. Les savants sont unanimes sur ce point (2).

(1) Flourens, *Ontologie naturelle*. Paris, 1861, p. 253.

(2) Buffon, *Époques de la nature. Hist. nat.* Deux-Ponts, 1785, t. XII. — Cuvier, *Discours sur les révolutions du globe*. Paris, 1851. — *Recherches sur les ossements fossiles*. — Buckland, *la Géologie et la Minéralogie dans leurs rapports avec la théologie naturelle*. Paris, 1838. — De la Bèche, *Geological Researches*. 1824, p. 239. — Lyell, *Principles of Geology*, t. II. — Brongniart, *Description géologique des environs de Paris, en collaboration avec Cuvier*. — *Tableau des terrains qui composent l'écorce du globe*. Paris, 1829. — Bory de Saint-Vincent, *Dict. class. d'Hist. nat.*, art. CRÉATION. — Beudant, *Cours de géologie*. Paris, 1857. — Huot, *Nouveau Cours de géologie*. Paris, 1839,

Voici donc encore un troisième fait incontestablement acquis.

Chaque soulèvement de ces chaînes de montagnes dont nous pouvons déterminer l'ancienneté relative, dit de Humboldt, a été signalé par la destruction des espèces anciennes et par l'apparition de nouvelles organisations (1).

Dans son *Ontologie naturelle*, M. Flourens accepte, lui-même, l'opinion universellement admise par les géologues. « Les espèces actuelles, y lit-on, ont été précédées par d'autres espèces, autrement distribuées sur le globe, et que de *nombreuses révolutions* ont successivement détruites (2). »

Presque seul, parmi les naturalistes modernes, M. Darwin accorde à la création un temps infini, et fait dériver toutes les espèces actuelles de prototypes fort simples et fort peu nombreux, qui se sont modifiés par leur mélange (3). Mais, comme le dit Agassiz, chaque nouvelle formation géologique fourmille de types qui n'existaient pas auparavant, et aucune faune paléontologique n'est reliée à l'autre par d'insensibles transitions (4).

Malgré les assertions de M. Darwin, la fixité de l'espèce est de toute l'histoire naturelle, comme l'avance M. Flourens, le fait le plus important et le plus complétement démontré (5). Et Buckland dit, lui-même, qu'à chaque pas on découvre dans les strates du globe, des systèmes organiques végétaux et animaux, qui ont eu leur commencement

t. II, p. 73. — Pictet, *Traité de paléontologie*, 2e édition. Paris, 1853. — Agassiz, *Études sur les glaciers*. Neufchâtel, 1840. — Ch. d'Orbigny, *Géologie appliquée aux arts*. Paris, 1851, p. 83. — Al. d'Orbigny, *Cours de paléontologie*.

(1) Humboldt, *Cosmos*. Paris, 1855, t. I, p. 312.

(2) Flourens, *Ontologie naturelle*. Paris, 1861, p. 231.

(3) Darwin, *De l'origine des espèces*. Paris, 1862.

(4) Agassiz, *Contribution à l'histoire naturelle des États-Unis. Origine des espèces*. 1861.

(5) Flourens, *Ontologie naturelle*. Paris, 1861, p. 26.

et leur fin (1). Aucun fossile, en effet, n'offre l'indice d'un progrès lent ou d'une décadence insensible.

Cette immutabilité étant incontestable, comme chaque période du globe possède sa faune caractéristique, il faut, conséquemment, qu'il y ait eu une succession de créations (2). Cuvier en admettait au moins quatre. Mais en présence de l'immense variété des organismes antédiluviens, les géologues pensent aujourd'hui que les créations se sont reproduites un assez grand nombre de fois.

D'après ce qu'on vient de voir, que signifient donc les paroles de M. Milne-Edwards, prononcées si solennellement dans le sein de l'Académie des sciences pendant notre débat? La vie est transmise, disait l'illustre zoologiste, depuis la création jusqu'au moment actuel, par une chaîne non interrompue de possesseurs, qui se la sont communiquée successivement (3).

C'est là, comme je le lui ai dit, une des idées les plus erronées qu'il soit possible d'émettre ; et celle-ci ne peut un seul instant se soutenir en présence des faits acquis et de l'autorité des savants, qui la condamnent unanimement.

Ainsi donc, les créations se sont fréquemment répétées à la surface du globe ; c'est un quatrième point d'acquis scientifiquement.

Or, les faits suivants ayant désormais l'autorité d'autant d'axiômes :

(1) Buckland, *Géologie et minéralogie*, t. I, p. 515.

(2) Buffon, *Époques de la nature. Histoire naturelle*. Deux-Ponts, 1785, t. XII. — G. Cuvier, *Discours sur les révolutions du globe*. Paris, 1821. — Brongniart, *Tableau des terrains qui composent l'écorce du globe*. Paris, 1829. — Élie de Beaumont, *Système des montagnes. Dictionnaire univ. d'hist. nat.*, t. XII, p. 168. — Bremser, *Traité zoologique et physiologique sur les vers intestinaux*. Paris, 1824. — Buckland, *la Géologie et la Minéralogie dans leurs rapports avec la théologie naturelle*. Paris, 1838. — Alc. d'Orbigny, *Cours de paléontologie*. — Ch. d'Orbigny, *Géologie*, etc.

(3) Milne-Edwards, *Remarques sur la génération spontanée. Comptes rendus de l'Académie des sciences*, 1859, p. 24.

1° Le globe a subi une conflagration générale;

2° Les premiers êtres ont été créés à même la matière;

3° Les soulèvements et les cataclysmes ont fréquemment remanié l'écorce terrestre;

Enfin 4°, les créations ont été successives et multipliées.

Une conséquence rationnelle de ces divers faits, conquête incontestable de la science moderne, c'est que, vu l'immutabilité des espèces, il faut, nécessairement et incontestablement, qu'à de nombreuses reprises il y ait eu des générations spontanées à la surface du globe, s'y manifestant sous l'influence des lois immuables préalablement établies.

Pour expliquer la succession des nouvelles faunes et des nouvelles flores à mesure que le globe vieillissait, dit Ch. d'Orbigny, on est forcé d'admettre des créations et des destructions alternatives et successives, *manifestations spontanées émanant d'une suprême puissance* (1).

Ainsi donc, il ne peut y avoir de doutes : de l'assentiment de tous les zoologistes et de tous les paléontologistes, chaque période du globe a possédé ses plantes et ses animaux spéciaux, et depuis l'origine de celui-ci, les générations naissent et s'anéantissent successivement; la force plastique, tour à tour vivace ou expirante, exubérante ou épuisée, les crée ou les tue.

Et quand il est prouvé, comme nous venons de le démontrer, et manifestement prouvé, que, sous l'influence d'une force suprême, à de nombreuses reprises, la création a été maniée et remaniée, n'est-il pas absolument irrationnel de prétendre lui imposer un éternel temps d'arrêt? Et si tant de fois elle a pu faire surgir des êtres si nombreux et si variés, n'est-il pas logique d'en conclure qu'il peut encore aujourd'hui s'en produire; et que la puissance qui préside à la

(1) D'Orbigny, *Géologie appliquée aux arts et à l'agriculture*. Paris, 1851, p. 109.

genèse des organismes n'a point abrogé ses immuables lois ?

Si l'on admet la génération spontanée pour une seule espèce animale, a-t-on dit, il n'y a pas de raison pour ne pas l'admettre à l'égard de toutes les autres.

Non, pour tout géologue, la raison est péremptoire et sans réplique. Les forces telluriques ont été manifestement différentes aux diverses périodes genésiques. A de fréquentes reprises, la nature n'a produit que des infiniment petits sans s'occuper de ses œuvres capitales ; à d'autres époques, elle a cessé de produire les premiers pour n'enfanter que ses plus grandioses créatures. Les organismes qui y apparurent spontanément à l'époque silurienne n'avaient nuls rapports avec ceux de la période paléothérienne ; et ceux de la période crétacée sont absolument différents de ceux du diluvium. Lorsqu'après l'incandescence, la croûte terrestre, encore échauffée, produisait des trilobites et des productus, elle n'y entremêlait ni anoplothères, ni paléothères. Et quand plus tard, les éléphants et les rhinocéros y prirent naissance, elle perdit la faculté de produire ces prodigieux bancs de nummulites et d'autres petites coquilles microscopiques, dont les débris forment d'imposantes montagnes.

Actuellement la genèse terrestre offre le même phénomène qu'elle a présenté à tant d'époques diverses. Certains êtres incréés s'engendrent encore par la spontéparité et d'autres se continuent par l'homogenèse.

Il n'y a rien d'extraordinaire à cela, car, comme l'a dit Gorini, la génération spontanée n'est pas un phénomène plus merveilleux que la reproduction normale (1).

La thèse que je viens soutenir aujourd'hui se réduit à ceci : c'est que la même puissance qui, à de fréquentes reprises, a créé des organismes aux dépens de la matière amorphe,

(1) Paolo Gorini, *Studio sperimentale*. Lodi, 1851, t. I, p. 449.

n'a pas absolument cessé d'agir, et que son activité se continue encore dans d'étroites limites.

Si les manifestations genésiques n'atteignent plus aujourd'hui leurs anciennes proportions, elles suivent l'amoindrissement de beaucoup d'autres phénomènes telluriques.

La superficie du globe n'est qu'une immense nécropole où chaque génération s'anime à même les débris de celle qui vient d'expirer. Nous traversons une phase tranquille; et comme la puissance genésique est proportionnelle aux phénomènes de destruction, les cataclysmes ne livrant plus d'immenses amas de matière morte à la fermentation, au lieu de ces races gigantesques d'animaux qui surgissaient anciennement au milieu des masses d'éléments agités, il ne se produit plus que d'infimes essais d'organisation. Nous sommes à une époque de transition; les forces créatrices épuisées éprouvent presque un temps d'arrêt.

Ainsi que le dit E. Renan, la force organisatrice qui fit apparaître tout ce qui vit, se conserve seulement encore, dans une proportion imperceptible, aux derniers degrés du règne animal (1).

Les créations successives étant placées désormais à la hauteur d'une démonstration qu'aucun raisonnement rationnel ne peut attaquer, quelques personnes se sont effrayées en pensant que chaque période géologique avait exigé l'intervention suprême. Celle-ci n'intervient pas plus directement dans cette circonstance que dans la reproduction normale des espèces; les lois ont été établies et les créations suivent désor-

(1). E. Renan, *De l'origine du langage*. Paris, 1858, p. 245. « Cette assertion repose sur un raisonnement bien simple, dit E. Renan; il y a eu une époque où notre planète ne possédait aucun germe de vie organisée; donc la vie organisée y a commencé sans germe antérieur. Toutes les apparitions nouvelles qui ont eu lieu dans le monde se sont faites, non par l'acte incessamment renouvelé d'un être créateur, mais par la force intime déposée une fois pour toutes au sein des choses. »

mais leur cours calculé à l'avance par la sagesse infinie : l'œuvre se développe sous la toute-puissance de son impulsion.

Dans cette occurrence, la philosophie apporte aussi son contingent à la science ; et, en fouillant rationnellement les choses, elle arrive absolument aux mêmes conclusions que l'observation directe. E. Renan s'exprime ainsi à ce sujet :

« Il n'y a pas dans la nature de gouvernement temporaire ; ce sont les mêmes lois qui régissent aujourd'hui le monde et qui ont présidé à sa naissance. La formation des différents systèmes de planètes et de soleils, l'apparition des êtres organisés et de la vie..... ne furent que le développement d'un ensemble de lois posées une fois pour toutes, sans que jamais l'agent suprême, qui conforme son action à ces lois, ait interposé une volonté spéciale et exceptionnelle dans le mécanisme des choses (1). »

Dans ses articles sur les âges du monde antérieur à l'homme, M. Littré peint, avec les plus vives couleurs, le mystérieux développement de la vie se manifestant d'époque en époque à la surface du globe. Là, il représente, à grands traits, cette puissance plastique d'abord énergique et sans bornes, mais dont l'essor s'amoindrit avec la succession des temps. Et, en comparant les splendides créations d'autrefois aux pâles réminiscences de nos jours, le philosophe s'écrie avec raison : « Il semble que la puissance qui s'exerçait alors « jouissait d'une activité immense, qui est réduite aujourd'hui « à des effets obscurs et à d'insignifiantes ébauches (2). »

Ainsi donc, la démonstration géologique de l'hétérogénie

(1) E. Renan, *De l'origine du langage*. Paris, 1858, p. 258.

(2) Ceci vient au sujet de la mère des Machabées, disant à ses enfants : « Je ne sais comment vous avez paru dans mon sein ; ce n'est pas moi qui vous ai donné l'âme, l'esprit et la vie que vous y avez reçus. » Voyez à ce sujet les remarquables articles de M. Sainte-Beuve. *Constitutionnel*, 1863. Juin.

se manifestant d'époque en époque, est un fait inscrit sur chacune des strates de l'écorce terrestre et incontestablement prouvé. Il y a, à ce sujet, un accord unanime entre tous les paléontologistes. Pas un seul n'oserait s'élever contre.

Une conséquence rationnelle de ce fait est la possibilité de l'existence actuelle de phénomènes qui se sont tant et tant de fois répétés à la surface du globe, ou de la génération spontanée.

Celle-ci, nous l'avons vu, l'observation directe en démontre l'existence aux physiologistes et les supputations rationnelles la font admettre aux philosophes.

CHAPITRE VI.

RÉSUMÉ ET CONCLUSIONS.

Cet écrit est consacré à démontrer que, sous l'influence de la même puissance qui a présidé aux créations successives, les forces telluriques engendrent encore aujourd'hui quelques infimes organismes.

Tout le prouve : et l'observation, et l'expérience, et la philosophie.

Nous espérons que tant et tant de preuves, qu'on doit, soit à notre labeur, soit aux expériences si remarquables de plusieurs de nos contemporains, seront plus que suffisantes pour convaincre tous les savants, et qu'ils reconnaîtront que nos travaux ont jeté de vives et larges clartés sur cette grave et importante question, tant obscurcie naguère par quelques expérimentateurs.

Expériences chimiques anciennes. — Nous avons démontré que ces expériences étaient tout à fait défectueuses, et qu'elles entravaient les phénomènes à la recherche desquels on les consacrait.

La panspermie ne reposait que sur les expériences de Schultze et de Schwann. Attaquées par nous, celles-ci ont succombé.

M. Pasteur, lui-même, dans le sein de l'Académie des sciences, s'est vu forcé de reconnaître ce grand fait.

Du reste, les expériences négatives de Schultze et de Schwann ne peuvent être, le moins du monde, prises en considération, en présence des expériences positives d'Ingenhousz, de Mantegazza, de Joly, de Musset et de Wyman, qui les renversent de fond en comble, et en présence des nôtres, qui ont été faites avec une rigueur expérimentale qu'on ne trouve pas dans les travaux des deux savants allemands.

On a vu que, contrairement à ce que prétendent les chimistes, l'air ne contenait normalement ni œufs ni semences, et que toutes leurs expériences à vaisseaux hermétiquement clos étaient frappées de nullité, puisque dans leurs appareils, Ingenhousz, Mantegazza, Joly, Musset et Wyman obtenaient, ainsi que nous, des animaux et des plantes dans de l'air calciné, et même dans de l'air artificiel ou de l'oxygène ; et cela avec des liquides qui avaient subi une ébullition de plusieurs heures, même sous une pression de deux atmosphères.

En expérimentant *simultanément* avec de l'air calciné, avec un corps chauffé à 200° et de l'eau qui a subi l'ébullition, on obtient aussi des proto-organismes, animaux ou végétaux.

Ainsi donc, comme il est impossible qu'aucun des corps employés dans ces expériences y apporte des œufs ou des spores, conséquemment les proto-organismes qui apparaissent durant celle-ci, ne peuvent dériver que de la génération spontanée.

Résistance vitale. — Quelques naturalistes, amis du merveilleux, en avaient singulièrement exagéré la puissance. Par de nombreuses expériences, nous avons plus strictement assigné ses rigoureuses limites.

Soit en scrutant l'invisible, soit en opérant sur des œufs ou des semences palpables, nous avons démontré que les corps reproducteurs des organismes ne supportaient jamais une température humide élevée. Aucun ne résiste à l'eau bouillante. Et, pour la plupart, ils sont tués et même désorganisés beaucoup au-dessous de cette température.

Aucun organisme ne résiste non plus à la température

sèche de 100°, quand, par des expériences rigoureuses, on a soin qu'il y soit *réellement* soumis pendant quelques minutes.

Dans les expériences de la Société de biologie, les Tardigrades, dont la résistance vitale avait acquis une si grande célébrité et avait tant été exagérée, n'ont même jamais supporté la température de 100°.

Nous avons aussi démontré qu'aucun animal ne résistait à la congélation, quand celle-ci avait ostensiblement envahi les organes profonds.

Dénégation des ensemencements. — J'ai prouvé, par des expériences aussi nombreuses que variées, que les ensemencements pratiqués récemment par M. Pasteur n'étaient en réalité qu'une fiction physiologique.

Dans ses expériences, il ne semait aucun végétal déterminé, et ne récoltait que ce que le hasard engendrait spontanément.

Si les ensemencements étaient un fait, toutes les ressources de l'intelligence humaine ne pourraient expliquer la fécondité des ballons d'Ingenhousz, de Mantegazza, de Joly, de Musset et de Wyman, qui, ainsi que nous, par les plus énergiques agents, s'efforçaient de détruire les impalpables *germes* des panspermistes.

Si les ensemencements étaient un fait, aussi, comme les cols des ballons des chimistes ne peuvent choisir les espèces, toutes y entreraient indistinctement, et cependant la plupart n'y pénètrent jamais.

Enfin, il serait vraiment plus que prodigieux que, lorsque ce n'est qu'exceptionnellement que les botanistes parviennent, dans les plus favorables circonstances, à ensemencer des Mucorinées, les chimistes, eux, placés dans les plus défavorables, réussissent constamment à le faire.

Dénégation de la panspermie. — Les recherches d'Ehrenberg, de de Baer, de Burdach, de R. Wagner et de R. Leuckart, et les expériences de Mantegazza, Joly, Musset et Wyman, et les nôtres, ont porté un coup fatal et décisif à la panspermie générale (1).

On ne le conteste plus, celle-ci n'était qu'un rêve des physiologistes rhéteurs du dix-huitième siècle.

La panspermie localisée, que M. Pasteur a voulu lui substituer, n'est pas plus rationnelle.

Par de nombreuses expériences, nous avons démontré que ce n'était encore qu'une impuissante hypothèse.

L'air pris par nous sur les montagnes, dans les cavernes ou en pleine mer, nous a montré partout la même fécondité, et jamais le microscope n'y a découvert ni un seul œuf, ni une seule spore.

La chimie et la physique ont toujours été impuissantes pour trouver les moindres vestiges de ces mêmes corps reproducteurs dans un décimètre cube d'air. Et celui-ci, cependant, partout, strictement partout, je l'affirme, est prodigieusement fécond, et produit des millions d'organismes animaux ou végétaux. Je l'ai prouvé par des expériences aussi nombreuses que variées.

Si les corps reproducteurs de ceux-ci remplissaient réellement l'atmosphère, la science a acquis aujourd'hui trop de rectitude pour que quiconque le prétendra ne perde pas immédiatement sa cause dès l'instant où on ne pourra en donner la preuve tangible.

Tout dernièrement, un élève de M. Pasteur a annoncé à l'Académie des sciences qu'en coerçant sous le microscope des corpuscules de l'air, il voyait des spores germer parmi ceux-ci. Cette observation est absolument insignifiante. Il suffirait de montrer ces spores dans un petit volume d'air,

(1) Depuis que ces lignes ont été écrites, les expériences faites en Amérique par le professeur J. Wyman, avec l'air calciné et dans des appareils aussi simples que précis, sont encore venues renverser, mais sans conteste, les prétendus ensemencements de M. Pasteur et tout ce qu'il a dit sur l'infection du mercure.

si réellement on en recueille, et il devrait y en avoir immensément, si la panspermie est un fait. Voir des organismes se produire dans des débris de corps organisés, c'est voir la genèse spontanée s'y manifester; et c'est continuer indéfiniment les errements des chimistes, *toujours montrant* de prétendus produits et jamais les corps reproducteurs.

On connaît et on voit les spores et les œufs, il faut les montrer, et ostensiblement les montrer, partout et en grand nombre, dans un décimètre cube d'air; car partout, je le répète, ce même volume d'air est d'une prodigieuse fécondité.

Micrographie atmosphérique. — J'ai, je pense, fait faire un grand pas à la micrographie de l'air.

J'ai recueilli les corpuscules invisibles qui flottent dans l'atmosphère, soit dans la neige, qui les récolte admirablement, soit dans les organes respiratoires des animaux, soit enfin à l'aide de mon aéroscope et de divers autres instruments, qui les concentrent sans en laisser égarer aucun.

Des observations, en nombre considérable, m'ont démontré que l'atmosphère était le réceptacle de vestiges microscopiques de tous les produits répandus à la surface de la terre, ou de tout ce que la civilisation emploie pour nos besoins ou nos plaisirs.

La micrographie atmosphérique a surtout démontré deux faits: d'abord, que dans tous les lieux habités par l'homme il flotte dans l'air une abondance de grains de fécule de blé, de toutes les grosseurs, normale ou ayant subi la cuisson; ensuite, que dans ce même air les œufs ou les spores sont d'une immense rareté, et que jamais, normalement, on n'en découvre, même un seul, dans un décimètre cube de ce gaz.

Nous avons aussi démontré que ce que l'on avait pris pour des œufs, lorsqu'on examinait des pluies d'orages, ce n'étaient que de fins grains de cette même fécule ou de très-petites parcelles de silice.

Enfin, nous avons vu aussi que mon aéroscope a une telle précision pour les recherches auxquelles il est destiné, que certains médecins ont même pu l'employer, avec succès, pour trouver dans l'air le germe de quelques maladies contagieuses.

DÉMONSTRATION DE LA GÉNÉRATION SPONTANÉE.

J'ai démontré ce fait anatomiquement, biologiquement, mathématiquement, chimiquement et géologiquement.

Démonstration anatomique. — J'ai démontré, le premier, que la génération des grands Infusoires est précédée d'une création de petites espèces de Monades et de Vibrions, dont les cadavres, ressemblant à autant de granules, forment une membrane spéciale; et c'est dans cette véritable membrane proligère ou Stroma improvisé qu'apparaissent les œufs des Microzoaires ciliés.

J'ai observé et dessiné toutes les phases de l'œuf spontané de ceux-ci. On le voit se former de toutes pièces. Il commence par un groupement des cadavres ou granules organiques dont il vient d'être question, et qui rappelle le groupement de la matière cosmique de certaines nébuleuses. Plus tard, l'œuf se circonscrit. Bientôt on y discerne la gyration du vitellus, ensuite les mouvements du *punctum saliens*, enfin, les mouvements embryonnaires, puis on voit éclore le jeune produit.

Déjà ce que j'avance ici avait été en partie reconnu par M. Pineau; je n'ai fait qu'ajouter une plus grande précision à ce qu'avait vu cet observateur. Depuis lors, les mêmes faits ont été reconnus par MM. Nicolet, Joly, Musset et Schaaffhausen.

Et quand six observateurs ont pu voir ainsi se dérouler, sous leurs yeux, toutes les phases de l'embryogénie spontanée; quand mutuellement ils ont pu vérifier et contrôler leurs travaux, toutes les expériences chimiques du monde ne renverseront jamais de tels faits, et prétendre les y employer est une œuvre qui tient du délire.

DÉMONSTRATION BIOLOGIQUE. — 1° Par voie d'élimination, on reconnaît que dans des corps absolument expurgés de tout vestige d'organisme vivant, il se produit des Microzoaires et des Microphytes,

Soit avec un corps putrescible chauffé de 100° à 200°;

Soit avec de l'eau qui a subi une ébullition de plusieurs heures, ou même avec de l'eau artificielle ;

Soit enfin, avec de l'air calciné au rouge blanc, ou avec de l'air artificiel et même de l'oxygène.

Par conséquent, ni le corps putrescible, ni l'eau, ni l'air, ne contiennent les œufs ou les semences des animaux ou des plantes qui apparaissent durant les expériences d'hétérogénie.

2° En expérimentant *simultanément* avec de l'air calciné, avec un corps chauffé à 200° et de l'eau qui a subi l'ébullition, on obtient aussi des proto-organismes animaux ou végétaux.

Ainsi donc, comme il est impossible qu'aucun des corps employés dans l'expérience y apporte des œufs ou des spores, conséquemment, les proto-organismes qui apparaissent durant celle-ci ne peuvent dériver que de la génération spontanée.

La synthèse parvient à démontrer les mêmes faits. Par des expériences neuves et capitales, j'ai mis hors de doute que des animaux et des plantes se développent dans des circonstances où toutes les ressources de l'intelligence humaine ne peuvent expliquer l'introduction de leurs œufs ou de leurs semences.

C'est en m'appuyant sur ces expériences physiologiques rationnelles, que j'ai pu tracer les *lois de la genèse spontanée*, avec une précision mathématique, et dire, sans craindre aucun démenti, que *la production des Microzoaires ciliés est en raison inverse du carré de la surface des liquides fermentescibles, et que la production des Monadaires est en raison directe du cube de la masse de ce même liquide.*

Nous avons aussi prouvé que la reproduction normale et la scissiparité ne jouaient aucun rôle dans ces expériences.

Démonstration mathématique. — En supputant le chiffre du produit que fournit, dans certaines circonstances, la genèse spontanée, et en le comparant à celui que doivent représenter nécessairement les corps reproducteurs, nous avons reconnu qu'il était impossible qu'aucun vestige de ceux-ci se trouvât dans les facteurs de l'expérimentation, et que par conséquent il fallait bien qu'il y eût formation de toutes pièces des organismes qu'on voit apparaître.

Démonstration chimique. — Relativement à celle-ci, nous avons encore ouvert une voie nouvelle pour la science, en étudiant les phénomènes biologiques des fermentations; phénomènes qui avaient été absolument négligés par les chimistes.

Le premier aussi, nous avons découvert que la levûre, signalée par eux comme un végétal parfait, n'était, au contraire, qu'une simple semence, une spore spontanée.

Nous avons prouvé ceci en suivant toutes les phases du développement des spores de levûre, depuis leur apparition jusqu'à leur germination et à la fructification des plantes qu'elles produisent.

Nous avons prouvé aussi que chaque fermentation produisait des spores spéciales et une végétation particulière.

A l'aide d'expériences que j'ai instituées, et que jamais encore la critique n'a attaquées, j'ai prouvé que la spore qu'on nomme levûre avait une origine spontanée.

Humboldt, Cl. Bernard, Robin, Regnault et d'autres l'avaient déjà avancé. M. Pasteur le prétendait naguère. C'est moi qui, le premier, ai donné la preuve expérimentale de ce grand fait, qui est aussi admis par Joly et Musset, Kützing et Schaaffhausen (1).

Tout ce qui concerne ce sujet a été de ma part l'objet de nombreuses et irréprochables expériences, ou de dessins et d'études que rien ne pourrait anéantir.

L'examen attentif des phénomènes biologiques de la levûre m'a fait réformer quelques erreurs commises par tous les chimistes.

Ainsi, j'ai prouvé que ce qu'ils disent sur la gemmation de la levûre était une grande erreur; une semence ne peut se multiplier ainsi : on a pris pour une gemmation un simple accolement des spores ou le commencement de leur germination.

Les ferments vivants doivent être relégués au rang des hypothèses qui séduisent, mais n'ont aucun fondement. Tous les ferments sont des agents morts, et leur action est même d'autant plus active que leur altération est plus prononcée. Seulement il est évident que, dans la plupart des cas, la vie coïncide avec la fermentation.

Démonstration géologique. — Enfin, nous avons mis aussi la géologie à contribution pour prouver le grand fait des générations spontanées.

Tous les géologues admettent qu'à son origine le globe était incandescent, et que ce ne fut conséquemment qu'après son refroidissement, qu'on vit apparaître à sa surface les premiers animaux et les plantes. Tous admettent aussi qu'il se produisait de nouvelles créations après chacun des cataclysmes qui en remanièrent l'écorce, et que celles-ci furent nombreuses, successives et temporaires.

(1) Schaaffhausen, *Comptes rendus de l'Académie des sciences*, t. LIV, p. 1046.

Il résulte donc de là que, si sous l'empire d'une force initiale suprême, de nombreuses générations organiques se sont succédé à la surface du globe, il est logique d'admettre que la même force peut encore agir et donner naissance à quelques infimes organismes. La philosophie l'indique, l'observation le prouve et l'expérience le démontre.

EXPÉRIENCES ET OBSERVATIONS

SUR

L'HÉTÉROGÉNIE

CITÉES DANS CET OUVRAGE ET EXPOSÉES DANS LEURS PRINCIPAUX DÉTAILS.

1° NULLITÉ DES EXPÉRIENCES CHIMIQUES. — CONTRE-EXPÉRIENCES DE SCHULTZE ET DE SCHWANN, PAR M. POUCHET. — ORGANISMES DANS LES APPAREILS.

Si j'étais le seul qui, en répétant ces expériences anciennes, ait obtenu des résultats directement opposés à ces savants, on pourrait supposer que j'ai pu être induit en erreur. Mais quand on voit les professeurs de physiologie les plus éclairés des universités de Toulouse, de Pavie et de Cambridge, MM. Joly, Mantegazza et Wyman, arriver aux mêmes résultats; quand, de son côté, un botaniste ingénieux, M. Musset, y parvient également, vraiment il nous semble que le doute n'est plus permis.

Expérience A. — On fit, ainsi qu'il suit, une macération de Lin, *linum usitatissimum*, Linn. On mit, dans un litre d'eau de fontaine, 250 grammes de filaments textiles de cette plante et on les y laissa pendant six heures, par une température de 28°,5; ensuite on filtra le liquide.

100 centimètres cubes de cette macération furent introduits dans un ballon d'environ 300 centimètres cubes de capacité; et le col de celui-ci ayant été étiré, fut hermétiquement scellé par un trait de flamme.

100 centimètres cubes de la même macération furent mis dans une petite éprouvette, que l'on recouvrit ensuite d'une cloche d'envi-

ron 300 centimètres cubes de capacité. Cette cloche plongeait dans du mercure qui avait été élevé à la température de 160°.

On examina le résultat de cette double expérience après huit jours, durant lesquels la température moyenne avait été de 23°,5.

Dans le ballon, on n'observait aucune membrane proligère; et, après l'avoir ouvert par un trait de lime, on reconnut que le liquide, qui était devenu trouble, ne contenait absolument que des Monades, de très-petits Vibrions et quelques Bactériums. Il n'y existait aucun Microzoaire cilié. L'air en ayant été analysé, fut reconnu contenir encore 0,17 d'oxygène.

Dans l'éprouvette, au contraire, il s'était formé une membrane proligère épaisse, qui contenait des œufs spontanés, et dans laquelle s'agitaient d'abondantes légions de Microzoaires ciliés, principalement des Paramécies et des Kolpodes.

Rien ne peut mieux démontrer que cette expérience comparative combien sont absolument nulles, pour débrouiller la question qui nous occupe, toutes les expériences tourmentées que les chimistes mettent à contribution. Leurs ballons hermétiquement fermés à la lampe sont naturellement si défectueux que là, sans que les substances employées aient été dénaturées par l'ébullition ou la calcination, on voit une simple macération ne produire, dans un ballon, aucun Infusoire cilié, tandis qu'avec le même volume d'air elle en produit sous une cloche.

Il n'y a donc pas à arguer ici de l'altération de l'air, de l'épuisement de l'oxygène par une première génération, puisque l'on trouve des animalcules ciliés dans l'éprouvette qui était séquestrée dans une atmosphère qui n'avait pas plus de volume que celle du ballon. Et d'ailleurs l'analyse de l'air prouve qu'il contenait encore beaucoup plus d'oxygène qu'il n'en faut pour la vie des Microzoaires ciliés.

M. Pasteur dit à la page 57 de son *Mémoire sur les corpuscules atmosphériques :* « Si M. Pouchet connaît une liqueur qui, après avoir subi la température de l'ébullition à 100°, donne naissance, après deux ou trois jours seulement, à de gros Infusoires, lorsqu'elle est exposée à l'air libre, j'affirme que je pourrai faire naître ces mêmes gros Infusoires en opérant dans des ballons, au contact de l'air chauffé et par la seule influence des poussières qui sont en suspension dans l'air. » J'ai répondu à ce sujet au savant chimiste; mais ici je démontre, en me servant même d'une simple macération, et non d'une décoction, que toutes ses assertions sont aussi audacieuses qu'erronées.

Cette expérience a été répétée par moi un assez grand nombre de fois, et toujours avec le même résultat. Je l'ai faite avec des macérations d'ivraie, de chanvre, de belladone et de trèfle.

1re *expérience.* — L'expérience de Schultze échoue chaque fois qu'on l'exécute rationnellement, même sans prendre la précaution de renouveler l'air dans l'appareil.

Le 25 mars 1862, dans l'un de mes appareils figuré page 14, dont le ballon avait une capacité de 600 centimètres cubes, j'ai introduit 150 centimètres cubes d'un mélange d'urine et de moût de bière, à parties égales ; et, après l'avoir fait bouillir dix minutes, on boucha le ballon avec son bouchon en cristal rodé à l'émeri, et dont les jointures avaient été silicatisées ; on fit de nouveau bouillir cette liqueur dans l'appareil, pendant cinq minutes, à l'aide d'une lampe à l'esprit-de-vin.

L'air s'est précipité à l'extérieur, et est ensuite rentré lentement en traversant les boules remplies d'acide sulfurique et en se lavant dans celui-ci.

Un mois après, par une température moyenne de 13°,5, dans ce ballon, qui avait été placé à l'ombre, toute la surface du liquide était recouverte de Pénicilliums analogues au *Penicillium glaucum.*

2me *expérience.* — On démontre encore mieux l'inexactitude de l'expérience de Schultze en faisant bouillir plusieurs fois le liquide fermentescible dans le ballon qui le renferme.

Dans un ballon d'environ 600 centimètres cubes de capacité, bouché à l'émeri, et dont le bouchon de cristal était traversé par l'un de mes tubes laveurs, on introduisit 150 centimètres cubes d'un mélange à parties égales d'urine et de moût de bière filtrés ; on fit bouillir ce mélange pendant dix minutes dans ce ballon ; huit jours après, on le soumit à la même opération pendant cinq minutes ; enfin, huit jours après, on fit encore bouillir ce liquide pendant cinq minutes.

Après avoir subi ainsi trois ébullitions à huit jours d'intervalle, deux mois après la dernière, il apparaissait à la surface de ce liquide trois grands îlots d'un pénicillium particulier, glauque au centre et d'un beau blanc sur les bords.

3me *expérience.* — La même contre-expérience de Schultze a été faite de nouveau par moi, en prenant encore de plus grandes précautions pour la destruction des Spores ou des œufs qui pourraient flotter dans l'air.

Dans un ballon de la même grandeur que dans l'expérience précédente, et dont le tube laveur était rempli d'acide sulfurique, j'ai introduit le 1er mai 1862, 100 centimètres cubes d'un mélange à parties égales de bière et d'urine; le liquide a été porté à l'ébullition pendant cinq minutes, et l'air, après avoir été expulsé, est rentré en se lavant amplement dans l'acide.

Quatre jours après, on a de nouveau porté le liquide à l'ébullition; et le huitième jour, cette opération a été recommencée encore; de manière qu'en huit jours le mélange d'urine et de bière avait bouilli trois fois dans l'appareil.

Le 21 mai, on a commencé à voir poindre une douzaine de touffes de Pénicilliums à la surface du liquide. Jusqu'au 1er août, toutes ces touffes n'ont cessé de s'accroître et de végéter avec l'apparence d'une excellente santé.

4me *expérience*. — A l'aide de l'appareil représenté ici, on démontre d'un seul coup que les expériences de Schultze, de Schrœder, de Dusch et de M. Pasteur, sont absolument erronées.

On prit une grosse racine de réglisse, *glycyrrhiza glabra*, déjà desséchée au four, chez un pharmacien. On la décortiqua et on la déchira en lanières fines qui furent introduites dans un tube de 5 centimètres de longueur et de 2 de diamètre, clos à l'une de ses extrémités et pouvant être fermé à l'autre à l'aide d'un opercule rodé à l'émeri. Ce tube étant rempli de lanières de cette racine fut placé ouvert pendant deux jours dans une étuve portée à la température de 98°. Pendant qu'il était encore chaud, on le ferma hermétiquement en lutant son opercule avec une couche de gomme que l'on recouvrit d'une calotte de baudruche enduite de gélatine. Ce tube fut ensuite placé dans une étuve d'une température de 110°, et il y resta trois heures.

Après, on introduisit ce tube encore brûlant, dans le col du ballon couché horizontalement. Cela s'opéra par son robinet qui, en se dévissant, offrait une large ouverture. Ce robinet ayant été revissé et luté, on chauffa l'eau à l'aide d'une lampe à esprit-de-vin. Cette eau fut portée à l'ébullition pendant trente minutes, afin qu'il fût bien certain que toute la paroi intérieure de l'appareil avait été élevée presqu'à sa température. Alors on articula avec le robinet, à l'aide d'un tube en caoutchouc, trois tubes en U, dont le premier contenait de la ponce sulfurique, le second de la potasse caustique, et le troisième du coton cardé. A la suite de ce dernier se trouvaient des boules de Liebig remplies d'acide sulfurique.

L'ébullition continuant, bientôt la vapeur envahit tout l'appareil, et sortit par l'extrémité du tube à boules. Après l'avoir encore maintenue pendant cinq minutes, on éteignit la lampe, et l'air rentra dans le ballon lentement et en traversant successivement de l'acide sulfu-

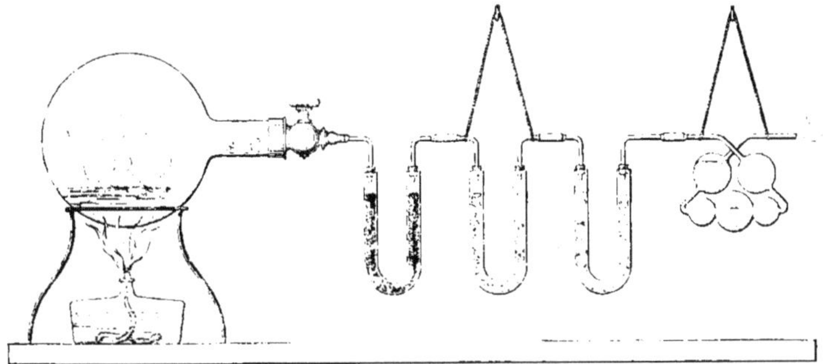

Fig. 19.

rique, du coton, de la potasse caustique et de la ponce sulfurique.

Quand l'eau fut totalement refroidie, on ferma le robinet, et, en relevant le col du ballon, on fit tomber le tube dans le liquide. Le surlendemain, la gélatine et la gomme, qui lutaient l'opercule, avaient été dissoutes, et le tube ayant été ouvert, l'eau avait pénétré dans son intérieur, et la macération commençait à se produire et à se colorer.

Après avoir été limpide pendant deux jours, cette macération commença à se troubler; et, au bout de dix jours, par une température moyenne de 21°, l'état du liquide, devenu très-trouble, indiquait évidemment qu'il devait être rempli d'animalcules. Alors, on ouvrit l'appareil; et, en effet, on reconnut que la macération était peuplée d'innombrables légions de Monades et de Vibrions.

Cette expérience, que j'ai répétée un certain nombre de fois avec des substances variées et qui réussit constamment, vient donc démontrer avec une incontestable évidence : 1° que l'expérience de Schultze est tout à fait fausse ; 2° qu'il en est de même de celles de Schrœder et de Dusch; car là, non-seulement l'air en rentrant a traversé du coton, mais encore de l'acide sulfurique et de la potasse; enfin, 3°, que celle de M. Pasteur, avec ses tubes recourbés, est aussi absolument erronée; car ici, non-seulement nous avons trois tubes recourbés en U, qui devraient arrêter les prétendus œufs de l'atmosphère, mais, en outre, l'air s'épure en plus dans du coton, de la potasse et de l'acide sulfurique.

En faut-il plus pour démontrer combien sont futiles les diverses expériences que les chimistes opposent à l'hétérogénie ? Quand Schultze, Schrœder, Dusch et M. Pasteur n'offrent qu'une simple barrière à leurs prétendus œufs et à leurs semences atmosphériques, nous, plus audacieux, nous en offrons trois à la fois, et nous n'arrêtons rien !

4me (bis) *expérience.* — Dans un ballon d'un demi-litre de capacité, on introduisit 100 centimètres cubes d'eau, et ensuite une assez grande quantité de fragments de noix de galle, pour que ceux-ci s'élevassent au-dessus du niveau du liquide. Le ballon fut ensuite hermétiquement fermé par un bouchon en cristal, rodé à l'émeri, et que traversait un de mes tubes laveurs rempli d'acide sulfurique. Pour surcroît de précaution, les jointures du tube à l'intérieur

Fig. 20.

avaient été silicatisées, et à l'extérieur une couche de vernis et de vermillon rendait l'appareil hermétiquement fermé.

Ce ballon, ainsi fermé, fut placé sur une lampe à esprit-de-vin, et le liquide qu'il contenait fut porté à l'ébullition pendant dix minutes. Après, l'air rentra peu à peu en traversant l'acide sulfurique.

L'expérience fut faite le 25 avril, et ce ne fut que le 1er août que l'on commença à voir se développer de larges touffes de Pénicilliums.

Cette expérience, qui n'est que celle de Schultze rendue infiniment plus rigoureuse, prouve que souvent les physiologistes ont conclu trop prématurément que leurs décoctions ne produisaient aucun organisme.

5me *expérience.* — J'ai fait la même expérience en ajoutant à l'eau une très-petite quantité de sulfate de fer, qui rendit la noix de galle d'un beau noir. Cette fois, le ballon fut porté à l'ébullition pendant un quart d'heure et ensuite abandonné.

L'expérience fut faite le 12 août, et des organismes végétaux, des Ascophores et des Pénicilliums, apparurent le 15 septembre suivant.

6me *expérience.* — Dans un ballon d'un demi-litre de capacité environ, j'introduisis 100 centimètres cubes de bière sortant de la cuve, et n'ayant pas encore été houblonnée.

Le ballon fut ensuite bouché hermétiquement avec son bouchon rodé à l'émeri, et traversé par un de mes tubes laveurs, qui y avait été intimement luté et dont le lut était silicatisé. L'orifice fut ensuite enduit de vermillon et de vernis. On fit bouillir le liquide dans l'appareil pendant quinze minutes; ensuite l'air rentra dans le ballon en traversant l'acide sulfurique.

Six semaines après, par une température moyenne de 21°, la surface du liquide était recouverte de six îlots flottants de Pénicilliums.

6me (bis) *expérience.* — Dans un ballon d'un litre de capacité, on mit 150 centimètres cubes de moût de bière bouillant, qui venait de subir une ébullition de six heures. Ce ballon ayant été hermétiquement bouché avec son bouchon de cristal rodé à l'émeri, et muni d'un de mes tubes laveurs, dont le lut était silicatisé, on porta la liqueur à l'ébullition pendant vingt minutes, à l'aide d'une lampe à esprit-de-vin. Une ample quantité de vapeur s'échappa par le tube, et le liquide diminua. Lorsque l'appareil fut échauffé, on remplit les boules d'acide sulfurique concentré, et ensuite on éteignit la lampe.

L'air rentra peu à peu en traversant l'acide.

Cette expérience fut faite le 15 septembre. L'appareil fut abandonné à l'ombre sur une planche, tout l'hiver, et rien ne s'y montra pendant plus de cinq mois; mais vers la fin de février seulement une végétation cryptogamique parut se produire tout autour du ballon au niveau du liquide.

Mais ce ne fut que dans les premiers jours d'avril que celle-ci devint fort apparente, même à l'œil. Elle se composait de fines arborisations articulées et d'un beau noir, qui formaient une ceinture tout autour du ballon.

Cette végétation, examinée au microscope, était une espèce toute particulière que nous avons représentée dans notre planche fig. 4.

Dans cette expérience, voici donc des organismes qui se manifestent après une ébullition de six heures vingt minutes. Osera-t-on encore dire que les spores de ce végétal ont résisté à cette épreuve? Ce serait à désespérer de la science. Il est aussi à remarquer que c'est un végétal inconnu que l'on trouve, et fort singulier. Enfin, il n'apparaît qu'après cinq mois, ce qui indique que les expérimentateurs se sont souvent trop pressés de conclure de la virginité de leurs ballons; en attendant plus, il y fût né des organismes.

7me *expérience*. — J'ai démontré, à l'aide de l'appareil figuré ici, et qui offre une plus grande précision que celui de Schwann, que l'expérience exécutée à l'aide de l'air calciné était absolument erronée.

Un tube ayant été rempli de tiges de douce-amère, avec les pré-

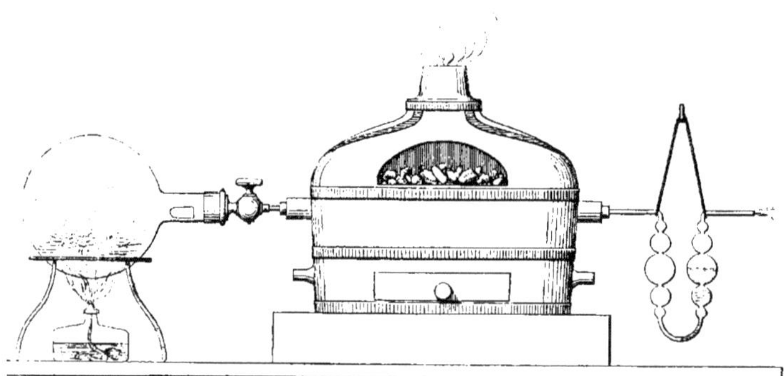

Fig. 21.

cautions indiquées dans l'expérience 4me, fut aussi introduit dans le col d'un ballon placé horizontalement, et contenant de l'eau. On chauffa celle-ci avec une lampe, comme dans le cas qui a été cité, puis on luta le robinet avec un tube de porcelaine rougi à blanc et rempli de fragments de la même substance. Ce tube était terminé par des boules de Liebig remplies d'acide sulfurique.

Après que la vapeur fut sortie abondamment par le tube de Liebig, on éloigna un peu la lampe du ballon afin de le laisser refroidir lentement; l'air extérieur rentra avec lenteur dans ce ballon, après avoir traversé l'acide sulfurique et s'être calciné en franchissant le labyrinthe de morceaux de porcelaine rougis à blanc.

Quand l'appareil fut tout à fait refroidi, pendant qu'on maintenait encore le tube de porcelaine à la température rouge, on ferma le robinet, et, en relevant le col du ballon, on fit tomber le tube de verre dans celui-ci. Après, on renversa le ballon, et, pour s'assurer qu'il restait hermétiquement fermé, on plongea son robinet dans de l'huile qui avait été portée à l'ébullition.

Quinze jours après, par une température moyenne de 19°,5, on trouva dans le ballon un liquide trouble, rempli de myriades de Bactéries, de Vibrions et de Monades.

2° EXPÉRIENCES SUR LA RÉSISTANCE VITALE.

8me *expérience.* — Des groseilles rouges (*ribes rubrum*) ayant été broyées et pressurées, le liquide qu'on en obtint fut filtré. La moitié de ce liquide fut conservée à une température moyenne de 18°,5. L'autre moitié fut chauffée à 80° pendant cinq minutes. Le criterium fermenta rapidement, se troubla, dégagea des gaz, et produisit une notable quantité de levûre; la liqueur chauffée, au contraire, conserva sa température et ne produisit aucune levûre pendant plus d'un mois que dura l'observation.

Cette expérience démontre donc que la résistance vitale des prétendus germes de levûre s'anéantit au-dessous de 80°.

9me *expérience.* — Une macération de foin, faite depuis quarante-huit heures, fut versée dans un grand ballon, et chauffée avec une lampe à esprit-de-vin. Un thermomètre était placé dans ce liquide, et à compter de 50°, et jusqu'à 100°, à mesure que celui-ci s'élevait de 5°, on prenait plein un verre de la macération en expérience, et on le plaçait sous une cloche. Après huit jours d'une température moyenne de 23°, et de 0m,751 de pression, on examina tous les verres. Un criterium de la macération non chauffée fut d'abord examiné, et on le trouva rempli d'une extraordinaire quantité de grands Microzoaires ciliés, de grands Vibrions et de Monades. Dans la macération chauffée seulement à 50°, il n'existe aucun Microzoaire cilié, mais on y observe de grands Vibrions parfaitement vivants. Dans celle soumise à 60°, les grands Vibrions n'existent plus, il n'y a que des

Monades. Il résulte donc de cette expérience que, *s'il y a des œufs* pour produire ces animalcules, ceux des Microzoaires ciliés ne résistent pas à 50°, et ceux des grands Vibrions à 60°.

10me *expérience.* — On chauffa une macération de foin jusqu'à 100°, et en en enlevant successivement des portions de 5 en 5°. Après cette opération, on abandonna toutes ces portions sous une grande cloche en verre, pour qu'elles fussent toutes soumises aux mêmes influences; elles étaient dans des vases pareils et en quantité égale. Après huit jours, les macérations chauffées à 40, 50 et 55°, avaient à leur surface une pellicule générale formée d'une grosse levûre particulière, remplie de granulations. Les portions de macération chauffées au-dessus de 60° n'en présentaient pas. Il est donc évident que, pour cette levûre, remarquable par sa forme et n'ayant que des vésicules peu apparentes, je ne dis pas sa résistance vitale, car certainement elle n'existe pas dans le liquide, mais la modification chimique indispensable pour sa genèse, se détruit avant 60°.

11me *expérience.* — Deux moutons affectés de tournis sont tués. On ouvre leur tête quarante-huit heures après, une température de 9°,5 ayant régné en moyenne depuis leur mort. Dans le cerveau de l'un et de l'autre, on trouva une vésicule de la grosseur d'un œuf de pigeon, dont la surface était couverte d'un grand nombre de Cœnures (*Cœnurus cerebralis*, Rud.). Tous ces Helminthes sont absolument morts, aucun d'eux ne donne de signe de vie sous l'influence des excitants les plus variés, la titillation, les acides, l'électricité. On a donc exagéré la vitalité de ces vers intestinaux.

12me *expérience.* — En été, après le même laps de temps, je n'ai pas été plus heureux. Une vésicule remplie de Cœnures bien développés, extraite du cerveau d'un mouton le lendemain du jour où il fut tué, par une température de 25°, ne me présenta aucun Cœnure vivant.

13me *expérience.* — Une macération de foin contenant des Microzoaires d'espèces très-variées, fut placée dans une bassine en porcelaine, dans laquelle plongeait un thermomètre; la pression était de 0m,741.

Ensuite la température du liquide fut successivement élevée à l'aide d'une lampe à esprit-de-vin.

A 40°, le *Spirillum undula* (Ehr.), le *Vibrio granifer* (Nob.), les Kolpodes, les Kérones, les Bactériums, commencent à périr; à 45°, beaucoup de ces Microzoaires sont déjà morts. Quelques petites Paramécies et quelques grands Vibrions résistent seuls à 50°. Après cinq minutes, tout est mort à 55°; les œufs spontanés des Paramécies en gyration sont aussi absolument morts.

14me *expérience.* — Du terreau contenant des Rotifères, des Tardigrades et des Anguillules, fut placé dans le vide sec de la machine pneumatique, avec de l'acide sulfurique pur et concentré. Le récipient était situé dans mon laboratoire, qui est très-chaud et reçoit le soleil une partie de la journée, et le vide fut maintenu à 0m,002.

On commença l'expérience le 1er juin et on la termina le 1er septembre; alors il n'existait aucun animalcule vivant dans le terreau.

Ainsi donc, en été, la dessiccation et la mort des animalcules pseudo-ressuscitants se produisent en trois mois dans le vide sec.

On prit toutes les précautions possibles pour opérer méthodiquement l'humectation. On peut voir celles-ci exposées en détail dans mes recherches sur les animaux pseudo-ressuscitants.

15me *expérience.* — Ayant mis dans de l'eau des spores d'un Ascophore à tête noire recueillies à la surface d'une fermentation de jus de groseille, et ayant porté cette eau à l'ébullition, on reconnut qu'au bout de trois secondes, déjà presque toutes étaient déformées à l'extérieur, et, au bout d'une minute, toutes étaient totalement désorganisées à l'intérieur.

A l'état normal, elles sont ovoïdes, et offrent de 0mm,0140 à 0mm,0160 même de diamètre; par cette courte ébullition, elles deviennent plus petites, anguleuses et d'un jaune foncé; leurs granulations, très-fines à l'état frais, se colorent et se concentrent au milieu sous l'influence de cette température, en même temps que l'épisperme devient plus distinct.

16me *expérience.* — De la levûre de bière mise dans de l'eau fut placée dans un ballon; on porta cette eau à l'ébullition, et, après cinq minutes que dura celle-ci, cette levûre fut examinée.

On reconnaît alors que son diamètre est un peu diminué, et que sa forme a perdu de sa régularité : elle est devenue jaune, et ses granules se sont concentrés; enfin, elle est absolument désorganisée.

Il est évident, d'après cela, que quand on obtient de la levûre dans les expériences où les liquides ont été portés à l'ébullition, on ne peut prétendre que celle-ci ou ses corps reproducteurs ont pu survivre à une telle épreuve.

17me *expérience.* — On avait placé, depuis un mois, dans le vide sec de la machine pneumatique, du terreau très-riche en animalcules pseudo-revivíscents. Chaque 2 décigrammes contenait en moyenne 40 Rotifères et 10 Tardigrades.

On enleva subitement du récipient de la machine pneumatique 2 décigrammes de ce terreau, et on les plaça dans un tube en U avec de grandes précautions et en mettant des deux côtés un peu de coton près du fond, pour être bien certain qu'aucun animalcule ne se dérobait à l'action de la chaleur et n'était enlevé par le courant d'air.

Ce tube, qui contenait donc environ 40 Rotifères et 10 Tardigrades, fut plongé dans un bain-marie, et articulé d'un côté avec un tube qui communiquait avec deux flacons (n°s 2 et 3) remplis de

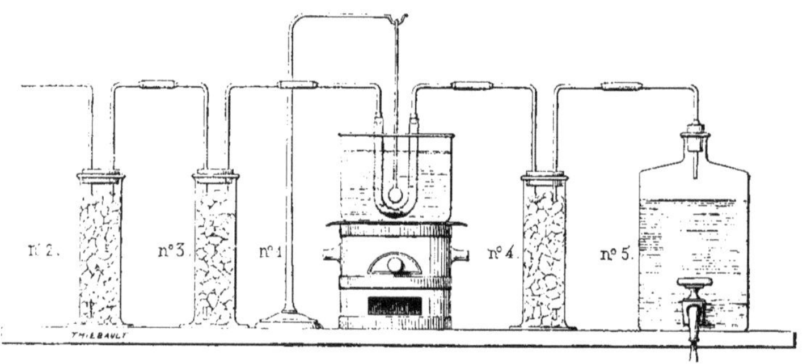

Fig. 22.

chaux, et de l'autre avec un flacon (n° 4) également rempli de chaux, et suivi d'un aspirateur. Un thermomètre plongeait dans l'eau.

Celle-ci fut chauffée avec lenteur, sur un fourneau dont on modérait à volonté la combustion.

La température fut élevée successivement et avec une extrême lenteur, de 1°,25 par quinze minutes, ou 5° à l'heure ; de manière que l'on mit dix heures à franchir les températures de 50° à 100°, l'appareil marchant presque avec la régularité d'une horloge.

Lorsque celui-ci eut atteint 100°, on le maintint à cette température pendant trente minutes ; après, on éteignit le feu, et l'appareil se refroidit lentement.

Pendant toute la durée de l'expérience, un courant d'air sec passa à travers l'appareil, pour enlever le peu de vapeur d'eau qui pouvait s'engendrer ; et sa rapidité fut réglée en raison inverse de l'accroissement de la température.

Ensuite, ce terreau fut exposé sous la cloche humide pendant toute une nuit, et enfin on le plaça dans de l'eau, où il resta durant vingt-quatre heures. Après ce temps, on l'examina au microscope, et l'on reconnut que tous les animalcules étaient morts. On compta 37 cadavres de Rotifères et 6 cadavres de Tardigrades.

On prolongea ensuite l'hydratation, et celle-ci ne démontra que mieux que tous les animalcules pseudo-ressuscitants étaient strictement morts, et qu'aucun ne pouvait braver une température de 100°.

Voir pour les détails que comportent les expériences sur la reviviscence, *Actes du Muséum d'histoire naturelle de Rouen*, p. 16.

18me *expérience.* — J'avais constamment prétendu que plus on opérait la dessiccation des animaux pseudo-ressuscitants, et plus aussi leur reviviscence était compromise.

Exposés sur des plaques de verre, en couches très-minces, en moins de quelques semaines, j'ai démontré que leur reviviscence s'anéantit graduellement et finit par disparaître absolument. Les expérimentateurs de la Société de biologie sont tombés d'accord avec moi sur ce fait; mais quelques-uns ont pensé que ce résultat tenait, non à la dessiccation elle-même, mais aux transitions hygroscopiques que subissaient les animalcules. L'expérience suivante et celles qui se trouvent mentionnées après, prouvent que la mort définitive est réellement due à la dessiccation elle-même, contrairement à ce que l'on a avancé sur ce sujet.

Un gramme de terreau, riche en animalcules (il contenait, en moyenne, 70 Rotifères et 12 Tardigrades par 2 décigrammes), fut mis sous le récipient de la machine pneumatique avec quelques fragments de chaux, placés dans une capsule au-dessous de ce terreau. Le vide fut maintenu à 0m,002 pendant trois mois d'été : juin, juillet et août; la machine était placée dans mon laboratoire, qui est très-chaud.

Après ce temps, on examina le terreau avec toutes les précautions possibles; la plus longue humectation démontra que pas un animalcule n'était reviviscent. On humecta d'abord douze heures sous la cloche humide, et deux jours dans l'eau.

Ainsi donc, le vide sec de la machine pneumatique tue les animalcules pseudo-reviviscents, au lieu de les conserver.

19me *expérience.* — La même expérience que la précédente a été faite dans la machine pneumatique, mais avec de l'acide sulfurique pur, et elle a donné, après le même laps de temps, absolument les mêmes résultats. Aucun animalcule ne put être ranimé.

20me *expérience.* — En employant un tamis de soie, on étala en une couche mince sur une plaque de verre de 0m,1 carré, 2 décigrammes de terreau, riche en animalcules pseudo-ressuscitants (il contenait en moyenne, pour chaque décigramme, 35 Rotifères et 5 à 6 Tardigrades). Cette plaque fut recouverte d'une cloche qui plongeait dans le mercure, et placée dans un lieu sec, recevant le soleil quelques heures par jour.

Après trois mois d'été, juin, juillet et août, ce terreau ne présentait plus un seul animalcule reviviscible. Après douze heures d'exposition sous la cloche humide et trente-six heures d'humectation, aucun même ne s'endosmosait, ce qui annonçait une mort assez ancienne.

21me *expérience.* — Ayant pris six tubes d'environ 0m,3 de longueur et de 0m,008 de diamètre, soudés par l'une de leurs extrémités et parfaitement desséchés à l'étuve, on introduisit dans chacun 2 décigrammes de terreau abondant en animalcules pseudo-ressuscitants (chacun d'eux contenait environ 60 à 70 Rotifères et 8 à 10 Tardigrades). Ces tubes furent ensuite fermés à la lampe d'émailleur, et attachés sur une planche peinte en noir qui fut exposée sur un toit regardant le midi. Ils restèrent là durant les six mois les plus chauds de l'année.

Quand on brisa ces tubes, dans quatre, tous les animalcules étaient morts ; dans deux, il en restait encore un de vivant dans l'un, et trois dans l'autre.

Les quatre animalcules reviviscents que l'on a retrouvés dans cette expérience, loin d'en affaiblir la portée, lui donnent, au contraire, plus de valeur; car ils attestent qu'il n'y a eu là aucune cause active perturbatrice de la vie, et que la mort n'a été que le résultat d'une lente dessiccation. En effet, si, sur environ 450 animalcules, 4 seulement ont résisté, cela indique qu'il ne s'agit ici que d'une question de temps, et que quelques jours de plus eussent amené infailliblement la mort des survivants.

Et quand, après avoir abandonné à l'air, dans les combles de l'École de médecine, plusieurs milliers d'animalcules pseudo-reviviscents, *un seul* se ranimait, et que je voyais noter attentivement ce fait par les partisans de la doctrine de la reviviscence, c'était un grand tort; car la présence de cet animalcule resté seul vivant au milieu de tant de cadavres, loin de parler contre l'expérience, lui donnait encore plus d'autorité. Ce seul survivant attestait aussi qu'aucune cause active ne s'était ajoutée à la dessiccation lente, et que si l'on avait prolongé l'expérience quelques jours de plus, il devait nécessairement périr.

22me *expérience.* — Dans une même expérience, six autres tubes placés à côté des précédents, mais qui, en plus, passèrent six mois d'hiver dans mon laboratoire, n'offraient aucun animalcule reviviscent quand on les brisa.

23me *expérience.* — La même expérience fut exécutée parallèlement en mettant de petits fragments de chaux dans chacun des six tubes, et en les séparant des animalcules par un peu de coton.

Après avoir passé six mois d'été sur le toit, aucun de ces tubes n'offrait d'animalcules reviviscents, ce qui fut dû sans doute à la plus grande sécheresse qui régna à l'intérieur.

24me *expérience.* — Six tubes disposés comme dans les deux expériences précédentes furent placés dans une des serres chaudes du Jardin botanique de Rouen. Quatre d'entre eux contenaient un peu de chaux; les deux autres ne contenaient que de l'air et du terreau.

Ces tubes restèrent une année dans cette serre.

Après ce laps de temps, tous les animalcules qu'ils contenaient étaient morts et contractés. Aucun d'eux ne s'endosmosait, même par la plus longue humectation. Ainsi donc, indépendamment des variations hygrométriques, le temps seul et la dessiccation amènent assez rapidement la mort absolue des animalcules pseudo-ressuscitants; c'est un fait incontestable.

25me *expérience.* — Six tubes remplis de Rotifères et de Tardigrades, comme ceux dont on s'est servi dans les expériences que nous avons citées, et qui avaient passé six mois sur les toits, furent de nouveau examinés au laboratoire en septembre 1862.

Dans tous ces tubes, il n'existait aucun animalcule vivant, tous étaient contractés; aucun ne s'endosmosa, ce qui prouve qu'ils étaient morts depuis longtemps.

26me *expérience.* — Durant une température de — 7°, dans mon laboratoire, une grenouille fut placée dans de l'eau que l'on abandonna à la congélation. Celle-ci, à cause de la température un peu plus élevée du lieu durant le jour, ne surprit que lentement le reptile; mais lorsqu'elle fut complète, le lendemain, on s'aperçut qu'elle l'avait dilacéré, car la glace, dans ses environs, était teinte de sang.

Le surlendemain, on fit dégeler très-lentement l'animal, et l'on ne trouva plus qu'un cadavre flasque. J'ai répété cette expérience un certain nombre de fois, et aussi en faisant congeler ces animaux, ainsi que des crapauds, à l'air libre. J'ai toujours obtenu le même résultat.

27me *expérience.* — Dix sangsues ayant été placées dans les mêmes circonstances que la grenouille, présentèrent absolument le même résultat.

La glace n'était pas devenue sanglante; mais, par la congélation, ces animaux avaient aussi été dilacérés. En les dégelant lentement, l'eau qui s'écoula par les entonnoirs était remplie de sang; leurs cadavres étaient flasques.

28me *expérience.* — Des écrevisses au nombre de six, que l'on fit congeler soit dans l'eau, soit à l'air libre, moururent toutes aussitôt que la congélation eut atteint les viscères indispensables à la vie.

29me *expérience.* — Une éprouvette remplie de Kolpodes et de Kérones fut placée, le 5 août, sous le récipient d'une machine pneumatique. Le vide fut maintenu d'un à deux millimètres pendant trois jours. A ce moment, quand on rendit l'air, tous les animalcules étaient encore dans le plus parfait état de santé.

3° MICROGRAPHIE ATMOSPHÉRIQUE.

30me *expérience.* — Les expériences que j'ai faites avec les poussières recueillies sur le Parthénon m'ont présenté la même pénurie de corps organisés que celles de la tour de Pise. J'y ai observé très-peu de fécule : il y en avait cependant; il va sans dire qu'aucun œuf ni aucune spore n'y furent découverts.

De ce que dans toutes mes observations, je n'ai eu ni œufs ni spores, il ne faut pas conclure qu'il n'en existe point dans l'air; cela signifie tout simplement qu'ils y sont d'une incommensurable rareté, car nécessairement il doit s'en trouver avec les poussières que dépose l'air; mais ceux qu'on y observe ne doivent même pas entrer en ligne de compte, car un dépôt de poussière qui offre une ou deux spores représente parfois le dépôt de plus de cent mille mètres cubes d'atmosphère, de cent millions peut-être, tandis qu'avec un simple décimètre d'air on a toujours la possibilité de produire des milliards de proto-organismes.

30me (bis) *expérience.* — Au milieu de la Méditerranée, entre l'espace qui sépare Marseille des bouches du Bonifacio, avec toutes les précautions nécessaires, j'introduisis dans un flacon, qui avait été rempli d'eau bouillante, 10 grammes de lin chauffé à 100° pendant deux jours, et un décimètre cube d'air. Cette prise d'air s'obtint simplement en vidant une portion du liquide que contenait ce flacon ; puis ensuite on le boucha hermétiquement.

J'examinai le liquide trois jours après, à Messine, la température étant de 29° en moyenne ; je le trouvai rempli d'un nombre considérable de Microzoaires. Et ce qui est fort remarquable, c'est que dans cet air pur de la mer il s'était formé de plus abondantes légions d'animalcules que dans d'autre air pris à Marseille, et que j'avais emporté sur le navire. Ainsi donc voici l'air pur de la mer plus fécond ici que l'air des grandes villes, surchargé de corpuscules divers.

31me *expérience.* — Observation faite en pleine mer, au milieu de la mer Ionienne, entre le cap Spartivento et le cap Matapan.

Le temps était parfaitement calme, l'air pur, et la température de 28° à l'ombre. L'observation fut faite à l'arrière du bâtiment, la brise, à peine sensible, soufflait par son travers ; on opéra avec l'aéroscope sur 10 centimètres cubes d'air. Les dix taches sont à peine sensibles à la loupe, et les corpuscules qui les forment sont d'une extrême finesse. Ceux-ci ne sont presque entièrement que des grains de silice d'une telle ténuité, qu'ils se rapprochent tous de la forme sphéroïdale ; un seul est gros et anguleux ; 3 corpuscules de nature végétale verts ; un grain de pollen déformé, et quelques parcelles de goudron. Assurément aucune spore, aucun œuf de Microzoaire cilié, et point de fécule. Avec le même air pur, nous avons cependant obtenu des animalcules en nombre considérable.

32me *expérience.* — Air de la mer Tyrrhénienne, pris entre les bouches du Bonifacio et la Sicile. L'air est d'un calme profond, l'observation est faite à l'arrière du navire. L'aéroscope ne recueille qu'un nombre infiniment petit de corpuscules ; on n'aperçoit ses taches sur la glace qu'à l'aide de la loupe.

Celles-ci sont formées de grains de silice d'une immense finesse et fort peu nombreux. On y trouve, en outre, des débris de voiles, des filaments de laine blanche, deux grains de fécule de blé normale et six grains de fécule panifiée. On n'observe aucune spore végétale, aucun œuf de Microzoaire. Tout ce qui est relaté ici s'explique fort bien par la marche du bâtiment, à l'avant duquel est la boulangerie et où mange tout l'équipage.

32me-1 *expérience.* — On prit un flacon d'un demi-litre de contenance, à goulot étroit, et bouchant à l'émeri. Après l'avoir rempli d'une macération de luzerne, on le plongea dans un vase en terre assez profond, pour que le même liquide dont on l'avait également rempli, dépassât un peu l'ouverture du flacon restée béante. On plaça ensuite ce vase sur le feu, et la macération fut portée lentement à l'ébullition.

Lorsque celle-ci fut obtenue, on continua pendant vingt minutes, pour être certain que le liquide de l'intérieur du vase était bien parvenu lui-même à la température de 100°.

Le feu ayant alors été éteint, on boucha fortement le vase sous le liquide, avec son bouchon qu'on avait préalablement plongé dans l'eau bouillante. Après avoir retiré le flacon de son bain encore brûlant, le contour de l'ouverture fut enduit avec le plus grand soin de lut et de vernis, pour éviter qu'il ne pût s'y introduire la moindre parcelle d'air extérieur.

Le lendemain, ce flacon fut transporté au sommet du clocher de la cathédrale de Rouen, et là on le déboucha et l'on renversa la moitié de la décoction qu'il contenait, qui fut remplacée par l'air ambiant qui y rentrait à mesure que celle-ci s'écoulait. Quand environ 250 centimètres cubes d'air furent rentrés, on boucha de nouveau le flacon et l'on en luta avec le plus grand soin le contour du goulot.

Dix jours après, la décoction s'était troublée, et le flacon ayant été débouché, on reconnut au microscope qu'elle contenait une abondante population de Vibrions et de grosses Monades parfaitement vivants.

C'est avec les mêmes précautions, que je note ici une fois pour toutes, que j'ai préparé les flacons qui m'ont servi à opérer des prises d'air dans les lieux les plus variés, soit sur les hautes montagnes, soit dans les cavernes, soit au milieu des cités populeuses, soit au sommet de leurs monuments les plus élevés. Et c'est ainsi que j'ai reconnu que la panspermie limitée de M. Pasteur, inventée pour soustraire sa théorie aux expériences accablantes qui la renversent, était absolument erronée. Partout, exactement partout, je trouve l'air fécond; et, si ce chimiste l'a parfois trouvé stérile, il ne faut attribuer ce résultat qu'à la manière défectueuse dont il conduit ses expériences.

32me-2 *expérience.* — Dans la caisse d'instruments avec laquelle je gravissais l'Etna, au mois de septembre 1860, j'avais placé deux flacons préparés comme il a été indiqué dans l'expérience qui précède et contenant une décoction de trèfle. Au sommet de la montagne, tout auprès de la *casa inglese*, par un temps calme et vers sept heures du matin, on vida la moitié du liquide que contenait chacun de ces flacons, et l'air ambiant se précipita à leur intérieur. Ils furent immédiatement rebouchés avec soin et replacés dans la caisse d'instruments pour opérer la descente.

Le quatrième jour, étant de retour à Messine, malgré l'agitation que le liquide avait éprouvée pendant la route, soit lors de la descente à cheval, soit lors du retour en voiture, je reconnus au microscope qu'il était rempli d'animalcules appartenant aux genres *Monas*, *Bacterium*, *Vibrio* et *Spirillum*.

32me-3 *expérience.* — On prit deux flacons préparés comme il est indiqué dans l'une des précédentes expériences, et qui étaient remplis d'une décoction d'ivraie. On les vida à moitié sur le parvis de la cathédrale de Rouen, et ils furent rebouchés immédiatement.

Deux autres flacons pareils furent en partie vidés et rebouchés au niveau des combles de la cathédrale.

Enfin, deux derniers flacons furent en partie vidés au sommet du haut clocher de cette métropole.

Les six flacons furent rapportés au laboratoire du Muséum. Le cinquième jour, par une température de 26°,5 en moyenne, on reconnut que tous contenaient des animalcules appartenant aux genres *Protée*, *Vibrion*, *Monade* et *Bactérium*.

32me-4 *expérience.* — Deux flacons préparés comme dans les expériences précédentes, et contenant une décoction d'aster de la Chine, furent débouchés et à demi vidés sur le sommet de la montagne Sainte-Catherine, durant l'hiver, et par un froid de — 2°, où elle était toute couverte de neige, au mois de janvier.

Huit jours après, ces flacons, qui avaient été placés dans un lieu où la température moyenne était de + 10°, étaient remplis d'animalcules appartenant tous aux groupes des Monadaires et des Vibrioniens.

32me-5 *expérience.* — Dans une des plus solitaires et des plus profondes excavations des carrières de Caumont, près Rouen, je portai quatre flacons préparés comme précédemment, et contenant une décoction d'ivraie. Là, on les vida à moitié, et on les reboucha avec les précautions prescrites.

Six jours après, ces flacons, rentrés au laboratoire du Muséum, avaient tout leur liquide rempli de Microzoaires des ordres inférieurs; la température était de 21°.

32me-6 *expérience.* — Deux flacons préparés comme précédemment furent à moitié remplis d'air dans le port de Marseille, et ensuite rebouchés.

Quatre jours après, à Messine, j'en fis l'ouverture, et les trouvai remplis d'Infusoires de l'ordre des Monadaires et des Vibrioniens.

32me-7 *expérience.* — Dans le cloître très-calme de Sainte-Marie, à Rouen, je fis à de nombreuses reprises cette même expérience, en puisant l'air tantôt durant le jour, tantôt durant la nuit, et toujours j'obtins le même résultat.

32me-8 *expérience.* — Au milieu de l'archipel de la Grèce, un flacon préparé comme je l'ai exposé, fut à moitié vidé de la décoction qu'il contenait, et l'air remplaça ce qui était expulsé.

Huit jours après, à Constantinople, je trouvai tout ce liquide rempli d'Infusoires, de Bactériums et de Monades.

La même expérience fut faite à Constantinople, et eut le même résultat.

Ainsi, dans l'air pris partout, dans les villes populeuses et dans les cloîtres très-solitaires, sur les montagnes et sur la mer, dans les grottes ou au milieu des forêts; enfin, l'air pris partout sert à produire également et toujours des animalcules, jamais cela ne manque. N'est-ce pas démontrer, jusqu'à l'évidence, que la *Panspermie locale* de M. Pasteur est une pure invention produite pour défendre une doctrine qui succombe de toutes parts ?

4° EXPÉRIENCES DÉMONTRANT L'INANITÉ DES ENSEMENCEMENTS AÉRIENS.

33me *expérience.* — On prit trois grands verres à expérience ; l'un d'eux fut rempli de cidre, le second d'urine, et le troisième d'un mélange à parties égales du même cidre et de la même urine. Les trois verres furent ensuite abandonnés sous une grande cloche qui plongeait dans l'eau; l'expérience eut lieu par une température moyenne de 18°,5.

Le quatrième jour, il était déjà évident que la surface de ces trois verres était occupée par une végétation cryptogamique absolument différente pour chacun d'eux.

Le huitième jour, le verre d'urine offrait une pellicule d'une minceur excessive, incolore, formée de spores spontanées, globuleuses, de 0^{mm},0084 de diamètre. Le verre de cidre présentait une pellicule plus épaisse, incolore, lisse, composée de spores maliques acuminées. Enfin, le verre renfermant un liquide mixte offrait une pellicule *absolument différente* des deux autres, très-épaisse, d'un blanc tranché, et composée de grosses rides à sa surface. Elle était formée de spores ovoïdes.

La végétation qui commence déjà à envahir ces trois liquides offre aussi de notables différences. Le cidre a sa surface à moitié occupée par des Pénicilliums; l'urine offre seulement quelques touffes d'un autre Pénicillium; tandis que le mélange hybride n'est encore envahi par aucune plante.

Cette remarquable expérience, faite déjà par Treviranus, avait été niée par certains physiologistes qui réfutent, sans vérification, tout ce qui gêne leurs doctrines.

34me *expérience.* — 500 grammes de cidre remplissant un grand verre à expérience, sont placés dans une atmosphère d'un décimètre cube d'air, sous une cloche à mercure qui avait été préalablement chauffé.

Après dix jours, on trouve au fond du verre 151 milligrammes de spores maliques. D'un autre côté, l'atmosphère examinée à l'aéroscope et lavée dans l'eau, n'offrit aucun indice de levûre. Si c'était cette atmosphère cependant qui eût fourni une telle masse d'organismes, ceux-ci ne pourraient échapper à l'observation. En admettant même l'hypothèse des chimistes, la gemmation ne produisant que cinq fois plus que l'ensemencement, il faudrait donc qu'au minimum le décimètre cube d'air contînt 30 milligrammes de levûre; ce qui serait facile à reconnaître. Et cependant aucun moyen physique, aucun moyen chimique ne parvient à surprendre, dans ce décimètre cube d'air, une seule spore de levûre. Or, il faut donc que celle-ci se soit engendrée spontanément.

35me *expérience.* — Le 5 février, par une température assez basse, + 11°,5, on prit un flacon de moût de bière anglaise, qui venait de subir l'ébullition, et celui-ci fut bouché hermétiquement et abandonné dans mon laboratoire. Au bout d'un mois, on l'examina et l'on reconnut qu'il s'était déposé au fond une abondance de levûre. Celle-ci, examinée au microscope, fut reconnue par sa forme et son diamètre pour de la levûre de bière parfaitement caractérisée. Toutes les spores étaient isolées; on ne rencontrait parmi elles aucune levûre lactique, aucun cristal.

36me *expérience.* — 500 grammes de moût de bière, qui avaient été pris dans une cuve, après une ébullition de cinq heures, furent mêlés avec 5 grammes de levûre de bière nouvelle; ensuite, ce mélange fut filtré quatre fois, et sortit du dernier filtre parfaitement limpide; le microscope prouva qu'aucune spore de levûre n'avait traversé les filtres. L'expérience fut commencée le 23 juin, et pendant sa durée la température fut en moyenne de 22°,5.

Le 1er juillet, on aperçoit, à la simple vue, qu'il s'est formé au fond du vase et sur ses parois une énorme quantité de levûre.

Le microscope fait reconnaître que celle-ci est de la levûre cérévisique.

37me *expérience.* — 500 grammes de moût de bière qui venait de subir une ébullition de cinq heures, furent mis dans un grand verre à expérience, puis on ajouta 2 grammes de levûre de bière anglaise, sèche, exposée au soleil depuis six mois, et que l'on venait d'abandonner durant six heures dans une étuve à 100°. Ce verre fut recouvert d'une cloche. La température était de 25°.

Le lendemain, fermentation énergique, avec grand dégagement d'acide carbonique, et formation d'une abondance de levûre nouvelle. Celle-ci, examinée au microscope, est évidemment composée de spores cérévisiques. Outre la levûre ordinaire, on distinguait très-bien au microscope les spores de levûre sèche qu'on avait introduites dans le liquide; elles étaient désorganisées par la dessiccation; il ne peut y avoir de doute, elles étaient mortes. Dans cette expérience, celles-ci n'ont donc pu agir comme corps vivants, comme ferments vivants.

38me *expérience.* — Ayant pris de la colle de blé, bouillante, et l'ayant déposée dans une petite bassine plate de porcelaine, elle fut isolée dans un décimètre cube d'air.

Au bout de six jours, par une température de 18° en moyenne, toute sa surface s'était, en même temps, couverte d'une végétation cryptogamique spontanée; c'était un *Penicillium* voisin du *glaucum*.

Lorsque l'on commença cette expérience, dans la même atmosphère on employa plusieurs heures à faire passer 1,000 décimètres cubes d'air à travers du coton; et 1,000 autres décimètres à travers 2 centimètres cubes d'eau qu'on avait introduits dans un tube en U.

Ensuite, l'examen prouva que ni dans ce coton, ni dans cette eau, il n'existait aucune spore. Celles-ci n'ayant pu résister à l'ébullition de la colle, et ne présentant aucune d'elles dans un volume d'air mille fois plus considérable, il a donc bien fallu que les Pénicilliums qui ont envahi cette colle y soient nés spontanément.

39me *expérience.* — Ayant pris deux verres contenant du cidre de pommes douces nouvellement extrait, la surface de l'un d'eux, à l'aide d'un tamis de soie, fut ensemencée avec de la poussière du Muséum d'histoire naturelle, de manière à n'y répandre qu'une couche excessivement mince de corpuscules. L'autre verre, considéré comme criterium différentiel, ne subit aucun ensemencement.

Chacun de ces verres fut mis sous une cloche séparée, et soumis absolument aux mêmes circonstances.

Après quinze jours, les deux verres ayant été confrontés ensemble, offraient la même végétation cryptogamique à leur surface. Celui qui avait été ensemencé n'offrait rien de plus que celui qui ne l'avait point été.

Cette expérience n'est-elle pas une preuve, sans réplique, de la nullité des prétendus ensemencements dont il a été récemment tant parlé. Le vase non ensemencé est tout à fait aussi fécond que celui sur lequel on a répandu de cette poussière si faussement considérée comme le réceptacle des œufs et des spores.

39me-1 *expérience.* — Dans un ballon d'un demi-litre de capacité, on mit 100 centimètres cubes d'une macération de foin filtrée. Ce ballon étant rempli d'air atmosphérique normal fut ensuite fermé à la lampe. Il ne se forma aucune membrane proligère à sa surface, et jamais aucune mucédinée n'y apparut durant six mois d'été que dura l'expérience en 1861.

L'oxygène, cependant, ne manquait pas, car, quand on ouvrit le ballon, on analysa l'air, il contenait encore 10 p. 100 de ce gaz.

39me-2 *expérience.* — Un autre ballon, dans les mêmes circonstances, présente seulement 8 p. 100 d'oxygène, et pas plus que le précédent n'offrit ni membrane proligère ni mucédinées.

Ces deux expériences, ainsi que beaucoup d'autres que j'ai faites dans la même direction, démontreront combien sont défectueuses les expériences à vaisseaux bouchés à la lampe. Là, si les ensemencements atmosphériques étaient un fait, on aurait dû voir des végétaux se développer, car on avait de l'air pris sans précaution et qui devait contenir des œufs et des spores; si aucun organisme ne s'est produit, c'est que les conditions sont essentiellement contraires à leur développement.

40me *expérience.* — Dans 500 grammes d'eau, on mit macérer 100 grammes de foin, pendant une heure; ensuite on filtra cette macération.

150 centimètres cubes de cette macération furent introduits dans un ballon de 300 centimètres de capacité, dont la moitié resta occupée par de l'air atmosphérique, et ensuite on ferma ce ballon à la lampe d'émailleur.

150 centimètres de la même macération furent placés dans une

éprouvette, et mis sous une cloche à expérience de 400 centimètres cubes de capacité, et dont le pied plongeait dans l'eau afin de confiner l'air qu'elle contenait.

Enfin, 150 centimètres du même liquide furent abandonnés à l'air libre pour servir de criterium.

Le dixième jour on observa les résultats de l'expérience.

Dans le ballon, le liquide avait perdu sa transparence et sa teinte fauve; il était devenu d'une couleur jaune, trouble, analogue à de vieilles urines; il était d'une repoussante fétidité, et sa surface n'offrait qu'une pellicule extrêmement mince ; on n'y rencontrait aucun animalcule vivant ; mais la pellicule superficielle était évidemment formée de cadavres de monades. Aucun microzoaire cilié n'a jamais vécu dans ce liquide, car on n'y rencontre les cadavres d'aucun d'eux.

Au contraire, l'éprouvette placée sous la cloche renferme un liquide dont la teinte fauve a seulement pris de l'intensité, mais il n'a jamais perdu sa transparence ; l'air de la cloche a une odeur agréable, qui rappelle l'arôme du foin; il existe une épaisse pellicule proligère à la surface du liquide, et dans celle-ci nagent une abondance de Paramécies, de Vorticelles et de Monades. Cette pellicule proligère contient en outre un grand nombre d'œufs spontanés.

Le criterium abandonné au contact de l'air offre le même état, seulement la pellicule proligère présente plus d'épaisseur.

Cette expérience prouve donc que l'air confiné dans un ballon paralyse le développement des Microzoaires ciliés. Si les Monadaires seulement y apparaissent, c'est que, très-rapides à s'engendrer, elles se montrent avant l'altération de l'air, mais elles-mêmes n'y peuvent subsister longtemps.

41e *expérience.* — On introduisit 200 grammes d'une macération de foin dans un ballon de 500 centimètres cubes de capacité ; le reste de l'espace resta occupé par de l'air ordinaire ; on ferma ensuite à la lampe le col de ce ballon. Température moyenne, 21°,5, pendant toute la durée de l'expérience.

Huit jours après, le matras ayant été ouvert, on ne rencontra dans la macération qu'il contenait que quelques Vibrions vivants et pas un seul Infusoire cilié, pas un seul œuf de ceux-ci.

L'air de ce ballon ayant été analysé, on reconnut qu'il contenait 0,17 d'oxygène.

42me *expérience.* — Ayant rempli à moitié d'urine fraîche un ballon d'un décimètre cube de capacité, on adapta au col de celui-ci un tube recourbé en bas, et offrant dix boules entre lesquelles il y avait autant de rétrécissements, disposition très-propre à arrêter tous les corps légers, les œufs ou les spores, qui tendraient à pénétrer dans l'appareil. L'urine fut portée à l'ébullition pendant cinq minutes, et l'air ne rentra ensuite dans le ballon qu'en traversant la route ascendante et tortueuse qui lui était offerte.

Après un mois, dont la température moyenne avait été de 20°,5, la surface de l'urine était envahie par des Mucorinées.

J'ai exécuté la même expérience avec du lait et de la colle, et en faisant en plus traverser à l'air une masse de coton, et j'ai toujours obtenu le même résultat.

Les expériences de MM. Schrœder et Dusch sont donc erronées.

43me *expérience.* — Dans une expérience faite avec de la colle de farine portée à 100° dans le ballon, et dans les conditions prescrites dans l'expérience précédente, ce ne fut qu'après six mois que la colle fut envahie par des Pénicilliums.

Ainsi donc, les expériences dans lesquelles M. Pasteur assure arrêter les œufs et les semences qu'il prétend flotter dans l'air, en faisant rentrer celui-ci par des routes tortueuses ou déclives, sont absolument erronées; et celles de MM. Joly et Musset sont parfaitement exactes.

44me *expérience.* — On prit deux bassins plats en porcelaine, de 4 décimètres carrés de surface, et on les remplit de la même colle de farine bouillante. L'un fut abandonné à l'air libre ; l'autre fut recouvert d'une cloche de verre.

Après huit jours, par une température moyenne de 19°,5, la colle de ces deux bassins était totalement envahie par une végétation cryptogamique, tout aussi abondante dans l'un que dans l'autre.

Si l'air était réellement le véhicule des spores, la colle du bassin exposé sous la cloche aurait dû être immensément moins féconde que l'autre ; le contraire avait cependant lieu ; car, probablement à cause de la chaleur et de l'humidité plus considérables qui régnèrent sous la cloche, la végétation qui s'y manifesta fut un peu plus prompte à apparaître et était plus compacte.

On pourrait opposer aux panspermistes des milliers d'expériences analogues... C'est bien cependant à prendre en considération. Les prétendus ensemencements n'existent donc nullement.

3° EXPÉRIENCES PHYSIOLOGIQUES.

43me *expérience.* — On mit macérer, pendant deux heures, une poignée de *Lolium perenne*, L. dans un peu plus d'un litre d'eau de fontaine. La température était de 17°. On filtra ensuite cette macération, qui était colorée en jaune très-pâle, et parfaitement diaphane; on en prit 1,000 centimètres cubes, qui furent placés dans un bocal de 12 centimètres de diamètre.

Ensuite, on prit uns eul centimètre cube de cette même macération, et on le plaça dans une petite capsule de cristal à fond plat, que l'on mit flotter au milieu du liquide du bocal; le tout fut recouvert d'une cloche plongeant dans l'eau, dans le seul but d'éviter l'évaporation.

Au bout de huit jours, par une température moyenne de 18°,5, il s'était formé, à la surface du liquide du bocal, une membrane proligère extrêmement épaisse, dans laquelle le microscope découvrait d'innombrables légions d'Infusoires ciliés, de grosses Paramécies et un nombre immense d'œufs spontanés de celles-ci, tous du même diamètre; les uns en gyration, les autres ayant déjà le *punctum saliens* apparent, d'autres remplis d'embryons.

Au contraire, le centimètre cube du même liquide contenu dans la capsule n'offrait, à sa surface, aucune membrane proligère, et l'examen microscopique le plus attentif n'y fit découvrir aucun Microzoaire cilié, ni aucun œuf spontané de ces animalcules. On y rencontra seulement quelques Monades, ainsi que cela devait avoir lieu.

Cette expérience, qui est d'une extrême simplicité, est l'une de celles qui démontrent avec le plus d'évidence toute l'inanité des théories des panspermistes. Et jamais, jusqu'à ce moment, tous les savants devant lesquels je l'ai exécutée, n'ont pu lui faire la moindre objection.

Il est évident, et elle le prouve, qu'il n'y a point d'œufs flottants dans l'atmosphère; car si cela était, toutes les ressources de l'intelligence ne pourraient expliquer comment jamais il ne tombe d'œufs d'Infusoires ciliés dans la petite capsule du milieu, tandis que toujours ils abondent dans l'infusion qui l'entoure.

En me basant sur les lois bien connues de la genèse organique, j'avais conçu cette expérience, en en prévoyant *à priori* le résultat. J'invitai M. Joly à la faire de son côté, en même temps que je la commençais du mien. Nos lettres, qui s'entre-croisèrent, annonçaient réciproquement que nous avions obtenu l'un et l'autre ce qui était prévu.

46me *expérience.* — Par un temps plus chaud, j'ai encore répété l'expérience précédente, et elle m'a donné des résultats absolument identiques. Après cinq jours, la membrane proligère était épaisse et remplie de Paramécies dans le bocal; et, au contraire, il n'y avait pas la moindre trace de Microzoaires ciliés dans le centimètre cube de liquide.

47me *expérience.* — Cette expérience, qui n'est qu'une interversion des deux précédentes, concourt à leur donner une nouvelle force, et démontre jusqu'à quel point sont précises les lois de la genèse spontanée, formulées par nous dans le deuxième chapitre.

Ici, c'est la masse du liquide que l'on concentre au milieu, pour y obtenir des animalcules ciliés, tandis que tout autour on l'étale sur une très large surface où ceux-ci font défaut.

Après avoir fait macérer une poignée de trèfle incarnat sec dans 600 grammes d'eau, pendant deux heures, on filtra celle-ci, et l'on obtint un liquide très-limpide et d'une teinte jaune clair.

400 grammes de cette macération furent introduits dans une éprouvette, que l'on plaça au milieu d'une grande cuvette de cristal de 25 centimètres de diamètre.

100 grammes de cette macération furent mis dans cette cuvette, placée bien horizontalement, où ils ne formèrent qu'une couche à peine de 5 millimètres de profondeur.

Le tout fut recouvert d'une cloche, dont le pied plongeait dans l'eau d'une plus grande cuvette, qui avait reçu la première, et cela, dans le seul but d'empêcher la macération étendue en surface de s'évaporer pendant la durée de l'expérience (*fig.* 23).

Le huitième jour, une température de 23°, en moyenne, ayant régné dans le laboratoire, on examina les macérations.

La macération contenue dans l'éprouvette avait sa surface recouverte d'une membrane proligère épaisse, et offrait une énorme quantité de Microzoaires ciliés, principalement des Kolpodes et des Paramécies.

La macération étendue tout autour, dans le fond de la grande cuvette, n'offrait, au contraire, qu'une membrane proligère excessivement mince, arachnoïde, et ne présentait que des Monades; on n'y rencontra pas un seul Microzoaire cilié.

Rien peut-il mieux que cette expérience, démontrer encore l'absence des œufs atmosphériques et de la panspermie?

Si les œufs des Microzoaires ciliés étaient en suspension dans l'air, il n'y aurait pas de raison au monde qui pût empêcher qu'il n'en

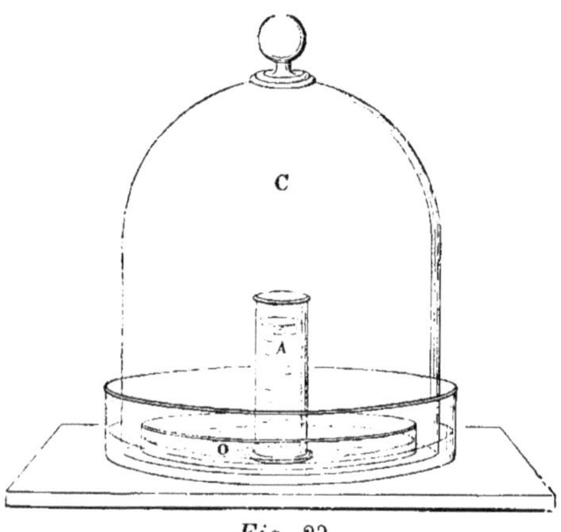

Fig. 23.

tombât aussi bien dans la cuvette que dans l'éprouvette ; et la première en devrait même recevoir d'autant plus, qu'elle offre une bien plus ample surface. Et c'est elle qui, au contraire, n'en présente pas un seul, parce que, proportionnellement à sa surface, les Monadaires n'ont pu former, en expirant, une membrane proligère capable de s'élever à la puissance d'un stroma ovigère.

Cette expérience si simple, faite en quelque sorte à l'air libre, car on ne met une cloche que pour éviter l'évaporation, a porté la conviction chez tous ceux qui l'ont vu exécuter.

On peut même la renverser, et l'on obtient des résultats absolument opposés. Mettez beaucoup de liquide dans la cuvette, et au contraire, mettez-en très-peu dans l'éprouvette du centre : alors vous n'avez plus d'animalcules ciliés dans celle-ci, et, au contraire, ils abondent dans la cuvette où il s'est développé une épaisse membrane ovigère (*fig.* 24).

Est-il possible de substituer des expériences plus simples et plus claires à tout cet attirail expérimental, à toutes ces expériences tourmentées, qu'on nous présentait comme l'ultimatum de la science, et qui, malgré leurs inutiles complications, ne signifient absolument rien par rapport à la question ?

47me ***bis expérience.*** — Des œufs de couleuvre, en macération depuis quatre jours, par une température de 22° en moyenne, offrent à la surface du liquide une énorme quantité de Vorticelles; et jamais, par la suite, cette macération n'a présenté que ces Infusoires.

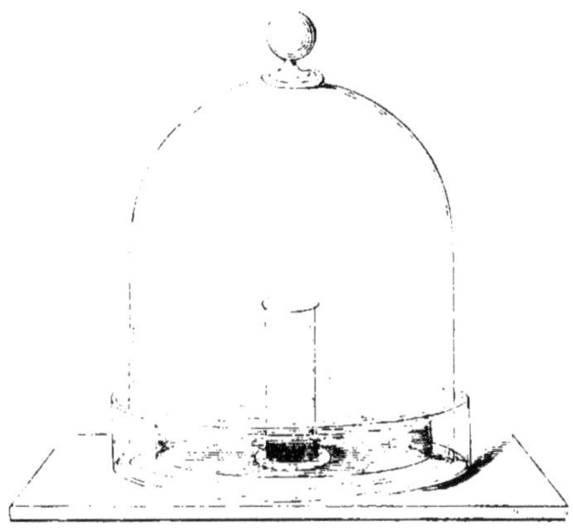

Fig. 24.

Alors on filtra une partie du liquide. C'était le 17 juillet 1862.

Le 30 du même mois, on observe le liquide filtré. Celui-ci ne présente qu'une membrane proligère arachnoïde et d'une extrême ténuité; on n'y découvre aucune Vorticelle, ni aucun autre Infusoire cilié.

Le 30 août, l'observation est encore répétée; il n'existe aucun animalcule dans la liqueur, qui est limpide.

Le liquide conservé comme criterium est toujours peuplé de Vorticelles.

Si les œufs de celles-ci tombaient de l'air dans les macérations, est-ce qu'il n'y en aurait pas eu autant dans le liquide filtré que dans l'autre, après un certain nombre de jours ? On ne peut même pas arguer ici du changement d'état introduit par le temps dans le liquide filtré, puisque le criterium reste animé d'une nombreuse population vivante.

Cette expérience s'ajoute à tant et tant d'autres, pour démontrer la fausseté de la vieille hypothèse de la panspermie.

48me *expérience.* — On prit deux éprouvettes; l'on mit dans chacune d'elles 500 grammes d'une décoction de lin, obtenue à l'aide de 20 grammes de filaments textiles de cette plante sur 1,200 grammes d'eau, à laquelle on fit subir une ébullition de 15 minutes. Une des éprouvettes fut confinée dans un décimètre cube d'air atmosphérique; l'autre fut placée sous une vaste cloche contenant environ 500 décimètres cubes d'air.

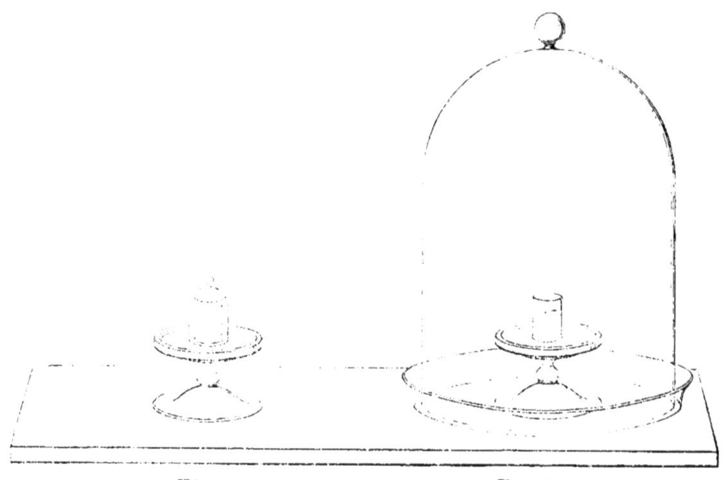

Fig. 25. *Fig.* 26.

Les deux éprouvettes furent abandonnées ainsi pendant quinze jours, sous l'influence d'une température de 18°,5, en moyenne.

Quand on les examina, toutes les deux étaient remplies de Kolpodes vivants, et de cadavres de Kolpodes et de Monades. On filtra séparément le liquide de chacune de ces éprouvettes, sur des filtres parfaitement desséchés à l'étuve, et dont le poids avait été préalablement noté. Après cela, ces filtres ayant de nouveau été desséchés, on reconnut que chacun d'eux avait arrêté un poids presque absolument égal de cadavres d'animalcules à sa surface : l'un en avait retenu 0g,51, l'autre 0g,50.

Il résulte donc, de cette expérience, que ce n'est pas l'air qui fournit les éléments de la genèse, car si cela était, un filtre eût dû contenir environ 500 fois plus d'animalcules que l'autre, et leur poids était presque égal.

19me *expérience.* — On prit un ballon d'un décimètre cube de capacité, et l'on y mit 200 centimètres cubes de colle de farine, excessivement claire. Ce ballon fut ensuite adapté à un tube recourbé en bas et ensuite en haut, offrant dix renflements sur son trajet ;

le liquide, qui avait été introduit bouillant, fut de nouveau porté à l'ébullition durant cinq minutes, au moyen d'un bain d'huile; ensuite on mit du coton à l'entrée du tube, et on s'arrangea pour que l'air ne rentrât que fort doucement dans l'appareil. Au bout de quinze jours, par une température de 18°,5, en moyenne, et une pression de 0m,670, on vit la surface de la colle se revêtir d'une végétation cryptogamique abondante.

MM. Joly et Musset ont fait des expériences analogues à la nôtre, et ont eu des résultats semblables. Tout cela démontre donc, comme je l'ai dit plus haut, que les expériences de MM. Chevreul et Pasteur, avec des tubes recourbés, sont tout à fait inexactes, et qu'il en est de même à l'égard de celles de Schrœder et de Dusch, exécutées avec du coton cardé.

6° EXPÉRIENCES PHYSIOLOGIQUES SUR LES FERMENTATIONS.

50me *expérience*. — Le 1er mars, on mit une couche de levûre de bière anglaise dans une cuvette de porcelaine, où elle se dessécha à l'ombre, et se transforma en une couche sèche de 2 millimètres d'épaisseur. Cette levûre fut ensuite exposée au soleil dans un lieu sec, pendant six mois; après cela, on la plaça dans une étuve chauffée à 100°, où elle resta six heures.

Le 1er août, 5 grammes de cette levûre, après avoir été réduits en petits fragments, furent mis dans un décimètre cube de moût de bière, ayant subi cinq heures d'ébullition. Le lendemain, par une température de 25° et une pression de 0m,75, il existait une fermentation énergique; de nombreuses bulles de gaz acide carbonique se dégageaient, et le microscope annonçait qu'il se formait déjà beaucoup de levûre.

On distinguait à merveille l'ancienne levûre desséchée de celle que la genèse venait de produire. La vieille levûre était désorganisée, opaque, jaunâtre, à bords irréguliers; les spores nouvellement engendrées étaient correctes, isolées ou accolées et parfaitement transparentes.

Il n'y avait pas de doute, par la dessiccation toutes les anciennes spores avaient été désorganisées et tuées; et elles n'ont nullement agi comme corps vivants dans le phénomène.

Les prétendus ferments vivants doivent être rangés au nombre des hypothèses erronées qu'on produit chaque jour au sujet de l'hétérogénie.

51me *expérience.* — Je pris 250 grammes de levûre de bière anglaise, et je les agitai pendant un quart d'heure dans un litre de moût de bière, sortant de la cuve où il avait bouilli six heures, et qu'on avait laissé préalablement refroidir.

Ce moût de bière fut ensuite filtré à travers quatre filtres en papier Joseph, afin qu'aucun globule de levûre, si petit qu'il fût, ne tombât dans le liquide.

La bière ainsi filtrée fut placée dans un flacon de deux litres de capacité, bouché par un de mes tubes laveurs, rempli d'acide sulfurique.

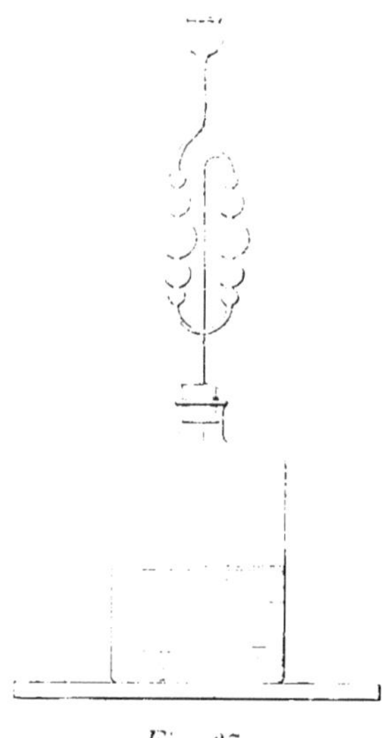

Fig. 27.

Le quatrième jour, la fermentation s'était produite, et beaucoup de levûre cérévisique se trouvait au fond du vase.

Ce n'est donc pas comme corps organisé que la levûre détermine la fermentation, mais simplement par la sécrétion altérée qui l'environne.

Cette expérience s'élève encore contre l'hypothèse des ferments vivants. La vie n'est qu'une coïncidence de la fermentation.

52me *expérience.* — En agitant les liquides par un mouvement continu, j'ai vu que j'entravais les phénomènes de la genèse organique. Ainsi, à l'aide de fort grandes éprouvettes munies d'un robinet vers le fond, si, pendant plusieurs jours, je les laisse continuellement couler goutte à goutte d'une éprouvette dans l'autre, je n'obtiens pas d'animalcules ciliés.

53me *expérience*. — J'ai pris un litre de moût de bière non houblonné, et qui avait subi une ébullition de cinq heures. Lorsqu'il fut refroidi, on broya dedans 100 grammes de cerveau d'un homme, dont la mort ne remontait qu'à cinquante heures, et le liquide fut ensuite filtré à travers trois feuilles de papier Berzelius. Cette bière filtrée fut reçue dans un flacon qu'elle ne remplissait qu'à demi, et que l'on boucha avec un de mes tubes laveurs rempli d'eau.

Quatre jours après, la fermentation avait eu lieu et il s'était déposé au fond du vase de la levûre cérévisique abondante et parfaitement caractérisée.

Ce n'est donc pas, je le répète, par une action vitale que la levûre agit dans la fermentation. Les ensemencements ne sont eux-mêmes qu'une illusion, car, sans doute, on ne prétendra pas que le cerveau humain sème de la levûre cérévisique.

54me *expérience*. — Du cidre récemment fait et excessivement faible, fut mis dans un grand verre à expérience et abandonné dans mon laboratoire pendant l'été, à une température moyenne de 25°. Le même cidre fut mis dans un verre pareil, et exposé dans une cave où la température moyenne fut de 10°,5.

Au bout de dix jours, le cidre du laboratoire était très-trouble, jaune, blafard, et rempli de Bactériums, pour la plupart morts; il n'y existait aucun végétal développé.

Au contraire, le verre exposé dans la cave ne contenait point de Bactériums, et était occupé par des peaux glaireuses flottantes, constituées par des *Pénicilliums* en fructification.

Cela confirme donc ce que nous avons avancé, à savoir : que généralement plus la température est basse, et plus il y a de tendance à la genèse végétale.

55me *expérience*. — J'ai répété, à diverses reprises, l'expérience fondamentale qui est citée dans mon *Hétérogénie* ainsi que dans ce livre, et qui consiste à enlever un flacon de moût bouillant sous la cuve même du brasseur où on le bouche pendant l'ébullition.

Cette expérience, qui a été faite avec les plus grandes précautions, m'a toujours réussi. Constamment, dans les flacons hermétiquement bouchés, j'ai vu, après un laps de temps qui variait, se former de la levûre. Presque toujours c'était de la levûre cérévisique, rarement de la levûre lactique.

Mais cette différence n'influe nullement sur la portée de l'expérience, puisque d'un sens ou de l'autre, nous avons un organisme développé dans un liquide ayant subi une ébullition prolongée de quatre à six heures.

Cette expérience fondamentale, je le répète, n'a jamais été attaquée.

56me *expérience.* — Pendant que le *Nephrodium filix mas* était en fructification, je fis enlever, avec précaution, une certaine quantité de sores sous sa fronde, et ceux-ci furent agités pendant un quart d'heure dans un demi-litre de moût de bière qui n'avait pas reçu de levûre. Le liquide, après avoir été filtré et reçu dans un bocal, fut déposé sous une cloche.

Le lendemain, par une température de 23°,5, en moyenne, la fermentation commença et elle suivit absolument sa marche normale. Beaucoup de gaz se dégagèrent et bientôt le fond du bocal fut rempli de levûre.

Cette levûre, ayant été attentivement étudiée au microscope, fut reconnue comme différant essentiellement de la levûre cérévisique, pour la forme, le diamètre et l'irrégularité de ses dimensions.

Nous obtenions donc là une levûre hybride, due à l'action d'un mélange insolite. On ne dira pas, sans doute, qu'il y avait dans l'atmosphère des germes hybrides créés en prévision du moment où cette expérience serait exécutée dans notre laboratoire ?

57me *expérience.* — Celle-ci a donné absolument les mêmes résultats que la précédente, mais elle fut exécutée avec le *Polypodium vulgare*, L.

58me *expérience.* — Je pris trois grands verres à expériences. L'un d'eux fut rempli d'une macération de foin, l'autre d'une macération de pommes, qui avaient été toutes les deux filtrées. Enfin le troisième fut rempli avec un mélange à parties égales de l'une et de l'autre de ces macérations.

Après six jours, par une température de 15° en moyenne, chacun de ces trois verres présentait un dépôt qui avait des caractères particuliers.

Ce dépôt est de la levûre, malique dans le cidre ; agrostique dans la macération de foin ; et dans la macération mixte, il offre des caractères particuliers :

C'est une levûre qui n'est exactement ni de la levûre du cidre, ni de la levûre du foin : elle est hybride.

Cela ne suffit-il pas pour démontrer que les produits tiennent de la nature du corps fermentescible, et ne proviennent pas du milieu ambiant ?

C'est encore là, sous une autre forme, la simple et cependant si remarquable expérience de Treviranus, que nos adversaires n'ont jamais pris la peine de répéter, et qui, cependant, a une bien autre valeur que leurs ballons si péniblement tourmentés.

59me *expérience*. — Dans 500 centimètres cubes de cidre très-faible, on mit 25 centimètres cubes de teinture de tournesol. Le troisième jour, par une température moyenne de 18°, on trouva des îlots de levûre flottants. Leurs spores sont très-différentes de celles de la levûre malique. Elles sont absolument amygdaloïdes, ayant une de leurs extrémités très-obtuse et l'autre fort aiguë; leur vacuole, qui est énorme, est remplie d'un fluide rose. Leur diamètre longitudinal est de 0[m],0112.

Voici encore une expérience qui s'élève contre la préexistence des germes atmosphériques. Ce sont les spores toutes particulières, venues dans une expérience tout à fait insolite, et qui, par leur vacuole rose, montrent qu'elles émanent de la macération elle-même.

60me *expérience*. — Le 12 avril 1861, on filtra 500 grammes d'eau distillée contenant 5 grammes de sucre cristallisé et un blanc d'œuf. Après, on projeta dans ce liquide 4 gouttes de venin d'une *Salamandre*, *Salamandra maculosa*, Laur., qu'on exprima de ses glandes parotidiennes et abdominales. Le liquide fut ensuite mis sous une cloche. Durant l'expérience, la température fut de 12°,5, en moyenne.

Le lendemain le liquide était rempli de Bactériums vivants. Le huitième jour, ce liquide offrait une odeur aigrelette et il présentait un dépôt formé de spores de levûre, isolées et accolées, de toutes les dimensions, jusqu'au diamètre de 0[m],0084, ayant une vacuole rosée et offrant absolument l'aspect de la levûre cérévisique. Le quatorzième jour le dépôt a considérablement augmenté.

Voici donc de la levûre cérévisique qui se forme sans ensemencement; car sans doute on n'osera pas soutenir que le venin de la Salamandre est un ferment vivant, renfermant déjà des proto-organismes fertilisateurs.

61me *expérience*. — On prit, dans la cuve d'un brasseur, 500 centimètres cubes de moût de bière bouillant; quand celui-ci fut refroidi, on y ajouta 10 grammes de levûre cérévisique; on l'agita dans le liquide qui fut ensuite filtré trois fois, et sortit parfaitement limpide et absolument expurgé de cette levûre. Température moyenne, 12°.

Le lendemain, sans qu'il y ait eu de dégagement de gaz, les parois du vase en verre, dans lequel le liquide était déposé, présentaient de petits amas de jeunes spores de levûre. Celles-ci sont globuleuses, isolées et de $0^{m},0028$ de diamètre. Le surlendemain, on observe des îlots de spores de levûre entièrement développées, très-ovoïdes, offrant une vacuole allongée et pâle. Ces spores, qui sont absolument analogues à la levûre malique, offrent de $0^{m},0084$ à $0^{m},0120$ de longueur, sur $0^{m},0056$ à $0^{m},0084$ de largeur; quelques-unes commencent déjà à germer. On ne rencontre pas une seule spore de bière.

Voici donc de la bière qui, par la seule modification chimique que lui a imposée une filtration complexe, au lieu de produire de la levûre de bière, produit des spores analogues aux spores maliques.

FIN.

EXPLICATION DE LA PLANCHE.

Figure 1re. — Développement de l'œuf spontané des Paramécies dans une membrane proligère mince, formée de cadavres de Monades et de Vibrions. *a*, corpuscules organiques commençant à se concentrer, pour former une *nébuleuse* ou les premiers rudiments du Vitellus; — *b*, *c*, *d*, nébuleuses de plus en plus compactes; — *e*, nébuleuse ou Vitellus concentré; — *fg*, enveloppe de l'œuf commençant à se former; — *ih*, œuf tout à fait formé: apparition du *punctum saliens*.

L'étude attentive de l'embryogénie des Paramécies démontre qu'on ne peut confondre ces œufs avec des Microzoaires contractés. D'un autre côté, il n'y a pas à l'extérieur du Chorion ces longs cils qu'on observe sur ceux-ci. Il suffit de comparer à ma planche les figures de M. Balbiani, *Journal de physiologie*, pl. 8, fig. 11, pour se convaincre que toute confusion est impossible. Enfin, le Microzoaire qui se contracte ne devient qu'un cadavre, et là, au contraire, c'est un jeune qui sort de l'enveloppe.

Figure 2. — *Aspergillus polymorphus*, Pouchet. Cette Mucorinée microscopique, inconnue des botanistes, quoique si petite, n'en forme pas moins, à elle seule, les glaires que l'on rencontre parfois en masses dans les barriques de cidre. *a*, plante entière; — *b*, conceptacles globuleux recouverts d'une membrane mince; — *c*, conceptacle dont la membrane est enlevée et dont les spores sont à nu; — *d*, spores tombant des conceptacles; ces spores de la plante ne produisent rien; — *e*, conceptacles dénudés de spores; — *f*, organes mâles? — *f'*, les mêmes que l'on rencontre souvent détachés.

Figure 3. — *Aspergillus fungoides*, Pouchet. Mucédinée particulière, formant des glaires dans le suc de groseille en fermentation. Plante inédite.

Figure 4. — Autre plante inédite provenant d'un appareil de Schultze, rempli de moût de bière qui avait subi une décoction de cinq heures.

Figure 5. — Développement spontané des spores de levûre de bière. *a* à *b*, spores commençant à apparaître dans le liquide; elles sont alors diaphanes, globuleuses; — *b* à *c*, apparition des granules et de la vésicule; *c*, *d*, *e*, spores à l'état de germination de plus en plus avancée; en *d*, la nouvelle tige commence à se cloisonner; en *e*, elle se ramifie.

Figure 6. — Spores spontanées de levûre du cidre en germination encore plus avancée.

Figure 7. — Spores de levûre du cidre vues au microscope. Ce sont elles qui produisent l'*Aspergillus polymorphus*.

Figure 8. — *Penicillium* produit par d'autres spores qui nagent sur le cidre (voyez p. 181).

Figure 9. — Spores qui produisent ce *Penicillium*.

Figure 10. — Spore de levûre de bière vue à de très-forts grossissements.

TABLE DES MATIÈRES

PREMIÈRE PARTIE

DEUXIÈME PARTIE

Démonstration de la génération spontanée.

FIN DE LA TABLE.

CORBEIL, TYP. ET STÉR. DE CRETÉ

www.ingramcontent.com/pod-product-compliance
Ingram Content Group UK Ltd.
Pitfield, Milton Keynes, MK11 3LW, UK
UKHW020544180726
13838UKWH00001B/27

9 782329 382074